李 训◎著

中国对"西部陆海新通道"沿线国家（地区）直接投资的动力机制与实施路径研究

Research on the Dynamic Mechanism and
Implementation Path of Chinese Foreign Direct Investment
in Countries (Regions) along the "New Western Land-sea Corridor"

中国财经出版传媒集团

经济科学出版社
Economic Science Press
·北京·

图书在版编目（CIP）数据

中国对"西部陆海新通道"沿线国家（地区）直接投资的动力机制与实施路径研究／李训著．-- 北京：经济科学出版社，2024.12. -- ISBN 978 - 7 - 5218 - 6568 - 4

Ⅰ. F832.6

中国国家版本馆 CIP 数据核字第 2024LP8909 号

责任编辑：杜　鹏　郭　威　武献杰
责任校对：刘　娅
责任印制：邱　天

中国对"西部陆海新通道"沿线国家（地区）直接投资的
动力机制与实施路径研究

ZHONGGUO DUI "XIBU LUHAI XINTONGDAO" YANXIAN GUOJIA（DIQU）
ZHIJIE TOUZI DE DONGLI JIZHI YU SHISHI LUJING YANJIU

李　训◎著

经济科学出版社出版、发行　新华书店经销
社址：北京市海淀区阜成路甲 28 号　邮编：100142
编辑部电话：010 - 88191441　发行部电话：010 - 88191522
网址：www. esp. com. cn
电子邮箱：esp_bj@ 163. com
天猫网店：经济科学出版社旗舰店
网址：http://jjkxcbs. tmall. com
固安华明印业有限公司印装
710×1000　16 开　13.75 印张　240000 字
2024 年 12 月第 1 版　2024 年 12 月第 1 次印刷
ISBN 978 - 7 - 5218 - 6568 - 4　定价：99.00 元

前言

PREFACE

2019 年 8 月，国家发展和改革委员会印发的《西部陆海新通道总体规划》提出深化陆海双向开放、推进西部大开发形成新格局的重要举措。2019 年 10 月，西部 12 个省份重庆、广西、贵州、甘肃、青海、新疆、云南、宁夏、陕西、四川、内蒙古、西藏以及海南和广东湛江市，签约框架协议合作共建西部陆海新通道。2020年 5 月，中共中央、国务院印发的《关于新时代推进西部大开发形成新格局的指导意见》中指出，强化开放大通道建设，加快沿边地区开放发展，发展高水平开放型经济，拓展区际互动合作，加快形成西部大开发新格局，推动西部地区高质量发展。2021 年 8 月，国家发展和改革委员会印发《"十四五"推进西部陆海新通道高质量建设实施方案》。党的二十大报告强调，优化区域开放布局，巩固东部沿海地区开放先导地位，提高中西部和东北地区开放水平，加快建设西部陆海新通道。

西部陆海新通道是一条跨越亚欧大陆，连接中国内陆与中亚、西亚、欧洲、东南亚的新型国际物流通道，位于我国西部地区腹地，北接"丝绸之路经济带"，南连"21 世纪海上丝绸之路"，协同衔接长江经济带。西部陆海新通道主要有中、东、西三条主线路，中线和东线均从重庆出发，中线经贵阳、南宁，至北部湾出海口，东线经怀化、柳州，至北部湾出海口。西线从成都出发，经宜宾、百色，至北部湾出海口。该通道以重庆为通道物流中心和运营中心，形成"13＋2"的合作机制。"13"是指13个省份，包括重庆、四川、云南、贵州、西藏、陕西、甘肃、青海、新疆、宁夏、内蒙古、广西以及海南。"2"个城市是指湖南怀化和广东湛江。西部陆海新通道通过利用铁路、公路、水运等多种运输方式，由重庆和成都一路向南，经广西北部湾出海口通达世界各地，相较于走长江航道出海转运东盟等地，大幅缩短了运距。西部陆海新通道的成立为西部地区打造了一条可以直接出海的国际通道，能够拉近我国尤其是我国西部地区与世界的距离，提升我国西部地区对外开放水平，帮助深化东西双向开放和区域协调发展，在一定程度上促进我国对西部陆海新通道沿线国家（地区）的直接投资。

我国政府高度重视西部大开发，西部经济社会发展和区域开放发展取得了显著成就，1999～2023年西部地区生产总值占国内生产总值的比重从17.5%提高至21.5%，人均生产总值与东部地区相对差距明显缩小，截至2022年末，我国地方企业对外非金融类直接投资存量，东部地区占81.6%，西部地区占8.4%。① 西部地区发展的不平衡与不充分依然突出，与东部地区发展差距依然较大，区域对外开放呈现出"东强西弱、海强边弱"的格局。西部陆海新通道作为"一带一路"倡议的重要组成部分和我国对外开放新格局的重大战略部署，为区域协调发展和西部地区的高质量发展提供了重要动力，为我国西部地区与周边国家的贸易、投资合作提供了有力支撑。

企业对外直接投资是实现高水平对外开放和高质量发展的重要推动力。自"一带一路"倡议提出以来，我国对外直接投资流量保持稳步增长，我国持续以对外投资高质量发展推进高水平对外开放。2022年，我国对外直接投资流量为全球第2位，连续11年排名全球前三。2022年末，我国对外直接投资存量连续6年排名全球前三。大量研究表明，我国对外投资显著推动了我国经济增长质量

---

① 根据相关年份《中国统计年鉴》计算得到。

的提升，优化了我国经济增长结构，促进了福利与成果的分配，改善了资源利用与生态环境，提高了我国绿色成果转化水平，这能够提高我国在全球价值链中的位置，对于企业收益具有显著的积极影响。

西部陆海新通道的快速建设，越来越受到学术界的关注。目前有关西部陆海新通道的研究以建设的意义、国际物流通道建设和基础建设为主，大都是定性分析，定量化的研究并不多，鲜见对西部陆海新通道沿线国家（地区）直接投资相关领域的定量化研究。鉴于对外直接投资对地区经济发展产生的重要作用，我国企业对西部陆海新通道沿线国家（地区）直接投资状况如何？受到哪些因素影响及起到多大的促进作用？这些因素存在何种内在联系？这些因素在参与西部陆海新通道建设的省份中发展如何，以及存在哪些优势和不足？对外直接投资产生的逆向技术溢出如何对各地企业自主创新能力产生作用，是否存在差异性和调节效应？吸收能力对对外直接投资逆向技术溢出效应的影响是否存在，是否具有门槛效应？对这一系列问题的研究，能够对我国对西部陆海新通道沿线国家（地区）直接投资的研究做有益的探索，可以丰富西部陆海新通道建设的研究，并且可以很好地为制定地区对外直接投资决策和相关政策提供依据，以通过对这些问题进行研究得出的结论为基础而提出的实施路径，可以为企业和地方政府提供有益的参考。

本书共分为9章。第1章导论，阐述本书的研究背景、研究意义、研究思路、技术路线、研究方法及创新之处。第2章理论基础与国内外研究现状，主要介绍了相关概念和理论，梳理并评述了国内外相关研究现状。第3章西部陆海新通道对中国企业对外投资的机遇研究，对西部陆海新通道建设的政策与部署、我国整体及我国西部地区对外直接投资的投资情况、西部陆海新通道沿线国家（地区）的投资状况几个部分进行分析，解析西部陆海新通道对地区经济发展和对外直接投资的机遇与潜力。第4章西部陆海新通道参与省份对外直接投资的动力机制研究，利用随机效应模型对西部陆海新通道参与省份对外直接投资的影响机理进行实证研究。第5章西部陆海新通道参与省份对外直接投资特性分析，通过第 4 章研究得出的动力因素，采用主成分分析法揭示这些动力因素的内在关系，基于这些因素对参与省份进行水平测量，进而分析出各省份对外直接投资的特性。第 6 章中国对西部陆海新通道沿线国家（地区）直接投资的逆向技术溢出效应研究，通过理论分析提出研究假设，构建国际溢出计量模型，分析我国对西部陆海新通道沿线国家（地区）直接投资逆向技术溢出对企业自主创新能力的作用机理，进一步分析逆向技术溢出影响企业自主创新能力在金融发展程度和地区方面的异质性以及产业结构所起的调节效应。第 7 章中国对西部陆海新通道沿线国家（地区）直接投资的创新效应研究：门槛检验，在第 6 章研究结果的基础之上，构造非线性面板门槛模型，衡量各省 OFDI 逆向技术溢出的吸收能力，以及这些门槛变量对 OFDI 逆向技术溢出的创新效应的影响机理。第 8 章中国企业对西部陆海新通道沿线国家（地区）直接投资的案例分析，选取两家西部陆海新通道参与省份中具有代表性的企业作为案例，以其对外直接投资为核心进行全面分析。第 9 章中国对西部陆海新通道沿线国家（地区）直接投资的实施路径，基于前面的理论研究、实证检验以及案例分析并融合了国内外的先进理论和实践经验，提出中国对西部陆海新通道沿线国家（地区）直接投资的实施路径。

笔 者

2024 年 11 月

目 录

CONTENTS

第1章 导 论

1.1 研究背景

自改革开放以来，我国以对外开放为基本国策，坚持独立自主、自力更生的方针，成功实现了全方位开放。自党的十八大以来，我国贯彻开放发展新理念，实行更加积极主动的开放战略，形成更大范围、更宽领域、更深层次对外开放格局，开放型经济发展取得历史性成就，在实现自身发展的同时惠及了其他国家（地区）和人民。2015 年，《中共中央 国务院关于构建开放型经济新体制的若干意见》提出形成全方位开放新格局，实现开放型经济治理体系和治理能力现代化；构建互利共赢、多元平衡、安全高效的开放型经济新体制。我国依托超大规模市场优势，以国内大循环吸引全球资源要素，增强国内国际两个市场两种资源联动效应，巩固外贸外资基本盘，培育国际经济合作和竞争新优势，提升贸易投资合作质量和水平，依法保护外商投资权益，营造市场化、法治化、国际化一流营商环境，形成更大范围、更宽领域、更深层次对外开放格局，开创了合作共赢新局面，为世界开放合作注入源源不断的新动力。2013 ~ 2023 年，我国经济实现年均 6.1% 的中高速增长，对世界经济增长年均贡献率超过 30%。2023 年我国进出口总额达 5.94 万亿美元，其中，出口 3.38 万亿美元，占国际市场份额 14.2%，连续 15 年保持全球第一；① 进口 2.56 万亿美元，占国际市场份额 10.6%，连续 15 年保持

---

① 我国出口连续 15 年保持全球第一，发展韧性较强 ［EB/OL］. （2024 - 04 - 14）. https：//m. gmw. cn/2024 - 04/14/content_1303712065. htm.

全球第二。①

党的十八大报告明确提出"坚持走中国特色自主创新道路、实施创新驱动发展战略""科技创新是提高社会生产力和综合国力的战略支撑，必须摆在国家发展全局的核心位置"。党的十九大报告提出"我国经济已由高速增长阶段转向高质量发展阶段"。企业对外直接投资是实现高水平对外开放和高质量发展的重要推动力。作为行使经营自主权的一种体现，企业根据自身发展战略和市场需求，在全球范围内进行资源的优化配置，积极寻求外部机会，参与国际分工，拓展业务领域，融入全球的经济网络之中，提升市场竞争力。同时，对外直接投资为东道国提供了所需的资本、技术和先进的管理经验，这些资源的转移有助于提高东道国的经济增长速度。大量研究表明，我国对外投资显著促进了发展中国家减贫②，显著推动了我国经济增长质量的提升，而且能够显著优化我国经济增长结构，促进福利与成果的分配，改善资源利用与生态环境③，能够提高我国全球价值链位置④⑤，提高我国绿色成果转化水平⑥⑦，对于企业收益具有显著的积极影响⑧。自"一带一路"倡议提出以来，我国对外直接投资流量保持稳步增长，我国持续以对外投资高质量发展推进高水平对外开放。在全球外国直接投资萎缩的背景下，我国对外直接投资也逆势增长。2022 年，我国对外直接投资流量达 1 631.2 亿美元，为全球第 2 位，连续 11 年排名全球前三，连续 7 年占全球份额超过一成。2022 年末，我国对外直接投资存量达 2.75 万亿美元，连续 6 年排名全球前

---

① 开放型外贸新体制逐步完善 全面深化改革成就回眸 [EB/OL]. (2024 – 07 – 12). https：// news. cri. cn/2024 – 07 – 12/80f6e196 – 3eeb – bb40 – 6382 – ca75bb39f8e9. html.

② 张元钊，庄鞾. 中国对外投资对发展中国家的减贫效应：作用机理与实证检验 [J]. 福建论坛（人文社会科学版），2022（4）：66 – 77.

③ 张建，王博. 对外直接投资、市场分割与经济增长质量 [J]. 国际贸易问题，2022（4）：56 – 72.

④ 余海燕，沈桂龙. 对外直接投资对全球价值链位置的影响分析 [J]. 亚太经济，2020（5）：96 – 104 +151.

⑤ 丁秀飞，毕蕾，仲鑫. 中国对外直接投资与制造业全球价值链升级的双向影响关系研究 [J]. 宏观经济研究，2021（12）：69 – 82.

⑥ 杨世迪，刘亚军. 中国对外直接投资能否提升区域绿色创新效率——基于知识产权保护视角 [J]. 国际经贸探索，2021（2）：83 – 98.

⑦ 孙传旺，张文悦. 对外直接投资与企业绿色转型——基于中国企业微观数据的经验研究 [J]. 中国人口·资源与环境，2022（9）：79 – 91.

⑧ 杨连星，牟彦丞，张迪. 对外直接投资如何影响企业收益? [J]. 世界经济研究，2021（1）：104 – 116 +136.

三。我国境内投资者共在全球 190 个国家（地区）设立境外企业 4.7 万家，近 60% 分布在亚洲，北美洲占 13%，欧洲占 10.2%。其中，在共建"一带一路"国家设立境外企业 1.6 万家，占总境外企业的 34%，对外直接投资流量达 1 631.2 亿美元，占全球的份额上涨了 0.4 个百分点，达到了 10.9%。① 在"一带一路"倡议下，我国对外直接投资产生了全球价值链的构建效应②，显著提升了受影响企业向"一带一路"共建国家的投资水平③，降低了企业经营风险④。而且，我国对外直接投资对"一带一路"共建国家经济增长和产业结构升级具有促进作用，且"一带一路"倡议在两者关系间存在正向调节效应⑤⑥，促进了沿线经济体的发展而非增加债务风险⑦。此外，对外直接投资提升了我国区域创新效率⑧，促进了中西部地区的持续创新⑨，而且所带来的逆向技术溢出效应有利于母国产业结构的调整⑩⑪，显著增强母国的综合创新能力与全要素生产率⑫，提升产业高端化水平⑬。通过对外直接投资，企业能够在国际技术扩散中接触、学习更先进的技术知识，这种先进知识的溢

---

① 中华人民共和国商务部，国家统计局，国家外汇管理局. 2022 年度中国对外直接投资统计公报［M］. 北京：中国商务出版社，2023.

② 古柳，宋婕."一带一路"背景下中国对外直接投资的价值链构建效应［J］. 国际经贸探索，2020（11）：99 - 114.

③ 孟醒. 企业对外投资如何响应"一带一路"倡议：闻风而动还是谋定而后动？［J］. 世界经济研究，2021（5）：69 - 82 + 135.

④ 方慧，宋玉洁. 中国对"一带一路"沿线直接投资会降低企业经营风险吗［J］. 现代经济探讨，2021（3）：67 - 78.

⑤ 金靖宸. 中国制造业对外直接投资与东道国经济增长的关系——基于"一带一路"沿线国家的经验分析［J］. 财经问题研究，2021（4）：108 - 115.

⑥ 田晖，谢虎，肖琛，宋清. 我国对外直接投资与东道国产业结构升级——基于"一带一路"倡议的调节效应［J］. 中南大学学报（社会科学版），2021，27（6）：105 - 118.

⑦ 仇娟东，李勃昕，安纪钊. 中国企业对"一带一路"沿线的投资效应评估［J］. 经济与管理研究，2023（6）：38 - 56.

⑧ 安孟. 对外直接投资能否提升区域创新效率［J］. 中国科技论坛，2022（2）：141 - 150.

⑨ 杨世明，黄婧涵. 对外直接投资能否提升中国持续创新能力［J］. 国际商务（对外经济贸易大学学报），2021（6）：85 - 101.

⑩ 彭继增，邓千千. 金融集聚、OFDI 逆向技术溢出与产业结构升级［J］. 武汉金融，2020（2）：50 - 57 + 76.

⑪ 王丽，韩玉军. OFDI 逆向技术溢出与母国产业结构优化之间的关系研究［J］. 国际商务（对外经济贸易大学学报），2017（5）：53 - 64.

⑫ 吴瑞兵. 制度距离、OFDI 逆向技术溢出与母国技术进步［J］. 统计与决策，2019（9）：136 - 140.

⑬ 陶爱萍，盛蔚. 技术势差、OFDI 逆向技术溢出与中国制造业高端化［J］. 国际商务（对外经济贸易大学学报），2018（3）：85 - 98.

出效应能够推动制度创新、区域创新绩效与金融发展进而引导经济的高质量发展。[1][2][3]

对外开放是推动区域经济发展的重要动力，我国政府高度重视西部大开发，先后制定实施一系列政策措施。为了强化举措推进西部大开发形成新格局，2020 年 5 月，中共中央、国务院印发的《关于新时代推进西部大开发形成新格局的指导意见》中指出，强化开放大通道建设，加快沿边地区开放发展，发展高水平开放型经济，拓展区际互动合作，加快形成西部大开发新格局，推动西部地区高质量发展。在国家的大力推动下，西部经济社会发展和区域开放发展取得了显著成就。1999～2023 年，西部地区生产总值从 1.6 万亿元增加到 26.9 万亿元，占全国的比重从 17.5% 提高至 21.5%，人均生产总值与东部地区的相对差距明显缩小。2022 年，西部地区进出口总额较 2013 年增长了 1.9 倍，占全国进出口总额比重从 2013 年的 6.7% 提升至 9.0%，我国地方企业对外非金融类直接投资流量总额为 860.5 亿美元，[4] 其中，东部地区达 665.5 亿美元，所占比重为 77.3%，中部地区和西部地区地方企业对外直接投资流量基本持平，分别为 93.8 亿美元和 93.5 亿美元，占比均为 10.9%。截至 2022 年末，我国地方企业对外非金融类直接投资存量达 9 328.8 亿美元，其中，东部地区 7 616.4 亿美元，占 81.6%，西部地区 778.9 亿美元，占 8.4%。区域对外开放呈现出"东强西弱、海强边弱"的格局，西部地区发展的不平衡与不充分依然突出，与东部地区发展差距依然较大。我国西部地区占国土面积七成多，联通东西方，自古便是东西方贸易枢纽之地。[5] 进入 21 世纪，随着"一带一路"倡议、长江经济带发展战略和高质量发展等的实施，为西部地区对外投资和贸易注入强劲动力。2019 年，经国务院同意，国家发展和改革委员会印发了《西部陆海新通道总体规划》。为高水平共建西部陆海新通道，更大力度推进《西部陆海新通道总体规划》

---

① 张宏，李拯非. OFDI 逆向技术溢出、制度创新与中国经济高质量发展——基于 30 省际面板数据的空间效应分析 [J]. 山东大学学报（哲学社会科学版），2022（3）：115－127.

② 朱洁西，李俊江. 高质量发展阶段中国对外直接投资的创新效应研究——基于逆向技术溢出的视角 [J]. 科技管理研究，2022（7）：53－60.

③ 章志华，李雨佳，孙林. OFDI 逆向技术溢出、知识产权保护与省域自主创新 [J]. 南京财经大学学报，2021（1）：98－108.

④ 王一军，刘帆. 深度融入共建"一带一路"更好助力西部大开发 [J]. 中国发展观察，2024（6）：49－57.

⑤ 2020 年，中共中央、国务院发布的《关于新时代推进西部大开发形成新格局的指导意见》。

实施，2021 年国家发展和改革委员会又印发了《"十四五"推进西部陆海新
通道高质量建设实施方案》。党的二十大报告强调，优化区域开放布局，巩
固东部沿海地区开放先导地位，提高中西部和东北地区开放水平，加快建设
西部陆海新通道。

　　西部陆海新通道作为"一带一路"倡议的重要组成部分和我国对外开放
新格局的重大战略部署，为区域协调发展和西部地区的高质量发展提供了重
要动力，为我国西部与周边国家（地区）的贸易、投资合作提供了有力支
撑。西部陆海新通道是一条跨越亚欧大陆，连接我国内陆与中亚、西亚、欧
洲、东南亚的新型国际物流通道，位于我国西部地区腹地，北接"丝绸之路
经济带"，南连"21 世纪海上丝绸之路"，协同衔接长江经济带。西部陆海新
通道主要有中、东、西三条主线路，中线和东线均从重庆出发，中线经贵阳、
南宁，至北部湾出海口，东线经怀化、柳州，至北部湾出海口。西线从成都
出发经宜宾、百色，至北部湾出海口。从运营模式来看，该通道以重庆为通
道物流中心和运营中心，形成"13 + 2"的合作机制。"13"是指 13 个省份，
包括重庆、四川、云南、贵州、西藏、陕西、甘肃、青海、新疆、宁夏、内
蒙古、广西以及海南。"2"个城市是指湖南怀化和广东湛江。西部陆海新通
道通过利用铁路、公路、水运等多种运输方式，由重庆和成都一路向南，经
广西北部湾出海口通达世界各地，相较于走长江航道出海转运东盟等地，大
幅缩短了运距，出海物流时间最长可压缩 25 天。西部陆海新通道的成立为西
部地区打造了一条可以直接出海的国际通道，能够拉近我国尤其是我国西部
地区与世界的距离，提升我国西部地区对外开放水平，帮助深化东西双向开
放和区域协调发展，在一定程度上促进我国对西部陆海新通道沿线国家（地
区）的直接投资。根据 2023 年运行数据，西部陆海新通道沿线省份平台企业
运营的铁海联运班列、跨境公路班车（重庆、四川）、国际铁路联运班列
（重庆、广西、四川）运输集装箱共计 61.52 万标准箱，同比增长 7%，货值
643.26 亿元，同比增长 16%。① 截至 2023 年 9 月，西部陆海新通道物流网络
已覆盖国内 18 个省份 68 个城市 135 个站点，通达全球 120 个国家和地区的

---

① 西部陆海新通道加快建设——跨越山海展新途［EB/OL］.（2024 - 03 - 26）. https：//www.
gov.cn/yaowen/liebiao/202403/content_6941451.htm.

473 个港口，货物运输品类有 980 多种。[1] 有研究表明，西部陆海新通道沿线国家（地区）经济开放对经济增长有显著的正向直接影响，也可以通过促进贸易、投资和旅游间接显著地促进经济增长。西部陆海新通道可以显著地促进以劳动生产率提高为表征的产业升级，且其影响程度呈现出逐年上升的趋势。[2] 我国对外直接投资不仅在总体上显著促进了中国产业结构的升级，相较于西部地区，对中国东部和中部地区产业结构升级的促进作用更大。[3][4] 也有研究表明，尽管对外直接投资可以显著提升我国绿色全要素生产率，但对中西部地区的影响不显著。[5]

我国作为对外直接投资的大国，对外直接投资无论是对"一带一路"倡议还是对作为"一带一路"倡议重要组成部分的西部陆海新通道建设都具有非常重要的作用，对世界经济发展的影响也举足轻重。而且，西部陆海新通道建设对我国西部大开发和对外开放新格局具有十分重要的战略意义，为西部地区经济快速发展和新时代开放型经济发展带来千载难逢的机遇。目前，关于西部陆海新通道的研究并不多，其中大多是侧重于西部陆海新通道的内涵、意义、发展现状以及未来发展方向的建议等定性研究，对西部陆海新通道沿线国家（地区）直接投资的研究非常稀少且未见定量化的研究。

因此，本书聚焦于我国企业对西部陆海新通道沿线国家（地区）对外直接投资的核心问题进行研究，主要研究：（1）我国整体及西部地区企业对外直接投资现状，我国对西部陆海新通道沿线国家（地区）的投资现状，分析有关西部陆海新通道的国家政策给我国企业对外投资带来的机遇；（2）分析西部陆海新通道参与省份企业对外直接投资的动力机制，揭示这些影响因素之间的内在联系，基于这些影响因素对参与省份进行水平测量；（3）分析我国对西部

---

① 西部陆海新通道跑出加速度 [EB/OL]. (2023 – 10 – 04). https：// www. gov. cn/ lianbo/ difang/ 202310/ content_6907440. htm.

② 张紫璇. 西部陆海新通道沿线省市经济开放对经济增长的实证研究 [D]. 钦州：北部湾大学，2023.

③ 陈特特，卢潇潇，许露元，唐红祥. 西部陆海新通道与产业升级研究 [J]. 社会科学家，2023 (6)：89 – 97.

④ 杨栋旭，周菲. 对外直接投资与中国产业结构升级——基于产能转移与技术进步双重视角的研究 [J]. 经济问题探索，2020 (10)：124 – 134.

⑤ 刘乾，钟昌标，黄远浙. 对外直接投资与中国工业绿色全要素生产率——基于环境规制与吸收能力视角分析 [J]. 生态经济，2022 (3)：79 – 85.

陆海新通道沿线国家（地区）直接投资逆向技术溢出对企业自主创新能力的作用机理，以及逆向技术溢出影响企业自主创新能力的异质性和调节效应；（4）多维度衡量各省份 OFDI 逆向技术溢出的吸收能力，进而分析 OFDI 逆向技术溢出对企业自主创新影响存在的吸收能力门槛效应；（5）对参与西部陆海新通道建设省份的两个国有企业进行典型案例分析；（6）提出我国对西部陆海新通道沿线国家（地区）直接投资的实施路径。

1.2　研究意义

1.2.1　理论意义

（1）本书基于西部陆海新通道沿线国家（地区）视角对有关对外直接投资的动力机制、逆向技术溢出对企业自主创新能力提升以及地区吸收能力的门槛效应等进行较为系统的理论和实证研究，对丰富我国对外直接投资的理论体系作出有益补充。

（2）本书采用主成分分析法揭示对外直接投资影响因素的内在关系，进而对各省份对外直接投资的影响因素进行水平测度，此外，对 OFDI 逆向技术溢出效应对企业自主创新能力的影响以及衍生的异质性、调节效应、门槛效应进行了系统深入的分析，构建了一个多维度、综合性的分析框架，可以为相关研究提供新的理论研究思路和理论参考。

1.2.2　实践意义

（1）本书对参与西部陆海新通道建设的主要省份基本情况进行了梳理，采用定量方法对其特性进行了对比分析，并层层递进地分析了对西部陆海新通道沿线国家（地区）直接投资的动力机制以及由此带来的 OFDI 逆向技术溢出效应对企业自主创新能力影响的一般性规律，为参与省份认识优势和不足进而制定有针对性的政策提供了科学依据，有利于地区紧抓西部陆海新通道国家战略的大好机遇。

（2）本书基于理论与实证研究以及案例研究的结果提出的对外投资实

施路径，更具有可靠性、针对性、借鉴性，为企业对外直接投资提供了有益的指导性建议，有利于地区对外直接投资的高质量发展和区域经济合作的深化。

1.3 研究思路与技术路线

1.3.1 研究思路

首先，通过对研究背景和国内外相关理论及研究现状的梳理与分析，找准本书研究的目标和意义，并为本书的研究提供理论基础和借鉴。其次，通过分析建设西部陆海新通道的政策与部署、我国整体及我国西部地区对外直接投资和对西部陆海新通道沿线国家（地区）的投资状况，揭示西部陆海新通道对地区经济发展和对外直接投资的机遇与潜力，为本书的后续研究提供宏观基础。再次，理论结合实证研究西部陆海新通道参与省份对外直接投资的动力机制，找出动力因素，进一步揭示这些动力因素的内在联系，并基于这些动力因素对参与省份进行水平测量，以厘清各省份的优势和不足；分析我国对西部陆海新通道沿线国家（地区）直接投资逆向技术溢出对企业自主创新能力的作用机理，以及逆向技术溢出影响企业自主创新能力的异质性和调节效应；多维度衡量各省份 OFDI 逆向技术溢出的吸收能力，进而分析 OFDI 逆向技术溢出对企业自主创新影响存在的吸收能力门槛效应；对参与西部陆海新通道建设省份中的两个国有企业进行典型案例分析。最后，基于通过案例分析得出的经验，结合之前的研究成果，提出我国企业对西部陆海新通道沿线国家（地区）直接投资的实施路径和相关政策建议。

1.3.2 技术路线

本书的技术路线如图 1.1 所示。

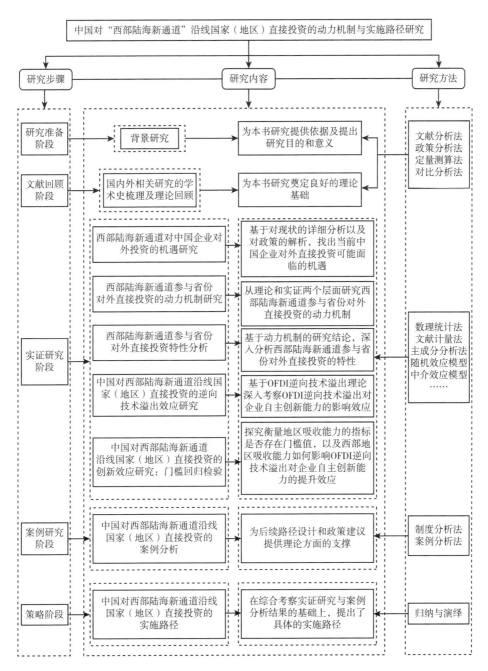

图 1.1　本书技术路线

1.4 研究方法

本书采用定性分析与定量分析相结合、理论分析与实证分析相结合、典型案例分析的方法进行研究，具体如下。

（1）理论研究。梳理相关理论并对相关研究进行分析，为本书研究提供理论基础和参考。

（2）实证研究。利用 Stata 作为软件工具，Excel 作为辅助工具，并结合多种数量经济学模型检验本书提出的研究假设。第 4、第 5 章使用混合效应模型来探究西部陆海新通道参与省份对外直接投资的动力机制，利用主成分分析法对西部陆海新通道参与省份对外直接投资的特性进行分析。第 6 章使用 C－H 和 L－P 模型以检验 OFDI 逆向技术溢出对企业自主创新能力的影响效应，在基准回归模型中引入调节回归模型以检验地区产业结构与研发强度能否影响 OFDI 逆向技术溢出对企业自主创新能力的提升效应；同时继续引入异质回归模型以探究其能否对企业自主创新能力提升产生差异性影响。第 7 章通过利用门槛效应模型来衡量地区吸收能力，构造非线性面板门槛模型分析地区吸收能力的门槛以及吸收能力对 OFDI 逆向技术溢出提升企业自主创新能力的影响机理。

（3）案例研究。本书选取参与西部陆海新通道建设省份中的两家大型公司进行典型案例分析，并结合本书其他研究成果，为我国企业对西部陆海新通道直接投资的实施路径提供实证和参考。

1.5 创 新 点

（1）对中国对外直接投资理论体系进行了补充。目前中国企业对外直接投资的动力机制研究多聚焦于东道国的吸引力，本书在总结已有理论研究基础之上，将研究视角侧重于对外直接投资的母国推动力，深入剖析母国推动力的多维度影响，对中国对外直接投资理论体系进行有益的补充。

（2）对西部陆海新通道沿线国家（地区）直接投资研究进行了补充。当前对外直接投资领域的研究普遍从国家总体出发，针对地域进行的研究较少，而且由于西部陆海新通道成立时间相对较短，鲜有对西部陆海新通道对外直接投资相关议题的研究，本书对此进行系统性研究，不仅丰富了区域对外直接投资的定量研究，也对有关西部陆海新通道沿线国家（地区）直接投资的研究进行了补充。

（3）对对外直接投资逆向技术溢出效应的区域性研究进行了补充。目前对 OFDI 逆向技术溢出效应的作用机理研究尚未形成一致性结论，也未见我国对西部陆海新通道沿线国家（地区）对外直接投资逆向技术溢出的相关研究，有关中国 OFDI 逆向技术溢出效应的研究对象，多集中在"长三角"等地区，鲜有关于西部陆海新通道合作省份的研究。本书聚焦西部陆海新通道合作省份，在 OFDI 逆向技术溢出创新效应分析基础上，深入研究 OFDI 逆向技术溢出创新效应中的南北地区差异问题，对对外直接投资逆向技术溢出效应的区域性研究进行了补充。

（4）构建了对 OFDI 逆向技术溢出效应的吸收能力新指标体系。在关于地区吸收能力对 OFDI 逆向技术溢出效应的影响研究中，多数研究选用部分特定变量来评估地区吸收能力。本书是在分析西部陆海新通道沿线国家（地区）对外直接投资逆向技术溢出对企业自主创新能力的影响机理的基础上，选取门槛变量来代表地区吸收能力，既有可靠性也具有针对性，能更好地反映地区企业的吸收能力，有助于更准确理解地区吸收能力。

第 2 章 理论基础与国内外研究现状

2.1 相关概念

2.1.1 FDI、OFDI、IFDI

关于 FDI、OFDI、IFDI 三者的概念，FDI 是外国直接投资的总称，是指投资者直接参与目标国家企业的经营管理。OFDI 是 outward foreign direct investment 的缩写，是指某国（母国）企业直接投资至其他国家（目标国）的直接投资活动，强调的是投资来源国的观点。IFDI 是 inward foreign direct investment 的缩写，是指外国直接投资流入某个国家（目标国）的直接投资活动，强调的是受投资国的观点。

关于三者的联系，FDI 是最广泛的概念，涵盖跨国直接投资的总体情况。OFDI 和 IFDI 都属于 FDI，但侧重于投资流向的不同角度：OFDI 注重投出国观点，IFDI 注重接收国观点。OFDI 和 IFDI 是相对的，一个国家的 OFDI 就是对方国家的 IFDI。它们一起构成了国与国之间的跨境直接投资流动。三者都需要直接参与管理和控制被投企业，这是跨国直接投资的一个基本特征。FDI 提供了 OFDI 和 IFDI 研究的总框架，OFDI 和 IFDI 细分了 FDI 研究从不同角度（出资国和接收国）进行研究的视角。总之，FDI 概括整体，OFDI 和 IFDI 从源头和目的地两个角度定义了 FDI 的流向，三者共同构成了跨国直接投资的完整概念体系。FDI 概括程度更高，OFDI 和 IFDI 侧重于单个经济体与外国的直接投资关系。但它们在定义和统计方法上存在细微差异。

关于三者的区别，在指标层面上，FDI 流量和累积额可以衡量各国（地区）之间的直接投资规模，OFDI 流出和 IFDI 流入可以测量不同国家（地区）在流量和余额水平上的直接投资表现。在行业层面上，FDI 可以根据不同行业进行分类，如制造业、金融业等受投资领域。OFDI 和 IFDI 可以归类统计，了解不同国家（地区）在各行业的直接投资定位。在机制层面上，FDI 促进了全球产业转移和技术传播，OFDI 通过"外向型"机制推动母国企业"走出去"，IFDI 通过"内向型"机制吸引外资进入本国。在影响层面上，FDI 对经济增长、就业和对外贸易都有促进作用，OFDI 扩大对外开放程度，IFDI 提升吸引外资能力。

2.1.2　动力机制和实施路径

动力机制是指驱使某种行为或活动的力量或动力来源，是指某种系统或组织内部各种要素之间的作用机理，可能包括经济激励、政治力量、社会认同等，用来促使个体或组织参与某种活动并保持其持续性，在系统或组织内产生某种运行的方式、规则或原理，使系统或组织在机制的作用下发挥应有的功能。动力机制理论是广泛吸收经济学、管理学、社会学、系统科学等诸多学科的研究成果，使系统在机制的作用下发挥应有的功能，具有多学科交叉融合的特点。

实施路径是指为实现特定目标或完成某种任务而确定的整体方向或策略，通过设计的一系列相互关联的活动、任务、措施或工作流程达成目标的实现。

2.2　理论基础

2.2.1　传统对外投资理论

1. 垄断优势理论

垄断优势理论，又被称为所有权优势，是美国学者斯蒂芬·海默于 1960 年在其博士论文《国内企业的国际化经营：对外直接投资的研究》中首次提出的，后由其导师 C. 金德尔伯进行了详细的补充与完善，成为最早研究企业对外直接投资的理论。海默认为传统的国际资本流动理论并不能很好地解释第二次世界大战后发达国家对外直接投资以及发达国家进行双向投资的行为，因而海默以美国企业为例考察了企业对外直接投资的产业占比，结果发现美国对外直接投资企业中产业占比最高的是制造业，这些制造业又具备资本集约程度高、技术先进、产品差异化以及高度寡头垄断的特征。因此，海默试图从不完全竞争的角度来解释这一现象。他认为企业对海外市场进行投资时，由于不了解东道国的信息、规则以及文化倾向，相较于东道国企业会面临较大成本和风险压力，即外来者劣势。若投资企业想要在东道国市场上生存下来并成功经营，那么投资企业就必然拥有东道国企业所不具备的垄断优势，垄断优势可以帮助投资企业抵消一定成本和风险，获得压倒性优势，并取得东道国企业难以获取的竞争利润。这种垄断优势可以来自以下几个方面：市场垄断优势、生产垄断优势、规模经济、信息与网络优势、由政府税赋和关税带来的垄断优势。同时，海默认为这种垄断优势必然存在于市场的不完全竞争状态中，若市场处于完全竞争状态，那么市场中必然存在大量的生产者与消费者，且产品同质化、资源完全流动以及信息完全流动，在这种市场下任何消费者和生产者都无法改变市场产品的销量和价格，任何厂商都可以自由进入和退出市场，且市场信息自由流动，那么这样的市场也不可能存在垄断优势，没有垄断优势也不会存在跨国投资行为。因而不完全竞争市场是垄断优势理论的核心所在。

海默与金德尔伯的垄断优势理论为企业对外直接投资理论的发展奠定了坚实的基础，并深刻影响了当时的西方学者。为了适应现代化经济的发展，西方学者也从多个角度对垄断优势理论进行了补充和完善。后续发展主要集中在以下两个方面：一是进一步补充和发展了企业所具备的垄断优势种类。例如，H. 约翰逊（H. Johnson）在《国际公司的效率和福利意义》中着重分析了垄断优势中的知识资产，他认为对外投资的垄断优势来自企业的知识资产，由于知识的开发成本是昂贵的，而知识又具备在多个地方同时使用的特点。因而企业海外分支机构可以无偿或以较低的成本来获取母公司开发的知识或技术。相反，东道国企业若要获取这些知识资产就需要付出昂贵的成本和费用，若跨国公司不具备向外转移知识资产的条件，那么通过对外投资可最大限度地将知识资产保留在企业内部以维持外部性。另外，R. 凯夫斯（R. Caves）在《国际公司：对外投资的产业经济学》一文中指出跨国公司的垄断优势可以是产品的异质性，这种异质性体现在产品外观设计、商标品牌或广告营销上，以满足不同地区或不同需求的消费者群体。二是论证了跨国公司在出口、直接投资与许可证交易三种方式中选择对外直接投资的根据和条件。例如，H. 贺什（H. Hirsch）对企业在出口和对外投资方式之间进行选择的原因进行了分析。他认为企业进行决策时，需要综合考虑成本、企业特有优势带来的收益以及随经营地理距离增加而提升的成本等因素。当一家母公司位于 A 国的 B 公司想要去 C 国经营时，为了避免通信、运输和保险等相关成本以实现利润最大化，若国内经营不必承担的费用小于知识资产成本，且 C 国生产成本＋国内经营不必承担的费用＜A 国生产成本＋出口费用与国内贸易差额费用，企业就会倾向选择对外投资。

2. 产品生命周期理论

1966 年，美国哈佛大学教授蒙德·弗农（Raymond Vernon）提出了产品生命周期理论，即产品从进入市场到被市场淘汰的整个过程。弗农的理论解释了企业进行对外直接投资的原因，并分析了国际贸易、对外直接投资与产品生命周期之间的关系。弗农认为，企业的竞争优势体现在产品上。同时，产品也具有生命周期，需要经历开发、引进、成长、成熟、衰退的过程，因此他将产品的生命周期分为产品创新阶段、产品成熟阶段、产品标准化阶段。随着产品生命周期的演变，企业的竞争优势也会发生改变，企业产品的生产地域也会从一个国家转移到另一个国家。

产品创新阶段。企业会选择在母国生产并将其产品出售到其他发达国家和发展中国家。其原因在于：（1）在产品创新阶段，产品具备一定的垄断优势，创新企业通常会申请专利或其他知识产权来保护其技术和创新。但新产品在创新国之外的市场进行生产，其知识资产就存在被泄露、剽窃的风险。那么创新企业可能就更愿意在创新国生产并出售产品，以避免知识产权被侵犯。（2）新产品具有较高的风险和不确定性。在创新国市场，消费者可能更愿意尝试新产品，并且创新企业更理解本国市场的需求和文化背景，因而企业需要不断调整其新产品以期为全球销售做铺垫。（3）创新企业通常在其母国建立了较为完善的技术支持和供应链体系，以支持产品的开发、生产和销售，但在国外市场建立类似的生产销售体系需要耗费大量的时间和成本。

产品成熟阶段。企业通常选择在其他发达国家进行生产，再将产品出口到发展中国家。在这一阶段，产品已经逐步实现标准化生产；同时，企业扩大产品的生产规模以追求规模经济。其他国家已经具备模仿、生产该产品的能力，创新企业的垄断优势被逐渐削弱，出口需求减少，创新企业为了维持利润只能被迫开展价格竞争，此时成本成为生产企业关注的重要问题。与此同时，其他发达国家对该产品的需求增加，这些国家的劳动力成本也低于原创新国，因此原创新企业会考虑在这些发达国家进行直接投资，以降低产品的生产成本和运输成本，提高供应链效率和灵活性，甚至可以受惠于当地优惠的税收和关税政策。

产品标准化阶段。企业倾向于将生产区位转移至发展中国家，再将产品销往其他国家。在这一阶段，产品和技术已经完全标准化，原创新企业的垄断优势已经完全消失，市场竞争加剧，生产成本在产品成本中占据主导地位。另外，发达国家的劳动力成本也大幅提高，那么劳动力成本更低的发展中国家就成为生产企业的最佳选择。

3. 内部化理论

内部化理论是指企业在市场交易中将原本外部化的成本或者效益内部化的过程。简单来说，就是企业内部承担起本应由外部承担的成本或者享受的效益。

在经济学中，市场交易往往是以金钱为媒介进行的，而内部化理论则将关注点从市场交易本身转向了市场交易中的额外成本或效益。这些额外成本或效益往往是由市场交易涉及的外部因素造成的。例如，某企业在生产过程中产生的环境污染，在市场交易中这个成本往往由社会来承担，并不由企业自己承担。然而，如果企业能够将这个成本内部化，即通过减少污染排放或者采用清洁生产技术来减少环境污染，那么企业就可以在市场交易中获得竞争优势。内部化理论的核心观点是，企业通过主动承担外部性的成本或者效益，能够实现资源的优化配置。当企业内部化了这些成本或效益后，它将会更加注重内部运营的效率和效益，减少对外部资源的依赖，提高企业的竞争力。内部化理论的应用范围极为广泛。除了环境污染这个常见的例子之外，内部化理论还可以用于解释其他种种情况，例如，企业为了增加员工的工作动力，内部化了员工的奖励机制；或者企业为了提升产品质量，内部化了品质管理体系；甚至可以用来解释企业通过收购或合并来扩大规模，内部化了行业中的资源或市场。

总之，内部化理论在经济学中具有重要的作用，它能够帮助企业实现资源的优化配置，提升竞争力。通过将外部成本或效益内部化，企业能够更好地控制和管理资源，并在市场竞争中取得更大的成功。

4. 边际产业扩张理论

边际产业扩张理论是由经济学家查尔斯·曼格尔在 19 世纪末提出的一种经济学理论，它解释了企业为什么会选择在边际成本小于边际收益的情况下扩张生产规模。

边际产业扩张理论的核心概念是边际成本和边际收益。边际成本指的是生产单位增加一个单位所需的成本，而边际收益指的是生产单位增加一个单位所能带来的收益。根据边际产业扩张理论，企业会选择扩张生产规模，直到边际成本等于边际收益为止。边际产业扩张理论的基本原理是，当企业开始生产时，前期增加生产规模会带来较大的边际收益，因为初始投入的成本较低。然而，随着生产规模的扩大，企业面临的边际成本逐渐增加，而边际收益却在逐渐减少。当边际成本超过边际收益时，企业就不再扩张生产规模，因为扩张生产规模会导致损失。边际产业扩张理论的实际应用非常广泛。在实践中，企业可以通过考虑边际成本和边际收益来决定是否扩张生产规模。如果边际成本小于边际收益，企业就可以选择扩张生产规模，以获取更多的利润。相反，如果边际成本大于边际收益，企业应该停止扩张生产规模，以避免损失。

总的来说，边际产业扩张理论揭示了企业为什么会在一定程度上扩张生产规模。通过比较边际成本和边际收益，企业可以合理地决策，在保证利润最大化的前提下进行生产规模的扩张。这一理论的应用不仅在经济学领域非常重要，也对企业的战略决策具有重要的指导意义。

5. 国际生产折衷理论

国际生产折衷理论又被称作 OLI 范式，是英国雷丁大学教授邓宁在归纳、总结其他学者关于跨国公司理论研究的基础上，于 1970 年提出的。它为理解跨国公司对外直接投资的决定因素提供了一个更加全面的框架。该理论认为，企业从事国际直接投资的决定通常受到三个关键因素的影响：所有权优势（O）、区位优势（L）和内部化优势（I）。是否满足这三个条件以及这三个条件各自的强弱影响着企业对外直接投资方式的选择。以下是这三种优势具体的解释。

所有权优势，本质上来说是一种垄断优势，也是发生国际投资的必要条件，主要是指一个企业拥有并可以在国外市场利用的其他企业所不具有的独特资产、能力或资源。这些优势可能包括技术专长、品牌声誉、管理优势、专利优势、资金优势、企业规模优势等。具有显著所有权优势的企业通常更有动力进行海外投资，以利用这些优势获得优于当地竞争对手的竞争优势。

区位优势，是指被投资的国家（地区）对于投资者来说在环境方面具有独特的优势，特定位置的优势通常与特定国家（地区）的属性有关，使其成为吸引外国投资的目的地。区位优势主要可以分为直接区位优势和间接区位优势，直接区位优势是指东道国具有有利因素吸引外国投资，间接区位优势则是指投资国具有的劣势或不利因素导致投资者投向国外。区位优势主要伴随着以下条件产生：劳动力成本，企业对外投资通常都会流向劳动力成本低的地区以获得成本优势；政治稳定性，这直接决定了投资的风险程度；市场潜力，主要包括东道国的市场规模、经济水平等。除此之外，基础设施、营商环境等都是影响区位优势的条件，区位优势决定了企业投资的目的地。

内部化优势，是企业作出的战略决策，将其资产置于内部控制之下，从而减轻市场的不完整性并保留与其自有资产相关的优势。内部化优势源于企业在其组织边界内内部化和协调各种业务活动的能力，而不是依赖外部市场或供应商。内部化优势能够帮助企业解决外部市场的不完全性问题，能够降低或分散风险，从而使企业实现效益的最大化。

通常来说，企业必须同时具备所有权优势、区位优势和内部化优势才会进行对外直接投资，这三种优势决定了企业对外直接投资的动因和条件。

6. 比较优势理论

比较优势理论指出，每个国家在生产某种产品时相对于其他国家具有生产成本优势。换句话说，一个国家在生产某项产品上花费的相对成本较低，就具有该产品的比较优势。比较优势取决于生产成本，而不仅取决于绝对优势。即使某国在所有产品上都比别国有绝对优势，但若其中几项产品相对优势更大，则应专注发展这几项产品。不同国家在不同产品上的生产成本不同，因而各具优势。每个国家根据自身比较优势分工生产，然后进行贸易交流，可以使全球得到最大利益。

比较优势不是固定不变的，它会随技术进步、产业结构调整等调整和发展。一个国家通过学习效应可以不断提高某些产品的比较优势。

比较优势理论建立在所有国家资源都得到充分就业的假设下，但实际中可能存在短期失业问题。比较优势理论的假设是非均衡和非竞争假设，理论中假设各国结构相同、市场均衡，但现实中存在产业结构差异和市场不对称性等非均衡状态，并且理论中假设各国仅追求利润最大化，但现实中跨国企业也会考虑政治和战略等其他因素。并且，比较优势理论没有考虑跨国公司利用规模经济引起的国际产业外部性带来的影响。除了成本的价格因素外，产品的非价格因素如品质和声誉也影响国家的比较优势。

　　对于比较优势形成的原因，分别有以下因素：自然资源因素，不同国家（地区）在土地、气候、水源等自然资源上的差异，直接影响其在某些产业和产品的成本优势，例如农产品、林产品等；技术水平差异，一国在某些技术领域处于领先地位，将其应用于产业生产中，就会形成比较优势，技术积累是形成优势的重要源泉；资本积累差异，长期的资本投入会带来规模经济效应，降低生产成本，从而形成优势基础，各国资本积累的差异也决定了成本差异；劳动力质量和数量差异，劳动力的受教育水平、技能结构与数量，给不同国家在工业生产中提供不同程度的人力资源支持，影响成本；规模经济效应，通过扩大规模生产，实现分工优化和技术升级，一国可能在某些产品上实现规模经济产生成本优势；地缘政治，地缘位置决定了资源的有利外销渠道或进口渠道，间接影响产业布局和生产成本优势；管理水平差异，一国在企业管理、市场开发等软实力方面的领先，可能会转化为成本管理上的优势。

　　关于比较优势理论的经济学意义。该理论解释了国际贸易的发生理由。该理论说明即使一个国家（地区）在所有产品上都不如另一个国家（地区），但通过贸易也能使双方利益最大化。推动了产业结构优化配置，每个国家（地区）可以根据自身条件和优势，灵活配置产业结构，实现最佳资源配置。提升了国（地区）内生产效率，通过外贸可以激发国（地区）内企业提高生产效率和技术水平的动机，促进经济发展。并且支持自由贸易原则，该理论论证了通过降低贸易壁垒、放开市场交流能带来最大经济效益，为支持自由贸易提供理论基础。比较优势理论强调经济整合利益，说明不同国家（地区）通过区分劳动和互补合作，可以实现共同利益最大化目的。推动了国际分工，不同国家（地区）根据各自条件形成国际分工体系，促进经济一体化进程。彰显了相对成本决定贸易模式，该理论阐述了相对成本决定产品的国际竞争力和贸易优势，影响国际贸易格局。比较优势理论同样引导实践和政策，指导国际贸易的实践与政策取向，对世界贸易组织发展等具有深远影响。总之，该理论为国际贸易的科学发展奠定了重要理论基础。

2.2.2 新型对外投资理论

1. 小规模技术理论

小规模技术理论是指生产或者经营过程中，当产出量相对较小时，所采用的技术和生产方式。在这种情况下，企业或者个人无法充分利用规模经济效应，因此必须依靠其他手段来提高效率。

小规模技术理论主要包括以下几个方面。首先，生产要素的优化配置是提高效率的关键。在小规模经营中，资源有限，所以必须合理安排各种要素的使用，以达到最大利用效果。其次，技术创新是小规模经营成功的关键因素之一。通过引进新的生产技术，企业可以在有限资源条件下实现更优的生产效益。另外，小规模经营的成功还与市场需求的差异化有关。由于企业规模较小，资源受限，因此需要根据市场需求的特点，将产品或服务更好地定位，以满足目标消费者的需求。小规模技术理论的应用在不同地区会有所差异。在发展中国家，小规模技术理论常常被用于解决资源匮乏和产品供给不足的问题。通过合理配置资源和改善生产方式，可以提高生产效率，满足人民对基本生活所需的需求。而在发达国家，小规模技术理论通常被用于提高生产效率和创新型产业的竞争力，以适应全球化的市场环境。

综上所述，小规模技术理论在经济学中具有重要的意义。通过合理配置资源、技术创新和市场差异化，企业和个人可以在有限资源条件下提高生产效率，实现可持续发展。由于地区的特点和需求的不同，使用小规模技术理论的方式也会有所差异。因此，应该根据实际情况，结合地区特点，灵活运用小规模技术理论，实现经济发展和人民生活的改善。

2. 技术地方化理论

传统的国际直接投资理论多以发达国家跨国企业为研究对象，试图解释发达国家企业的对外直接投资行为，相比之下，有关发展中国家对外直接投资行为及其动因的研究相对较少。但随着发展中国家经济实力不断增强，产生了以小规模技术理论为代表的早期发展中国家对外直接投资理论。然后，随着发展中国家的经济发展和技术进步，其市场寻求型动机不断增强，投资规模不断扩大，对资本密集型产业的投资占比也呈现逐步提高的态势，这使得小规模技术理论对现在发展中国家对外投资行为的解释力度大大减弱。在这种情形下，技术地方化理论应运而生。技术地方化理论主要解释了技术在地区间传播和应用的过程。在现代经济全球化的背景下，技术在地方间的差异和变化越来越引人关注。技术地方化理论揭示了技术在不同地区的扩散和应用方式，进而影响了不同地区的经济发展。

技术地方化理论于 1983 年由英国经济学家拉奥（Lall）在其所著的《新跨国公司：第三世界企业的发展》一书中提出，以解释发展中国家的对外直接投资行为。拉奥认为，虽然发展中国家存在技术能力不足、以劳动密集型生产为主的问题，但仍然具备创新的内在动力。发展中国家通过对外直接投资活动能够获取东道国先进的技术知识和管理经验，对这些国外技术和知识进行学习、消化和吸收，再基于自身的技术能力进行地方化改造，这能帮助发展中国家生产出更具技术水平、更符合东道国市场需求的产品，极大增强其产品在东道国市场的竞争力。

首先，技术地方化理论认为技术的传播是一个渐进的过程。不同地区之间存在着丰富多样的经济、文化和社会条件，这些因素会影响技术的接受和应用。因此，技术传播需要经历一系列的适应和调整，才能在不同地区生根发芽。其次，技术地方化理论强调了地区间的知识流动和交流对技术传播的重要性。技术的传播不仅是技术产品本身的流动，更包括了技术背后的知识和经验的共享。通过各种形式的交流合作，地区之间可以互相学习和借鉴，促进技术的本土化和适应性创新。最后，技术地方化理论还关注了地区间的经济和社会差异如何影响技术的应用与发展。不同地区的市场需求、产业结构和政策环境可能存在较大差异，这会直接影响技术的适用性和有效性。技术地方化理论认为，技术的应用和发展必须充分考虑地区的特点和需求，才能实现最佳效果。

总结起来，技术地方化理论是经济学中研究技术传播和应用的重要理论。它强调技术传播是一个渐进和适应的过程，需要地区间知识流动和交流的支持。此外，地区间的经济和社会差异也会影响技术的应用与发展。因此，在推动技术发展和应用过程中，必须充分考虑地区的特点和需求，以实现最佳效果。

3. 技术创新产业升级理论

20 世纪 80 年代中期以后，发展中国家通过实施开放政策以及企业国际化战略，其对外直接投资呈现快速增长的趋势。此外，这些国家对外投资的领域和行业逐渐多元化，不再局限于资源型产业，而是涵盖了制造业、服务业、高科技等领域。同时，发展中国家企业对外投资流向不再仅限于相邻国家（地区），而是向全球范围扩展，涉及发达国家、新兴市场和其他发展中国家。另外，就投资目的来看，发展中国家企业通过跨国并购或设立海外子公司的方式来获取广阔的市场和丰富的资源，甚至引入先进技术与管理经验。在这种演变趋势下，先前的理论对这些新现象的解释力度大大减弱。那么，如何有效解释发展中国家对外直接投资的新趋势，成为国际直接投资领域的一大难题。英国里丁大学教授坎特维尔（Cantwell）和其学生托兰惕诺（Tolentino）共同提出的技术创新产业升级理论，为探索发展中国家对外直接投资的新现象提供了独特的视角。该理论不仅深入剖析了技术创新与产业升级之间的内在联系，还进一步探讨了发展中国家对外直接投资的产业和区位分布随时间变化的规律。

首先，该理论明确指出，发展中国家产业结构的升级与其企业技术能力的稳定提高密切相关。随着技术的不断积累和创新，发展中国家的产业结构会逐渐从低端向高端升级，进而提升其在全球产业链中的地位。这种技术能力的积累与创新不仅有助于国内产业的升级，也为发展中国家企业开展对外直接投资提供了有力支撑。其次，该理论还强调了发展中国家对外直接投资的产业和区位分布会随着时间的推移而变化。在发展初期，发展中国家企业可能更倾向于对与本国产业相近、地理位置相近、文化背景相似的区域进行投资。然而，随着技术能力的提升和经验的积累，这些企业会逐渐拓展投资领域，并尝试进入更高端的产业和更广泛的区域。最后，坎特维尔和托兰惕诺强调了技术创新对于国家和产业发展的重要性。发达国家和发展中国家均能从技术创新中获利，但发达国家的创新能力处于高端地位，而发展中国家的创新能力较弱，为了获取市场竞争力，发展中国家在对外直接投资初期阶段就会积极引进、吸收这些海外先进技术，并根据本国市场供需情况进行本地化改造。随着生产规模的扩大以及生产经验的逐渐丰富，发展中国家企业能够独立进行技术创新，从而获取新的产品和优势，这些创新产品和优势又会随着营销能力的提升得以持续强化。为了持续性获取创新优势，发展中国家将投资重点转移到自身创新能力的培育上，而以往向其他发展中国家进行投资的策略已然无法再获取更高级的技术知识，发展中国家就需要将投资区位转移至其他技术先进国家，投资领域也从劳动密集型产业逐渐转移至技术密集型产业，从而获取新的创新优势。

2.2.3　国际技术溢出理论

国际技术溢出是指先进技术、管理知识进行跨国界流动，而 IFDI、OFDI 以及进口贸易是知识跨国界流动、传播的主要渠道。

国际技术溢出效应的相关研究起源于 20 世纪 60 年代，当时的学者开始关注跨国公司对技术扩散和经济发展的影响。1966 年，雷蒙德·弗农（Raymond Vernon）在其发表的文章《产品周期中的国际投资与国际贸易》中首次提出了"产品生命周期理论"，该理论对美国企业海外投资行为的动因进行了分析，试图通过产品在全球市场上的发展演变历程来解释国际贸易，同时该理论也能解释发达国家对发展中国家的直接投资行为。弗农在该文中阐释了一种产品从进入市场到被市场淘汰的全部过程，即产品生命周期可分为初创期、成长期、成熟期、衰退期，而跨国企业在产品生命周期的不同阶段对技术扩散所起的作用也具有差异。同时，该理论也揭示出在产品成熟期，跨国公司改变投资区位将生产技术转移到发展中国家的行为进一步促进了国际技术的扩散。20 世纪 90 年代以来，众多学者对国际技术溢出的研究逐渐丰富起来。埃里克·马斯金（Eric Maskin）和让·梯若尔（Jean Tirole）在其于 1990 年出版的《动态寡头垄断理论（II）：大固定成本的论述与数量竞争》一书中提出了技术创新和知识共享的理论框架，认为竞争与合作存在相互作用的机制，在竞争与合作的双重作用下技术溢出才得以最大限度地体现，而技术溢出又能促进当地的技术创新和经济发展。美国普林斯顿大学教授保罗·克鲁格曼（Paul Krugman）质疑传统经济地理理论基于完全竞争市场的假设并不贴合现实经济情况。因此，他将新贸易理论和新增长理论关于不完全竞争和报酬递增研究的最新成果，引入空间区位理论中，并基于此构造出空间区位理论，即新经济地理学以探究产业集聚、城市体系以及国际贸易的形成机理，并在其于 1991 年出版的《地理经济学》一书中强调了地理因素对技术扩散与产业发展的影响作用，地理位置的接近以及产业聚集会促进技术溢出和经济增长。

随后，以格罗斯曼和赫尔普曼（Grossman and Helpman，1991）、凯勒（Keller，2000）等为代表的学者们将研究视角逐渐从单一的技术创新和产业升级扩展到国际贸易、外商直接投资（IFDI）以及对外直接投资（OFDI）等多元化渠道，深入探讨了国际技术溢出效应在这些渠道中的实现方式和影响机制，并通过实证研究验证了理论模型的合理性。1991年，格罗斯曼和赫尔普曼将国际贸易引入道格拉斯生产函数，以探究国际贸易能否提升某一国家的全要素生产率，结果显示R&D与国际贸易均能有效提升一国的全要素生产率；同时，结论还揭示出国际贸易与国家技术进步之间存在积极的关联。其作用机制主要体现在以下三个方面：（1）国际贸易使得贸易进口国无须就中间品支付额外的费用。（2）国际贸易会提升进口国企业对进口中间品技术的学习和模仿效率，进而开发出与进口中间品类似的产品，这在一定程度上能提升进口国的技术水平。（3）国际贸易便利了进口国与技术出口国在先进技术、管理经验等方面的交流，使得进口国更易学习这些先进的知识与技术。

在《国际研发溢出》一文中，克尔和赫尔普曼（Coe and Helpman，1995）在格罗斯曼和赫尔普曼（Grossman and Helpman，1991）创新驱动增长模型的基础上，利用1971~1990年21个经济合作与发展组织（OECD）国家的相关数据进行实证分析，并以全要素生产率为因变量，以国内R&D存量和双边进口贸易额加权的外国R&D存量为自变量构建回归模型，即C-H模型，以考察进口贸易、R&D技术溢出与全要素生产率增长之间的因果关系。实证结果表明一国的全要素生产率的变动会同时受到国内研发资本存量与从国际贸易渠道获取的国际技术溢出的影响，以上结论也进一步说明了一国从技术水平高的国家进口产品有助于提升该国的技术效率与技术水平。赫尔普曼和霍夫迈斯特（Helpman and Hoffmaister，1997）在C-H模型的基础上开发出CHH模型，并利用1970~1990年工业化国家与发展中国家共计99个国家的样本数据进行实证分析，以考察发展中国家国际贸易活动与全要素生产率之间的关联，研究结果显示工业化国家的研发资本存量对发展中国家存在显著的技术溢出效应。而他们的研究结论也再一次证实了克尔和赫尔普曼的观点，即技术水平先进的国家与技术水平较低的国家进行国际贸易存在技术溢出的现象。

在后续研究中，众多学者围绕C-H模型和CHH模型进行了大量的改进和完善。1996年，利奇滕贝格（Lichtenberg）和波特尔斯贝格（Pottelsberghe）在《国际研发溢出：重新审视》一文中对从国际贸易渠道获取的国际技术溢出存量的测算公式进行了改进，使得测算结果更符合实际情况。1998年，利奇滕贝格和波特尔斯贝格在《国际研发溢出：评论》一文中，率先将从IFDI

和 OFDI 渠道获取的国际技术溢出纳入 C－H 模型中，构建出 L－P 模型。该模型在拓展研究视角的同时，也避免了单一维度的局限性。

2001 年，利奇滕贝格和波特尔斯贝格在《外商直接投资能够跨境转让技术》一文中，进一步将国内研发资本存量纳入原始 L－P 模型中，并基于该模型就 1979～1990 年 13 个国家的样本数据进行了实证检验，以探析国际贸易、FDI、OFDI 与国内研发水平能否促进一国技术水平的提升。结果显示国际贸易和 OFDI 具有明显的国际研发技术溢出效应，而 IFDI 则未显示出积极的国际研发技术溢出效应。在实践中，由于 L－P 模型同时考察了国际贸易、OFDI、IFDI 与国内研发水平四种渠道的国际研发技术溢出效应，涵盖了现实经济世界大部分国际技术溢出来源，因而目前仍得到大量学者的应用。

2008 年，比泽尔（Bitzer）和凯雷克斯（Kerekes）在参考 C－H 模型和 L－P 模型的基础上，将被解释变量全要素生产率更换为国民生产总值，并将物质资本、中间产品与劳动力投入三个变量引入模型中，构建出 B－K 模型。与 L－P 模型相比，B－K 模型的测算方法避免了误差的产生，并且充分考虑到了第三国效应的存在，因而更加贴合实际情况。

纵观国际技术溢出理论与模型的发展历程，可以看出目前国内外学术界对国际技术溢出模型与测算公式并没有统一的定论，众多学者往往根据自身研究的目的、数据源等因素选择合适的国际技术溢出计量模型。但值得肯定的是，众多学者通过实证检验已然证明一国或地区技术水平的提升不仅会受到国内研发水平的影响，还会受到 IFDI、OFDI 以及国际贸易等国际研发技术溢出的影响。

2.3　国内外研究现状

随着中国经济持续快速发展，中国对外直接投资已多年位居世界前列，取得了举世瞩目的成就，既发展了自身也造福了世界。中国企业对外直接投资既符合世界各国对外直接投资的普遍规律，又有其特殊性和复杂性，对中国企业对外直接投资的研究成为一个热点并具有重要理论和实践意义。在我国企业对外直接投资的动力机制研究方面尚未形成一个完整的理论体系。关于企业对外直接投资的动力机制的研究通常从两个方面开展：一是从母国内在动力出发，找到母国自身所具有的能够作为企业对外直接投资动力的普遍性和特殊性；二是从东道国视角出发，试图从东道国的区位因素中找出企业对东道国投资的外在动力。因此，首先，本书从母国推动力和东道国引力两个方面对现有文献进行梳理。① 其次，对外直接投资对投资国产生的影响也是学术界关注的重点，其中，发展中国家越来越重视企业对外直接投资所产生的逆向技术溢出效应，本书也将对这部分内容进行梳理。最后，对有关西部陆海新通道的相关文献以及对外直接投资实施路径的文献进行梳理。

2.3.1　企业对外直接投资的母国推动力研究现状

关于企业对外直接投资的母国推动力，通常是基于母国自身具有的优势和特点，根据现有文献，可以分为获取优势、获得利益、赢得国际竞争力等方面。李辉（2007）认为我国企业开展对外直接投资的主要动力是获取优势，并根据投资发展路径理论分析了我国对外直接投资的成长阶段，认为影响我国企业对外直接投资的因素正是我国目前所处的经济发展阶段。何骏（2008）将这种优势具体理解为垄断优势，认为我国企业对外直接投资的动力可分成内部动力和外部动力两种，其中内部动力即企业对外直接投资的母国推动力与垄断优势相关，并且认为这种垄断优势需要通过企业的自主创新来获得。薛求知和朱吉庆（2007）对中国经济发展水平和对外直接投资之间的关系进行了实证研究，认为我国在国际上的经济优势如地区、产业的国际竞争力等也是影响我国企业对外直接投资的动力因素。刘阳春（2008）通过实证研究发现实施公司扩展战略以赢得国际竞争力是我国企业对外直接投资的重要动因。裴长洪和樊瑛（2010）则认为无论是发达国家还是发展中国家，对外直接投资的动力都是获得利益，并且对于中国企业来说更多的是为了获取宏观经济利益，同时兼顾企业的微观利益。

2.3.2　企业对外直接投资的东道国引力研究现状

关于企业对外直接投资的东道国引力，根据邓宁的国际生产折衷理论，

---

① 王方方，扶涛. 中国对外直接投资动力机制框架构建——企业异质性条件下三元边际拓展 [J]. 经济问题探索，2013（5）：45-51.

可以分为市场寻求型对外直接投资、资源寻求型对外直接投资、效率寻求型对外直接投资，以及战略资产寻求型对外直接投资。

1. 市场寻求动因

市场寻求动因是我国也是世界各国企业对外直接投资的一个关键因素，其目的通常是开拓东道国市场（朱丽萌和韩雨，2023）、拓宽商品的销售渠道（聂飞，2020）、避开贸易保护（尤宏兵、黄鸢涵和温珺，2017）、降低成本以及绕开区域经济一体化对非成员国的贸易限制（张纪凤，2014）。东道国的市场特征如市场规模和市场增长情况在中国企业对外直接投资过程中通常起着决定性的作用（Buckley，2015；王雪芳和高亚峰，2011）。通过对外直接投资不仅能够有效避免贸易壁垒，还能够根据当地市场需求开发更加本土化的产品，从而提高产品竞争力，建立品牌声誉（吴先明和黄春桃，2016）。同时，通过对外直接投资在当地设立销售网络使企业的产品进入东道国后还有助于带动母国产品的出口（杨超、庄芮和常远，2022）。

2. 资源寻求动因

资源寻求也是中国企业对外直接投资的重要动因，资源禀赋的高低对于中国投资者来说是影响对外直接投资的重要因素（董艳、张大永和蔡栋梁，2011）。投资企业通常是为了获得或使用被投资国家的自然资源优势，以满足国内需求（王一川，2020；赵春明和陈开军，2020）。通常来说，这类企业往往会综合考虑市场和资源寻求两种动因（蒋冠宏和蒋殿春，2013；李磊和郑昭阳，2012）。在中国企业的对外直接投资活动中，国有企业更倾向于对外寻求资源（林谧，2004）。通常国有企业的投资大多流向资源禀赋高的发展中国家，它们在东道国的投资更多的是考虑国家的发展战略而不仅仅是市场行为（张娟和刘钻石，2012；陈岩、马利灵和钟昌标，2012；邱立成和杨德彬，2015）。

3. 效率寻求动因

效率寻求是指企业利用东道国的优势要素如劳动力、制度安排等实现规模经济或者直接实现生产成本降低的海外投资（李雪欣，2002；朱丽萌和韩雨，2023），这类投资更多流向发展中国家，将生产工序与东道国优势资源相结合（赵春明和陈开军，2020）。对于发展中国家来说，东道国的制度是影响企业对外直接投资的重要因素之一，复杂的制度因素往往伴随着巨大的风险和成本（Peng et al.，2008；Kesternich and Schnitzer，2010）。值得注意的是，一些研究表明，中国企业在投资发达国家时倾向于投资制度较好的东道国，在投资一些制度环境稍逊于中国的国家时则倾向于一些制度较差的东道国（Kolstad and Wiig，2012；蒋冠宏和蒋殿春，2012；冀相豹，2014；Buckley，2015）。造成这种现象的原因主要是这些制度环境相对较差的国家自然资源禀赋往往具有优势而使投资企业忽略了制度问题（张纪凤，2013；杨娇辉、王伟和谭娜，2016）。王永钦、杜巨澜和王凯（2014）则认为，中国企业对外直接投资比起政治制度稳定性更加看重的是政府的办事效率和对腐败的控制等问题。王涵煜和樊艳翔（2020）认为企业对外直接投资可以躲避关税和其他贸易壁垒，利用东道国的相对优势实现规模经济以提升生产效率。总之，效率寻求型对外直接投资大多是投资国为了利用东道国的要素优势以降低成本，即企业通过在全球范围内整合和优化资源配置以实现成本最小化而进行的对外投资（杨丽华，2024）。

4. 战略资产寻求动因

战略资产通常是指专有技术、品牌、分销网络和国外资本市场等（吴先明和黄春桃，2016）。这一动因出于克服自身劣势的考虑，投资对象也主要集中在更为发达的国家（陶涛和麻志明，2009；蒋冠宏和蒋殿春，2012；侯文平和苏锦红，2018；赵春明和陈开军，2020），通过获取关键性的资源来缩小与发达国家的差距，经常以绿地投资、并购和技术合作等方式开展。例如发展中国家企业通过对外直接投资，能够获得先进的生产技术、高效的管理经验及成熟的品牌等（Kogut and Chang，1991；Grossman and Helpman，1991；Mathews，2006；Luo and Tung，2007；马锦伟，2019）。而中国企业对外投资中的技术寻求动因体现为学习型对外投资和竞争策略型对外投资，前者是中国企业在发达国家的逆向投资，后者是在发展中国家的顺向投资，这使得中国企业在对外投资过程中获得了战略性资产，实现技术水平和生产率的提升以及利润的提高（冼国明和杨锐，1998；李泳，2009；蒋冠宏、蒋殿春和蒋昕桐，2013；刘青、陶攀和洪俊杰，2017）。

2.3.3 企业对外直接投资逆向技术溢出效应研究现状

本书将有关企业对外直接投资逆向技术溢出效应的研究，分为以下四个部分进行梳理：机理研究、影响因素研究、门槛效应研究、差异性研究。

1. 对外直接投资逆向技术溢出的机理研究

一些研究认为，发展中国家可以通过嵌入发达国家的高技术产业集聚区来获取技术溢出，这被视为一种有效的途径。蒂斯（Teece，1992）发现一些跨国公司通过对美国的直接投资，融入美国先进的技术信息流通渠道，以学习先进的知识和技术，然后进行消化、吸收并进一步创新，再将新技术用于生产经营活动。凯勒（Keller，2000）发现技术溢出的存在确实受到明显的空间局限性影响。冉启英、任思雨和吴海涛（2019）则从地区腐败、市场化程度、知识产权保护来衡量地区吸收能力。秦放鸣（2020）着重研究了金融聚集对 OFDI 逆向技术溢出效应的影响。赵伟、古广东和何元庆（2006）从研发费用分摊、研发成果反馈、逆向技术转移和外围研发剥离四个方面分析OFDI 逆向技术溢出机制。陈菲琼和虞旭丹（2009）则认为对外直接投资的逆向技术溢出通过海外研发反馈、收益反馈、子公司本土化反馈和 OFDI 公共效应四个途径对母国产生影响。陈昊和吴雯（2016）将中国对外直接投资的东道国按照发达程度进行分类，分别探讨其技术溢出机制。其中，对发达国家的对外直接投资，通过研发要素吸收、研发成果反馈和示范效应来提升母国技术水平；而对技术水平不高的转型国家或发展中国家，则是通过寻求廉价生产资源、开拓市场的方式，利用获取的利润实现研发费用的分摊。王桂军和卢潇潇（2019）研究我国对"一带一路"共建国家（地区）的对外直接投资，认为中国企业通过与发达东道国形成战略联盟，共享研发资源和成果来提升子公司的技术水平，然后将成果转移至国内。

2. 对外直接投资逆向技术溢出的影响因素研究

通过技术溢出效应获得一部分创造型资产是中国企业进行对外直接投资的一个重要原因，中国企业通常通过跨国并购或绿地投资等形式从发达国家获取技术溢出（茹玉骢，2004；吴先明，2007；尹华和朱绿乐，2008；王涵煜和樊艳翔，2020），跨国并购相较于绿地投资的逆向技术溢出效果更显著（刘伟全，2010；茹运青和孙本芝，2012）。对外直接投资存在逆向技术溢出效应（Love，2003；李梅和柳士昌，2012；刘宏和张蕾，2012），但这一效应受到母国与东道国技术差距（Xu and Zhao，2012）、研发能力、技术创新能力（韩玉军和王丽，2015）、吸收能力以及企业行为（衣长军、李赛和张吉鹏，2015；刘伟全，2010；茹运青和孙本芝，2012）等因素的影响。严涣、吴凡和邓琦等（2024）认为技术差距会对逆向技术溢出产生一定的影响。技术溢出的程度受到母国和东道国之间技术差距的影响。只有在技术差距较小的情况下，同时改善人力资本和技术差距，也就是绝对和相对的吸收能力，才能使逆向技术溢出效应发挥到最大（茹玉骢、刘明霞和刘林青，2011；宋跃刚和杜江，2015；赵春明和陈开军，2020）。

3. 对外直接投资逆向技术溢出的门槛效应研究

关于国际投资技术溢出能否影响母国企业的创新能力，吸收能力的强弱是该效应得以有效发挥的重要影响因素（梁文化，2017）。吸收能力包括对外开放程度、技术创新能力、经济发展、人力资本等，这些因素存在门槛效应，吸收能力越强越能够促进逆向技术溢出效应的产生（衣长军、李赛和张吉鹏，2015；王雷和桂成权，2015；宋勇超，2015；朴英爱、于鸿和周鑫红，2022）。凯勒（2004）重点将人力资本与 R&D 投入作为门槛变量，认为母国人力资本水平和 R&D 投入作为影响吸收能力的重要因素，能够对 OFDI 逆向技术溢出效应产生影响。一般来说，逆向技术溢出现象主要发生在经济发展水平较高的国家（地区）。这是因为，只有当东道国经济达到一定发展规模时，才能有效吸收和学习投资主体带来的先进技术（Borensztein et al.，1998；沈能和赵增耀，2013；朱陈松、张晓花和朱昌平等，2015；韩先锋、惠宁和宋文飞，2018）。靳巧花和严太华（2017）从知识产权视角来探究其对不同渠道的国际技术溢出效应的影响，结果显示知识产权保护水平达到一定门槛值时，对外贸易、外商直接投资以及对外直接投资均能有效增强地区创新能力。苏汝劼和李玲（2021）在对中国制造业 OFDI 逆向技术溢出效应的分析中发现，技术差距对制造业 OFDI 逆向技术溢出效应具有单一门槛效应，中国与东道国之间技术差距越小，制造业 OFDI 逆向技术溢出效应越显著。李梅和柳士昌（2012）选取了 R&D 强度、人力资本、经济发展、技术差距、金融发展和对外开放程度作为门槛变量，发现 OFDI 逆向技术溢出效应存在明显的地区差异，且该效应在东部地区更为明显。高潇博（2018）在29 个省份以及 19 个行业研究中，以对外开放程度、人力资本和市场规模作为地区门槛变量，认为只有当门槛变量处于适度水平时，OFDI 逆向技术溢出效应才表现出显著正向的现象；反之，OFDI 逆向技术溢出效应则表现出消极或不显著的现象。曾杰（2021）分析了人力资本水平、研发强度和金融发展水平这些变量对地区 OFDI 逆向技术溢出效应的门槛影响。王雪莉和安同信（2021）在对长江经济带的研究中发现，研发强度和技术差距均存在单一门槛效应，能有效促进 OFDI 逆向技术溢出效应；而市场开放度则存在双重门槛，对 OFDI 逆向技术溢出效应的影响呈现出先促进再阻碍而后又促进的趋势。

4. 我国对外直接投资逆向技术溢出效应的差异性研究

分行业来看，对外直接投资促进产业结构的优化与升级，产业结构的调整与对外直接投资呈现正相关的关系，逆向技术溢出效应在工业部门的效果最明显，对国有企业的影响大于非国有企业（Kefei and Offiong，2015）。分技术含量来看，尹建华和周鑫悦（2014）将中国的技术差距领域分为低、中、高三种类型。研究表明，逆向技术溢出效应对高技术缺口地区有正向影响，而对中低技术缺口地区有负向影响。分投资动机来看，存在积极的逆向技术溢出效应的对外直接投资，要数我国中部地区对发达经济体的技术寻求型对外直接投资，而我国逆向技术溢出效应为负的对外直接投资有两种类型，分别是市场寻求型和资源寻求型，所以应该积极鼓励技术寻求型对外直接投资，从而能够有助于获取先进技术（欧阳艳艳和郑慧欣，2013）。屠年松和龚凯翔（2022）则选择了研发能力和产业聚集来衡量吸收能力，并认为研发能力与产业聚集对 OFDI 逆向技术溢出效应的影响呈现出差异性特征。分地区来看，由于我国中西部地区发展不平衡，东部地区的逆向技术溢出效应相较于西部地区更加明显（刘明霞和王学军，2009；李梅和柳士昌，2012），并且东部地区对外直接投资的逆向技术溢出效应对经济增长的影响也要大于中西部地区（王恕立和向姣姣，2014）。而陈菲琼、钟芳芳和陈琰（2013）则认为，对外直接投资的逆向技术溢出效应仅在我国东部地区显著，在中部地区并不显著，而在西部地区则为负向关系。

2.3.4　国际物流通道及西部陆海新通道的研究现状

1. 国际物流通道的研究

当前，国际物流通道的建设已成为影响国际贸易发展的关键因素。经济全球化推动了这些通道的建设，营造了有利于国际贸易的环境。因此，国际贸易的发展与国际物流通道的建设和发展有着相互促进、相辅相成的紧密联系。

对国际物流通道的研究比较广泛，并有充足的证据说明了其重要性。这些研究主要强调国际物流通道在加强这些通道沿线国家（地区）的贸易和物流部门方面发挥的关键作用。法尔代拉·E（Fardella E，2017）提出建设新的国际物流通道会对中国和意大利的贸易产生显著的影响，不过完善并优化通航港口网络也会正面促进欧盟其他国家对外贸易。李富昌、郭睿和胡晓辉（2016）认为泛亚大通道作为联通我国与东南亚、南亚国家的重要物流运输通道，能够对国际贸易产生重要的促进作用，有利于扩大我国与东盟的经贸合作规模。李万青（2009）分析了国际物流通道的内涵，认为西南物流通道为我国内陆地区的贸易开辟了新的出海通道，并为西南物流通道的构建提供了建议。李海莲、胡恩佳和李采玥（2020）认为口岸便利化是贸易便利化的基础，因此通过加强国际物流通道的建设提高口岸便利化水平，从而对中国出口贸易产生积极的作用。还有一些学者以"一带一路"倡议为背景展开研究。维诺库罗夫·叶甫根尼（Vinokurov Evgeny，2018）认为"一带一路"倡议会对共建国家（地区）国内的物流体系和结构以及国际通航港口的分布产生重大的影响，从政策优惠、班列运价及潜在流量三个视角出发比较了正在运营和规划的欧亚国际物流通道，并给出对欧洲—东盟铁路运输通道的经济评价。胡震（2020）分析我国"一带一路"建设对国际物流发展的实际影响。唐梦洁和金鑫（2016）具体解释了国际物流通道的内涵和成立的价值，认为国际物流通道的建设就是为了促进国家直接的经贸往来，并指出我国要加强国际物流通道体系建设。陈曦（2018）认为在"一带一路"倡议的作用下，欧洲已经逐渐成为中国非常重要的贸易伙伴，中欧之间也已成立多种运输方式的物流大通道，并通过分析认为中欧之间通过不断完善多条物流运输通道能够显著促进我国与欧洲的国际贸易往来，有利于与共建国家（地区）形成区域经济合作。

2. 西部陆海新通道的相关研究

东艳（2006）指出中国—东盟自贸区影响了中国对东盟国家的对外直接投资规模。乔慧超和沙文兵（2012）通过实证研究，发现中国对东盟直接投资的动因主要是市场寻求和效率寻求。胡海情（2012）认为中国企业投资东盟的驱动因素主要有市场因素、生产成本因素、经营发展因素以及政策因素等。王晓颖和周婉冰（2018）指出国际投资制度以及东道国制度质量对中国对东盟直接投资产生了影响。

由于西部陆海新通道的提出及建设时间比较短，对该领域的研究并不多，而且定量研究更加缺乏。在定性研究上，通常侧重于研究营运现状、内涵和意义及发展对策建议等方面。袁波（2018）指出西部陆海新通道将会助力未来我国西部地区的发展，高质量建设西部陆海贸易新通道可能会帮助缩小我国内陆与东部沿海地区的发展差距，解决西部地区发展失衡问题，并推动开放型经济建设的有序发展。杨祥章和郑永年（2019）将"一带一路"建设和西部陆海新通道建设结合起来，对西部陆海新通道建设的内涵、动因、推进路径进行了分析。马子红和常嘉佳（2023）提出从加强通道沿线区域合作、塑造区域价值链、统筹陆海联动、加强跨区跨境产能合作和产业互动、推进贸易便利化和制度型开放等维度来探索开放新路径，推动西南沿边地区形成高水平开发开放新格局。在定量研究上，大多是从物流效率、城市质量以及产业发展方面展开。刘涵（Han Liu，2023）以西部陆海新通道沿线 18 个节点城市为例，构建城市物流产业竞争力综合评价指标体系，对上述 18 个城市的物流竞争力进行综合评价。张婷、邱元宏和丁锐等（Zhang Ting，Qiu Yuanhong and Ding Rui et al.，2023）研究分析了不同年份西部陆海新通道城市经济空间格局演变，探讨了经济联系与可达性的协调发展及其影响因素。田园、李振洪和任毅（2023）评价了西部陆海新通道城市的综合质量，运用修正引力模型分析了城市间经济联系的强度，并通过社会网络分析的方法对通道城市间的网络密度、集群特征和聚集程度进行分析。张译丹、陈丹蕾和苏小军等（2018）考虑通道物流成本，对时间代价进行了量化，计算了国际陆海贸易新通道各条货运线路的物流成本，提出降低成本、提高物流运输效率的建议。袁伟彦（2019）研究了国际物流通道建设效应并阐述两种评价方向，给出了双重差分倾向得分匹配法、耦联评价法、生产函数法等 5 种评价方法并解释了每种方法的适用性和局限性。唐华臣、刘立清和陈仲凯（2022）通过梳理广西平陆运河沿线产业发展现状与特点，厘清运河产业发展存在的主要问题，通过计算产业发展关联性、发展潜力因子等进行聚类分析，构建产业选择矩阵，据此提出广西平陆运河特色产业体系建设、发展路径以及促进广西平陆运河流域产业高质量发展的对策建议。

2.3.5　企业对外直接投资的路径研究现状

关于企业对外直接投资的路径研究，一部分研究认为应根据企业对外直接投资的动因选择不同的模式和路径（谢冬梅、杨义和贾宪洲，2016）。张为付（2006）认为对于市场寻求型中国企业来说，可以对发达国家周边国家进行直接投资，然后将生产的产品出口到发达国家；技术和效益寻求型对外直接投资应以在发达国家建立技术研究中心、营销管理研究中心为主，而不是投资于产品加工环节。技术寻求型对外直接投资还可以通过并购东道国企业、自主设立海外技术研发机构、跨国技术合作等方式进行（薛云建、周开拓和谢钰敏，2013）。一部分研究则重点聚焦于部分行业，提出具体对外直接投资路径。方旖旎（2018）重点分析了互联网企业的对外直接投资路径和风险问题，认为企业应该对东道国监管部门审查风险，对信息和数据安全问题提前准备应急方案，规避文化风险、ICT 基础设施风险等。王钢（2009）以哈杉鞋业为例总结了民营企业"走出去"的路径：从产品"走出去"到市场"走出去"，再到品牌"走出去"和资本"走出去"，最终实现全球化经营。杨朝均、张广欣和毕克新（2019）重点研究了工业企业的绿色发展路径。王姝宁（2023）基于数字贸易背景，提出我国企业应积极推动技术创新和数字化转型，努力提升企业竞争力和市场份额，与东道国政府和企业建立良好的合作伙伴关系等。还有一部分研究则是从宏观的角度，提出国家层面的实施路径。李亚（2006）总结了我国企业实施"走出去"战略的路径，如充分发挥本企业具有比较优势的产品和产业、多样化选择投资地区同时要以发展中国家作为首选、培育复合型人才等。申秀清（2010）认为我国企业在对外投资路径选择时，要注意从所有权结构、地区及行业、组织结构等方面进行全盘考虑。企业应该兼顾投资增速和成效，通过构筑企业自身所有权优势来提高企业对外投资成效（周颖，2016）。

2.3.6　文献述评

目前就我国对外直接投资已有较多研究，涉及的领域也很多，但相关研究存在诸多不足，本章列举如下。

（1）现有研究普遍从我国整体的宏观层面出发，并且以我国对外直接投资产生的作用为主，而我国东西部地区经济发展长期存在显著差距，对外直接投资的基础、特征和动力机制等可能存在巨大差异，从我国总体出发得出的研究结论很可能在区域上具有较大偏差。西部地区在中国对外开放格局中扮演着重要的角色，目前对西部地区对外直接投资的研究以定性为主，定量研究较少。

（2）目前有关我国企业对外直接投资动力研究主要侧重于东道国的吸引力因素，可以分为市场寻求型、资源寻求型、效率寻求型，以及战略资产寻求型这几个方面。近年来，我国政府大力推出了一系列政策措施，大大促进了我国对外投资，这意味着母国推动力因素在企业对外直接投资中起到了重要作用，但有关对外直接投资母国推动力因素的研究较少。

（3）现有研究较多地关注企业对"一带一路"共建国家（地区）的直接投资活动，有关西部陆海新通道的研究几乎都是以建设的意义、国际物流通道建设和基础建设为主，并且大都是定性分析，鲜见对西部陆海新通道沿线国家（地区）直接投资相关领域的定量化研究。

（4）在有关我国对外直接投资逆向技术溢出的吸收能力的研究中，衡量地区吸收能力的指标差异较大，多数是出于研究目的而选择某个特定的指标，较全面的指标评价体系构建不足。另外，就研究对象来看，大多数研究集中在"长三角"和"珠三角"，鲜有针对中西部地区的。

（5）有关企业对外直接投资的实施路径或对策研究，大都从某个行业或整个国家层面出发，聚焦于西部陆海新通道沿线国家（地区）对外直接投资的很少，更罕见根据该领域定量化研究结论而较有针对性地提出实施路径的研究。

第 3 章　西部陆海新通道对中国企业对外投资的机遇研究

3.1　高质量建设西部陆海新通道的政策分析

2019 年国家发展和改革委员会印发了《西部陆海新通道总体规划》。2021 年国家发展和改革委员会又印发了《"十四五"推进西部陆海新通道高质量建设实施方案》，在重大项目建设、体制机制创新等方面给予积极支持。党的二十大报告强调，优化区域开放布局，巩固东部沿海地区开放先导地位，提高中西部和东北地区开放水平，加快建设西部陆海新通道。探究西部陆海新通道与我国企业对外直接投资的相关性，先要对相关政策进行分析来确定政策的主要内容。本书将以《"十四五"推进西部陆海新通道高质量建设实施方案》（以下简称《实施方案》）政策文本为研究对象，进行具体的分析阐述。

建设西部陆海新通道是深化陆海双向开放、推进西部地区发展新格局的重要举措。通过加快通道和物流设施建设，能够提升我国西部省份的物流运输能力，有利于深化国际经贸合作，促进交通、物流、商贸、产业深度融合，进而推动西部地区高质量发展。与总体规划相比，《实施方案》延续了总体规划的结构和内容，同时又重点突出"加大力度""高质量""共建共享"等理念思路和目标任务。《实施方案》中明确指出了西部陆海新通道高质量建设的现实基础、总体要求、重点任务以及保障措施四个方面。

首先，西部陆海新通道高质量建设的现实基础是指自《西部陆海新通道总体规划》实施以来，沿线各省份不断深化合作，沿线基础设施持续完善，通道运行质量和效益显著提升，综合服务功能增强，统筹协调机制也持续有效运行。其次，《实施方案》按照经济、高效、便捷、绿色、安全的要求，明确了各方面主要任务，并提出了一些阶段性目标：主通道畅通高效、港航能力显著增强、通道经济初具规模等。还提出了总体目标：到 2025 年，实现东中西三条通路持续强化，通道、港口和物流枢纽运营更加高效，对沿线经济和产业发展带动作用明显增强。进一步细化的建设目标如表 3.1 所示。

表 3.1　《"十四五"推进西部陆海新通道高质量建设实施方案》政策目标

政策目标	具体内容
加快推进主通道建设	畅通西线通路、扩能中线通路、完善东线通路、加强通道内联辐射和推进通道对外联通
强化重要枢纽功能	加快广西北部湾国际门户港建设、打造海南洋浦区域国际集装箱枢纽港、推动重庆物流和运营组织中心建设、建设成都国家重要商贸物流中心
提高通道运输组织与物流效率	大力发展铁海联运和国际班列班车、优化航线航班组织、加强通道协同联动、共建共享运营组织平台、培育多元化通道运营企业
推动通道降低成本和优化服务	着力降低通道运行成本、深入推进"一单制"、培育发展专业化物流服务、推进口岸功能升级、提高通关便利化水平
构建通道融合开放发展新局面	加快通道经济发展、拓展全球服务网络、完善国际合作机制、深化经贸交流合作

总的来说，这些目标强调要发挥铁路的骨干作用，建设大能力主通道，同时要加强内外联通，明确枢纽定位，优化分工协作。在补足硬件设施短板的基础上，更加强调优化通道运行软环境，重视发挥重庆通道物流和运营组织中心、广西中国—东盟多式联运联盟基地和服务中心等作用，推动通道降本增效与服务提升，对构建融合开放发展新局面提出打造平台、优化机制等创新举措，为进一步高质量建设西部陆海新通道描绘了翔实的路线图。

3.2　我国企业对外直接投资现状 *

3.2.1　我国对外直接投资总体现状

1. 我国对外直接投资总体增长情况

我国对外直接投资大国地位稳固，投资额呈稳步增长的变化趋势。改革

---

* 除特别标注外，相关数据均来自历年《中国对外直接投资统计公报》。

开放以来，中国企业境外投资开始加速，国家大力推进企业"走出去"战略，并采取高质量共建"一带一路"等积极对外开放的举措，中国经济增长动力足、企业对外投资的需求旺盛。同时，我国对外直接投资合作保持平稳发展的态势，为深化经贸合作搭建了坚实基础。2022年，中国继续通过"一带一路"倡议扩大全球联系与合作，与各国（地区）和国际组织签署了重要协议及合作文件，分别与尼加拉瓜、叙利亚、阿根廷、马拉维和巴勒斯坦等多个国家签署了"一带一路"合作谅解备忘录。这些谅解备忘录是加强双边合作、促进基础设施建设和促进中国与经济伙伴关系的框架。中国还与基里巴斯和阿尔及利亚签署了实施计划或合作协议，共同推进"一带一路"倡议。这些协议概述了旨在促进共同发展和繁荣的具体项目、倡议和合作领域。这些文件涵盖了广泛的领域，包括基础设施建设、贸易便利化、投资合作、文化交流和人文交流等。

图3.1为2010～2023年我国非金融类对外投资合作情况，开展非金融类对外直接投资的企业数由2010年的3 125家增加至2023年的7 913家[①]，合作国家（地区）的数量也大致呈逐年递增的趋势。截至2022年末，中国境内投资者共在全球190个国家（地区）设立境外企业4.7万家，投资范围覆盖了全球超过80%的国家（地区）。我国商务部数据显示，2023年我国全年对外承包工程完成营业额1 609.1亿美元，同比增长3.8%，新签合同额2 645.1亿美元，同比增长4.5%。对外劳务合作派出总人数34.7万人，其中承包工程项下派出人数11.1万人，劳务合作项下派出人数23.6万人，相较于2022年同期增加了8.8万人。

从对外直接投资流量和存量来看，2013～2022年，我国始终保持在世界前列[②]，如图3.2、图3.3、表3.2所示。受"一带一路"倡议的积极影响，2013～2022年我国对外直接投资流量保持稳步增长，2016年达到了最高峰1 961.5亿美元。2017年，全球经济下行，对外投资环境恶化，这导致我国对外直接投资流量首次出现负增长，不过我国对外直接投资流量位居全球第

---

① 2010年我国非金融类对外直接投资简明统计［EB/OL］.（2011-01-19）. http://hzs. mofcom. gov. cn/tjsj/art/2011/art_82347e9dc94d408f88d0bb0255bcb976. html；2023年我国全行业对外直接投资简明统计［EB/OL］.（2024-01-29）. http：//m. mofcom. gov. cn/article/tongjiziliao/dgzz/202401/20240103469616. shtml.

② 相关信息自历年《中国对外直接投资统计公报》查询得到。

三。2019 年，我国对外直接投资流量下降至最低点 1 369.1 亿美元，位列全球第二。2020 年新冠疫情暴发，全球经济受到了极大的冲击，而我国对外直接投资流量反而继续增长，并首次位列全球第一。2022 年，受边缘政治紧张、金融不稳定等因素的影响，相较于 2021 年的 1 788.2 亿美元，中国对外直接投资流量下降了 8.8%，达到 1 631.2 亿美元，位列世界第二，占全球的份额上涨了 0.4 个百分点，达到了 10.9%。图 3.3 为 2013～2022 年我国对外直接投资存量及全球位次。自 2013 年以来，我国对外直接投资存量呈现逐年上涨的趋势，并于 2017 年位居世界第二。2018～2022 年，我国对外直接投资存量连续 5 年位列全球第三。

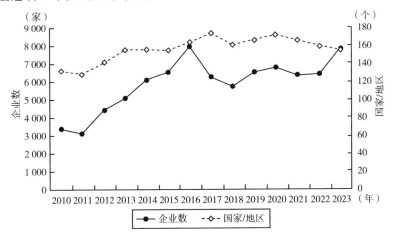

图 3.1　2010～2023 年我国非金融类对外投资合作情况

资料来源：历年《中国对外直接投资统计公报》。

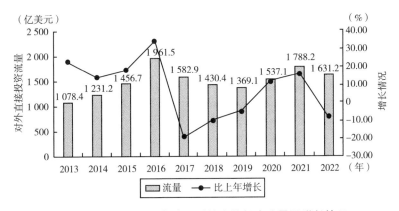

图 3.2　2013～2022 年我国对外直接投资流量及增长情况

资料来源：历年《中国对外直接投资统计公报》。

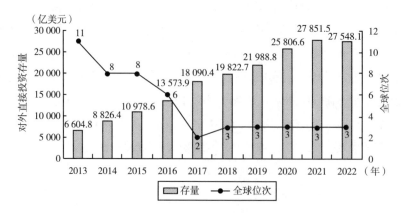

图 3.3　2013～2022 年我国对外直接投资存量及全球位次

资料来源：历年《中国对外直接投资统计公报》。

表 3.2　　　　　　2017～2022 年我国对外直接投资流量及全球位次

年份	流量（亿美元）	全球位次
2017	1 582.9	3
2018	1 430.5	2
2019	1 369.1	2
2020	1 537.1	1
2021	1 788.2	2
2022	1 631.2	2

资料来源：历年《中国对外直接投资统计公报》。

从图 3.4 可以看出，我国非金融类对外直接投资总额由 2010 年的 600.7 亿美元增长至 2023 年的 1 301.3 亿美元，增长了 1 倍多。特别是自"一带一路"倡议实施以来，我国非金融类对外直接投资保持较快增长，于 2016 年达到最高额 1 701.1 亿美元。然而，受世界经济格局变化、中美贸易摩擦、新冠疫情冲击、逆全球化等多重因素的影响，近些年我国非金融类对外直接投资相较于 2016 年并未实现突破，但总体上保持平稳增长的特点。

2. 我国对外直接投资行业分布情况

我国对外直接投资领域广泛，对六大领域的投资占近九成。2022 年，中国对外直接投资涵盖了国民经济的 18 个行业大类，其中流向租赁和商务服务业、制造业、金融业、批发和零售业、采矿业、交通运输/仓储和邮政业的投

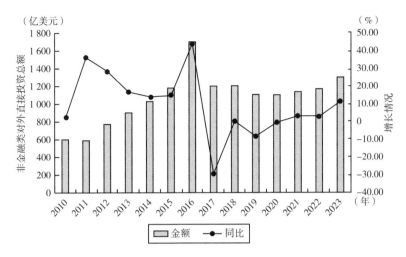

图 3.4　2010～2023 年我国非金融类对外直接投资总额及增长情况

资料来源：历年《中国对外直接投资统计公报》。

资均超过百亿美元，① 如表 3.3 所示。租赁和商务服务业位于首位，达到 434.8 亿美元，占比最高，为 26.7%。制造业则由 2021 年的第三位上升至第二位，达到 271.5 亿美元，占比 16.6%。其后依次是金融业、批发和零售业、采矿业、交通运输/仓储和邮政业，所占比重分别为 13.6%、13%、9.3% 和 9.2%。对这六大领域的投资占总对外投资的比重达到了近 90%。

表 3.3　　　　　　　　　　2022 年中国对外直接投资流量行业分布情况

行业	流量（亿美元）	比上年增长（%）	比重（%）
租赁和商务服务业	434.8	-11.9	26.7
制造业	271.5	1	16.6
金融业	221.2	-17.5	13.6
批发和零售业	211.7	-24.8	13
采矿业	151	79.5	9.3
交通运输/仓储和邮政业	150.4	23	9.2
电力/热力/燃气及水的生产和供应业	54.5	24.1	3.3
科学研究和技术服务业	48.2	-4.9	3
房地产业	22.1	-46.1	1.4

① 2022 年度中国对外直接投资统计公报 [EB/OL]. (2023 - 09 - 29). https：//images. mofcom. gov. cn/fec/202310/2023/030091915777. pdf.

续表

行业	流量（亿美元）	比上年增长（%）	比重（%）
信息传输/软件和信息技术服务业	16.9	-67.1	1
文化/体育和娱乐业	15.3	1 600.0	0.9
建筑业	14.5	-68.6	0.9
居民服务/修理和其他服务业	6.8	-62.4	0.4
农/林/牧/渔业	5.1	-45.2	0.3
卫生和社会工作	2.9	-14.7	0.2
教育	2.4	700	0.1
水利/环境和公共设施管理业	1.8	-18.2	0.1

资料来源：《2022年度中国对外直接投资统计公报》。

在2022年投资的三大领域中，租赁和商务服务业、金融业相较于上一年均有所下降，制造业则出现了提升。流向租赁和商务服务业的投资比上年下降了11.9%，流向金融业的投资比上年下降了17.5%，流向制造业的投资则比上年增长了1%。投资主要流向专用设备制造、汽车制造、其他制造、计算机/通信和其他电子设备制造、金属制品、医药制造、非金属矿物制品、橡胶和塑料制品、黑色金属冶炼和压延加工、通用设备制造、电气机械和器材制造、有色金属冶炼和压延加工、纺织业、化学原料和化学制品、石油/煤炭及其他燃料加工业等。其中流向装备制造业的投资为146.1亿美元，增长3.5%，占制造业投资的53.8%。

《2023年中国企业对外投资现状及意向调查报告》统计的结果显示，2023年，流向制造业的投资进一步增加，近五成企业对外投资都优先选择了制造业，近三成企业对外投资优先选择批发零售业、租赁和商务服务业。

3. 我国对外直接投资区位分布情况

从对外直接投资的区位来看，有超七成的企业进行对外直接投资时选择亚洲地区，有一成企业选择拉丁美洲，对北美洲和大洋洲的投资则呈现出增长迅速的趋势。

2022年，我国对外直接投资流量为1 631.2亿美元，其中76.2%都流向了亚洲地区，金额达到1 242.8亿美元，[①] 如图3.5和图3.6所示。其中对中

---

① 2022年度中国对外直接投资统计公报［EB/OL］．（2023 - 09 - 29）．https：//images. mofcom. gov. cn/fec/202310/2023/030091915777. pdf.

国香港的投资最多，达到 975.3 亿美元，占对亚洲投资的 78.5%，其次是对东盟的投资，占对亚洲投资的 15%，达 186.5 亿美元。

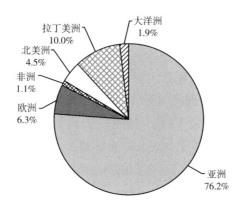

图 3.5　2022 年中国对外直接投资流量地区构成情况

资料来源：《2022 年度中国对外直接投资统计公报》。

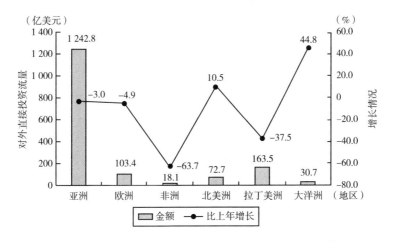

图 3.6　2022 年中国对外直接投资流量地区分布及增长情况

资料来源：《2022 年度中国对外直接投资统计公报》。

2022 年，流向拉丁美洲、欧洲、非洲地区的投资均出现了一定程度的下降。其中，流向非洲的投资下降得最多，相较于 2021 年下降了 63.7%，仅 18.1 亿美元，占 1.1%,[①] 投资主要流向南非、尼日尔、刚果（金）、埃及、

----

① 2022 年度中国对外直接投资统计公报 [EB/OL].（2023－09－29）. https：//images. mofcom. gov. cn/fec/202310/2023/030091915777. pdf.

科特迪瓦、赞比亚、厄立特里亚、尼日利亚、乌干达、毛里求斯、加纳等国家。流向拉丁美洲的投资为163.5亿美元，占比10%，下降了37.5%，对拉丁美洲的投资主要流向英属维尔京群岛、开曼群岛、墨西哥、秘鲁、巴西、智利以及巴拿马等国家（地区）。对欧洲的投资为103.4亿美元，占比6.3%，相较于2021年下降了4.9%，投资主要流向卢森堡、英国、德国、瑞典、意大利、匈牙利、俄罗斯、塞尔维亚、瑞士、波兰、格鲁吉亚等国家。

2022年，我国对大洋洲和北美洲的投资均实现了快速增长。其中，对大洋洲的投资增长最多，相较于2021年增长了44.8%，达到30.7亿美元，占比1.9%，投资主要流向澳大利亚、巴布亚新几内亚和新西兰等国家。对北美洲投资72.7亿美元，占比4.5%，比上一年增长了10.5%，其中对美国投资72.9亿美元，对加拿大投资1.5亿美元。

总的来说，从对外直接投资的流向来看，我国近七成企业对外直接投资都优先选择共建"一带一路"国家（地区）。这无疑得益于"一带一路"倡议，我国对共建国家（地区）的对外直接投资呈现蓬勃发展的态势。

3.2.2 我国对西部陆海新通道沿线国家（地区）对外直接投资现状

1. 西部陆海新通道沿线国家（地区）已成为我国对外直接投资的重要伙伴

截至2023年9月，西部陆海新通道物流网络已覆盖国内18个省份68个城市135个站点，通达全球120个国家（地区）的473个港口，货物运输品类有980多种。[①] 由于覆盖国家（地区）较多，数据难以收集和统计，本书查阅《2022年度中国对外直接投资统计公报》，选择2022年中国对外直接投资流量前20位的国家（地区），剔除位列第二的英属维尔京群岛和第五的开曼群岛，统计了我国对这些国家（地区）的对外直接投资流量及占比情况，如表3.4所示。经统计发现，剩余18个国家（地区）均为西部陆海新通道沿线国家（地区），其中排名第一的地区为中国香港，所占比重达59.8%。[②] 新

① 西部陆海新通道跑出加速度［EB/OL］．（2023－10－04）．https：//www.gov.cn/lianbo/difang/202310/content_6907440.htm.
② 2022年度中国对外直接投资统计公报［EB/OL］．（2023－09－29）．https：//images.mofcom.gov.cn/fec/202310/2023/030091915777.pdf.

加坡位列第三，其次是美国，剩余国家（地区）依次为印度尼西亚、卢森堡、英国、澳大利亚、中国澳门、德国、瑞典、越南、阿拉伯联合酋长国、马来西亚、泰国、土耳其、南非、柬埔寨、尼日尔。这些国家（地区）覆盖了亚洲、欧洲、非洲、北美洲以及大洋洲。其中，亚洲国家（地区）占比最大，这也符合我国整体的对外直接投资特点，即 2022 年末，中国境内投资者的对外直接投资近 60% 分布在亚洲，13% 分布在北美洲，欧洲占 10.2%，拉丁美洲占 7.9%，非洲占 7.1%，大洋洲占 2.6%。

表 3.4　　　　2022 年中国对外直接投资流量前 20 位的国家（地区）

序号	国家（地区）	流量（亿美元）	占总额比重（%）
1	中国香港	975.3	59.8
2	英属维尔京群岛	91.2	5.6
3	新加坡	83.0	5.1
4	美国	72.9	4.5
5	开曼群岛	57.6	3.5
6	印度尼西亚	45.5	2.8
7	卢森堡	32.5	2.0
8	英国	28.2	1.7
9	澳大利亚	27.9	1.7
10	中国澳门	21.3	1.3
11	德国	19.8	1.2
12	瑞典	18.5	1.1
13	越南	17.0	1.0
14	阿拉伯联合酋长国	16.1	1.0
15	马来西亚	16.1	1.0
16	泰国	12.7	0.8
17	土耳其	7.5	0.5
18	南非	6.8	0.4
19	柬埔寨	6.3	0.4
20	尼日尔	5.7	0.3
	合计	1 561.9	95.7

资料来源：《2022 年度中国对外直接投资统计公报》。

2. 对西部陆海新通道沿线国家（地区）的投资集中在五大领域

我国对西部陆海新通道沿线国家（地区）的投资集中在五大领域，分别是租赁和商务服务业、金融业、制造业、批发和零售业、采矿业。2022年我国对外直接投资流向最多的行业为租赁和商务服务业，其中投资主要分布在中国香港、英属维尔京群岛、澳大利亚和开曼群岛等地区。而中国香港和澳大利亚都是西部陆海新通道沿线非常重要的地区或国家。批发和零售业主要流向中国香港、新加坡、英属维尔群岛、美国、荷兰、英国、中国澳门、瑞典、越南和马来西亚等国家（地区），这些国家（地区）同样是西部陆海新通道沿线非常重要的节点。2022年末中国对各洲直接投资存量前五位的行业中，各大洲均占比较高的是租赁和商务服务业、制造业以及金融业，其次是批发和零售业以及采矿。亚洲和拉丁美洲占比最高的均为租赁和商务服务业，欧洲和北美洲占比最高的均为制造业，而非洲地区占比最高的是建筑业，大洋洲是采矿业，如表3.5所示。

表 3.5 2022年末中国对各洲直接投资存量前五位的行业

地区	行业	存量（亿美元）	占比（%）
亚洲	租赁和商务服务业	7 786.1	42.5
	批发和零售业	2 728.4	14.9
	金融业	2 095.7	11.4
	制造业	1 361.3	7.4
	采矿业	1 199.2	6.6
	小计	15 170.7	82.8
非洲	建筑业	136.2	33.3
	采矿业	97.2	23.8
	制造业	50.6	12.4
	金融业	44	10.7
	租赁和商务服务业	21.6	5.3
	小计	349.6	85.5
欧洲	制造业	479.1	34
	金融业	218.2	15.5
	采矿业	210.1	14.9
	租赁和商务服务业	137.8	9.7
	房地产业	74.8	5.3
	小计	1 120.0	79.4

续表

地区	行业	存量（亿美元）	占比（%）
拉丁美洲	租赁和商务服务业	2 637.1	44.2
	信息传输/软件和信息技术服务业	836.9	14
	批发和零售业	721.8	12.1
	制造业	477.4	8
	金融业	443.4	7.5
	小计	5 116.6	85.8
北美洲	制造业	286.6	27.7
	采矿业	196.7	19
	金融业	196.6	19
	租赁和商务服务业	80.6	7.8
	批发和零售业	72.6	7
	小计	833.1	80.5
大洋洲	采矿业	174.4	42.2
	租赁和商务服务业	74.1	17.9
	金融业	41.2	10
	房地产业	28.4	6.8
	制造业	25	6.1
	小计	343.1	83

资料来源：《2022 年度中国对外直接投资统计公报》。

3.2.3　我国西部地区对外直接投资情况

我国东西部地区对外直接投资水平仍然差距较大。尽管我国的对外直接投资格局显示出稳定增长的趋势，但地区对外直接投资差距较大，东西部地区之间发展不平衡的问题依然存在。2022 年，我国地方企业对外非金融类直接投资流量总额为 860.5 亿美元，高于中央企业和单位对外非金融类直接投资流量 549.5 亿美元，占比 61%。① 将地方企业按照地理位置进行划分，分为东部地区、中部地区、西部地区以及东北地区四个区域。其中，东部地区为我国对外直接投资的主力军，其对外直接投资流量达 665.5 亿美元，所占

---

① 2022 年度中国对外直接投资统计公报［EB/OL］.（2023 - 09 - 29）. https：//images. mofcom. gov. cn/fec/202310/2023/030091915777. pdf.

比重为77.3%，中部地区和西部地区地方企业对外直接投资流量基本持平，分别为93.8亿美元和93.5亿美元，占比均为10.9%，而东北地区对外直接投资流量占比最小，仅占0.9%，金额为7.7亿美元，如表3.6所示。

表3.6　　　　　2022年我国地方对外直接投资流量按区域分布情况

地区	流量（亿美元）	比重（%）	比上年增长（%）
东部地区	665.5	77.3	−7.3
中部地区	93.8	10.9	−6.5
西部地区	93.5	10.9	107.3
东北地区	7.7	0.9	−44.1
合计	860.5	100.0	−1.9

资料来源：《2022年度中国对外直接投资统计公报》。

再从对外直接投资存量的角度来看，2022年末，地方企业对外非金融类直接投资存量达到9 328.8亿美元，占全国非金融类存量的38.1%。[①] 其中东部地区7 616.4亿美元，占81.6%，西部地区778.9亿美元，占8.4%，如图3.7所示。东北地区和中部地区加起来共占10%。

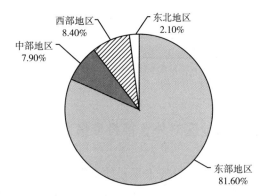

注：（1）东部地区包括北京、天津、河北、上海、江苏、浙江、福建、山东、广东和海南。

（2）中部地区包括山西、安徽、江西、河南、湖北、湖南。

（3）西部地区包括内蒙古、广西、四川、重庆、贵州、云南、陕西、甘肃、青海、宁夏、新疆、西藏。

（4）东北地区包括黑龙江、吉林、辽宁。

图3.7　2022年末地方企业对外直接投资存量地区比重构成

资料来源：《2022年度中国对外直接投资统计公报》。

---

① 2022年度中国对外直接投资统计公报［EB/OL］.（2023－09－29）. https：//images. mofcom. gov. cn/fec/202310/2023/030091915777. pdf.

　　由此可见，我国地方企业对外直接投资存在较大的地区差异性，呈现出了非常明显的地区差异特征，中西部地区和东北三省的对外直接投资总和不足东部地区的一半。其中，西部地区和中部地区相差不大，对外直接投资水平基本一致。值得注意的是，在 2022 年我国整体对外直接投资流量呈下降趋势的情况下，我国西部地区地方企业对外直接投资流量却实现了逆增长，较 2021 年增长了 107.3%。① 并且如图 3.8 所示，其占比相较于往年也实现了新高，达到了 10.9%。这一方面可能是由于 2021 年我国西部地区地方企业对外直接投资流量相较于之前出现了较大的下降，另一方面也能够在一定程度上说明西部陆海新通道的成立为西部地区对外直接投资增添了强劲动力，我国西部地区对外直接投资水平还有很大的提升潜力，这也是本书要研究的核心所在。

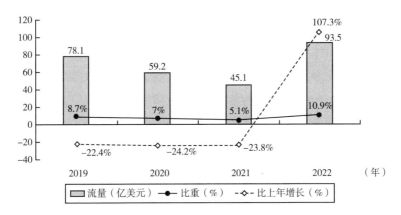

图 3.8　2019～2022 年我国西部地区对外直接投资流量、占比及增长情况
资料来源：历年《中国对外直接投资统计公报》。

3.3　西部陆海新通道对中国企业对外投资的机遇

3.3.1　国际经贸合作为对外投资发展创造良好环境

　　2023 年是"一带一路"倡议十周年，国际经贸合作蓬勃发展，我国与

---

　　①　2022 年度中国对外直接投资统计公报［EB/OL］.（2023 - 09 - 29）. https：//images. mofcom. gov. cn/fec/202310/2023/030091915777. pdf.

"一带一路"共建国家（地区）双向投资也在快速增长，形成深度融合的分工格局。商务部数据显示，2013～2022年，中国企业对"一带一路"共建国家（地区）非金融类直接投资由115亿美元升至209.7亿美元，占我国对外非金融类直接投资总额比重由12.5%升至17.9%。中国已同151个国家和30多个国际组织签署了200余份共建"一带一路"合作文件，形成了3 000多个合作项目，拉动了超万亿美元的投资规模，为共建国家（地区）创造了42万个就业岗位。我国是共建"一带一路"国家中114个国家的前3大贸易伙伴之一。①

我国始终在积极推进自贸协定的签署与升级，商务部数据显示，2023年我国在自贸协定谈判和签署方面创造了新的历史纪录，新签协定达到4个。截至2024年4月，已经和29个国家（地区）签署了22个自贸协定。② 自贸协定的签署为双方投资者和服务提供者创造了更加开阔的市场，占我国对外贸易总额的1/3左右。这有助于各方消除贸易壁垒，扩大外贸规模，为合作双方都带来更大的利益。自2022年《区域全面经济伙伴关系协定》（RCEP）全面生效以来，已经对区域内贸易和投资的蓬勃发展起到了重要的助推作用。

总之，通过开展经贸合作，首先，能够改善市场准入，例如贸易协定和合作通常会降低关税与非关税壁垒，使企业更容易进入国外市场，从而可以创造新的投资机会，并激励我国企业投资国外市场。其次，经贸合作可以通过建立明确的贸易和投资规则与框架，为投资者提供保护和支持，例如争端解决机制等，从而创造更加稳定和可预测的营商环境，这对企业来说是一种激励，能够有效降低企业对外直接投资所面临的风险。除此之外，经贸合作还可以促进不同国家（地区）公司之间的伙伴关系和合资企业，这些合作可以帮助企业进入新市场，获得当地的知识和优势，获取资源和人才，这可以使公司利用当地的资源、劳动力和专业知识来提升它们的运营与竞争力。通过促进这些条件，贸易和经济合作可以为我国企业对外直接投资创造有利的环境，为企业开拓国际市场提供便利。

---

① 共建"一带一路"引领构建人类命运共同体［EB/OL］.（2023 - 12 - 08）. http：//www.gongwei. org. cn/n1/2023/1208/c458108 - 40134929. html.

② 中国已与29个国家和地区签署22个自贸协定——以高水平开放促进互利共赢［EB/OL］.（2024 - 04 - 11）. https：//www. gov. cn/yaowen/liebiao/202404/content_6944500. htm.

3.3.2 通道辐射效应扩大了我国企业对外合作的范围

西部陆海新通道的辐射效应扩大了我国企业合作范围。在国内，辐射区域由我国西部向东中部地区转变。西部陆海新通道在建设之初也是把西部地区作为战略重心，将西部地区 12 个省份纳入其中。随着通道辐射带动能力不断增强，湖北宜昌、江西南昌、河南漯河、河北石家庄等中东部城市积极参与到通道建设中。"13 + 1"省际协商合作联席会议机制的共建格局进一步拓展为"13 + 2"，西部陆海新通道也不再仅仅立足于我国西部地区。如今，西部陆海新通道已经覆盖全国 18 个省份的 72 个城市。国内辐射范围的扩大，为更多的企业提供了出海的便捷物流运输通道。

在国外，通道辐射地区由东盟向全球转变。从国际来看，西部陆海新通道在建设初期的目标是拉近我国与东盟的距离，深化双方国际经贸合作，北部湾港的国际航线网络也仅覆盖东盟主要国家。随着陆运线路拓展和海运航线织密，通道辐射范围已延伸至 123 个国家（地区）的 514 个港口，跨境班列班车近可达东南亚、南亚，远可通中亚、欧洲。2023 年，铁海联运班列发送集装箱 86 万标准箱，同比增长 14%。① 货物通达全球，物流规模和效率显著提升。海铁联运班列、中越跨境班列、跨境公路班车、国际航空货运等多式联运提质发展，广西口岸进口、出口整体通关时间位居全国前列；中国—东盟多式联运联盟加快构建，已形成北部湾港海铁联运班列、中越跨境班列、至中南半岛的跨境公路班车、国际航空货运等多种物流组织模式。西部陆海新通道也从立足东盟逐步向辐射全球转变，进而拉近了我国西部与世界的距离，已经成为连接"一带"和"一路"、支撑西部地区高水平开放和构建新发展格局的陆海大通道。

3.3.3 全球经济绿色化、数字化转型为企业对外投资提供新赛道

进入互联网时代以来，随着数字技术的高速发展，不断催生出了新的业

---

① 西部陆海新通道物流网络拓展至 123 个国家和地区的 514 个港口［EB/OL］．（2024 – 05 – 24）．https：//www. gov. cn/yaowen/liebiao/202405/content_6953403. htm.

态和模式，数字化投资正在为企业提供更高效精准的生产和市场营销方式。可以通过大数据分析、云计算等技术手段，帮助企业实现流程的优化和升级，从而降低成本、提高效率。所以在2024年，市场越发重视数字化技术的应用，企业想要获得持续的竞争优势，就必须拥抱数字化转型。这也给企业提供了进军新兴市场的机会，越来越多的初创企业开始寻求海外市场的拓展机会，期望在竞争激烈的全球市场环境中取得创新性的成功，以提升自身的竞争力与市场份额。

与此同时，随着全球极端天气事件频发，绿色转型发展已成为国际社会共识，它不仅成为全球应对气候变化、环境污染，以及生态危机的共同选择，还是经济社会发展的重大机遇。我国的绿色转型目标主要是减污和控碳，既包括新型能源体系建设，也包括传统高碳产业的减碳降碳。相关研究预测，绿色能源、采矿、矿物加工以及电动汽车和电池制造领域的交易将迎来"巨大机遇"。近年来，中资企业在光伏储能设备、新能源汽车等领域处于有利地位。因此，绿色经济正逐渐成为中资企业"走出去"的重要领域，我国企业应该抓住新兴绿色产业初期的发展机遇，积极投入国际市场的竞争中。

3.4　本章小结

3.4.1　我国对外直接投资大国地位稳固，投资领域和地区广泛

自2013年以来，我国对外直接投资存量呈逐年上涨的趋势。2017～2022年，我国对外直接投资存量连续位列全球前三。截至2022年末，中国对外直接投资覆盖了全球超过80%的国家（地区）。并且投资领域广泛，涵盖了国民经济的18个行业大类，其中，租赁和商务服务业、制造业、金融业、批发和零售业、采矿业、交通运输/仓储和邮政业六大领域共占投资额近九成，近年来，流向制造业的投资额和占比在增长。从对外直接投资区位来看，近七成企业选择"一带一路"共建国家（地区），超七成在亚洲地区，有一成企业在拉丁美洲，对北美洲和大洋洲的投资则呈现出增长迅速的趋势。亚洲地区中，对中国香港的投资占78.5%，其次是对东盟的投资占15%。

3.4.2　我国地方企业对外直接投资存在较大的地区差异性

东部地区地方企业的对外直接投资流量所占比重接近 80%，西部地区和中部地区所占比重均约为 10%，东北三省所占比重不足 1%。西部地区发展尽管持续向好，但与东部地区相比还存在巨大差距。

3.4.3　西部陆海新通道建设正如火如荼，通道发展持续向好，成效显著

西部陆海新通道战略指引和政策的大力支持，为西部地区经济发展提供了千载难逢的机遇，西部地区对外直接投资具有巨大的发展潜力。目前，西部陆海新通道已经覆盖全国 18 个省份的 72 个城市。国内辐射范围的扩大，为更多的企业提供了出海的便捷物流运输通道。国际辐射范围由东盟向全球转变，我国对外直接投资流量前 20 位的国家（地区）中，其中有 18 个国家（地区）均为西部陆海新通道沿线国家（地区）。陆运线路拓展和海运航线织密，通道辐射范围已延伸至 123 个国家（地区）的 514 个港口，物流规模和效率显著提升。目前，我国对西部陆海新通道沿线国家投资集中的领域与对全球投资的领域基本一致。

第4章 西部陆海新通道参与省份对外直接投资的动力机制研究

本章主要分析西部陆海新通道沿线省份对外直接投资的影响机理，包括但不限于财政收入状况、经济水平、基础建设、产业结构等因素。通过对这些因素进行系统的分析和比较，可以揭示出西部陆海新通道沿线省份对外直接投资的驱动因素。

4.1　机理分析与研究假设

财政收入状况：稳定的财政收入能为地区进行对外直接投资提供坚实的经济基础，稳定的财政收入意味着政府和企业有更强的能力去承担对外直接投资的风险与成本。一方面财政收入是地区进行经济建设和发展对外直接投资的重要资金来源，较高的财政收入意味着政府和企业有更多的资金可以用于支持对外直接投资项目，包括提供融资支持、税收优惠等。另一方面财政收入状况也会影响政府制定对外直接投资政策的能力，财政收入较高的地区通常有更多的财力去支持那些旨在促进对外直接投资的政策措施，如提供税收优惠、投资补贴等。此外财政收入状况还会影响政策执行的效果，充足的财政收入可以确保政府有足够的资源去监督和执行相关政策，从而保障对外直接投资的顺利进行。

基于以上观点，本章提出假设4.1：财政收入的提高可以促进对外直接投资。

经济水平：邓宁的投资发展路径理论是研究发展中国家对外直接投资行为的重要理论，该理论指出一国的净对外直接投资是该国经济发展水平的函数。朱玮玮（2017）选取了 2003～2013 年 30 个省份的样本，证明经济发展水平、出口和吸引外资、政府支持带动了区域性对外直接投资的发展，各因素的促进作用因地区而异。随着经济水平的提高，国内企业的资本充足率也会相应提高，从而增强了其进行对外直接投资的能力。这一理论强调了经济发展对对外投资行为的推动作用，具体而言，经济发展水平的提升为企业提供了更多的资源，如资金、技术和管理经验，使它们能够在国际市场上进行更大规模的扩张。根据比较优势理论可知，随着一国经济的发展，其产业结构会不断优化升级，形成新的比较优势，这种比较优势不仅体现在传统商品贸易上，也体现在对外直接投资上。例如，发达国家往往利用其技术和资金优势通过对外直接投资在全球范围内进行产业链的布局与优化。

基于以上观点，本章提出假设 4.2：经济水平的提升可以促进对外直接投资。

基础设施：根据罗森斯坦·罗丹的"大推进理论"，基础设施建设对于经济的全面发展至关重要，它能为直接生产部门提供更高效、更便捷的服务，从而降低生产成本，提高生产效率，同时有助于提升企业的竞争力，为其进行对外直接投资奠定基础。例如，高效的交通网络能够缩短运输时间，降低物流成本；通信设施的完善则促进了信息流通，降低了信息不对称的程度。此外，完善的基础设施能够支持新兴产业的发展，推动传统产业的转型升级，这将使得企业在国际市场上更具竞争力，从而增加其对外直接投资的意愿和能力。

基于以上观点，本章提出假设 4.3：基础设施建设的增强可以促进对外直接投资。

产业结构：在产业结构升级过程中，某些产业可能面临资源短缺的问题，为了获取所需的资源，企业会进行对外直接投资，以获取海外市场的自然资源、人力资源等生产要素，此时对外直接投资有助于缓解国内资源短缺的压力，为产业结构的升级提供必要的资源支持。此外，在产业结构优化过程中，企业之间的关联度和协作性增强，形成了更加紧密的产业链，对外直接投资有助于企业在全球范围内整合产业链资源，实现上下游企业的协同发展。

基于以上观点，本章提出假设 4.4：产业结构的优化可以促进对外直接投资。

4.2 模型构建与实证研究

4.2.1 模型构建

基于上述分析，可构建本章的计量模型，如下所示：

$$\text{OFDI}_{it} = \alpha_0 + \alpha_1 \text{FR}_{it} + \alpha_2 \text{EC}_{it} + \alpha_3 \text{IFN}_{it}$$
$$+ \alpha_4 \text{IS}_{it} + \alpha_5 \text{Controls}_{it} + \varepsilon_{it} \tag{4.1}$$

其中，OFDI_{it} 表示 i 省份第 t 期的对外直接投资存量，FR_{it}、EC_{it}、IFN_{it}、IS_{it} 分别表示 i 省份第 t 期的财政收入状况、经济水平、基础设施、产业结构，Controls_{it} 则表示控制变量，即 i 省份第 t 期的居民收入、对外贸易和科技创新。α_1、α_2、α_3、α_4、α_5 分别表示 i 省份第 t 期财政收入状况、经济水平、基础设施、产业结构以及控制变量的弹性系数。

4.2.2 变量说明及数据处理

1. 样本选择

本章旨在研究西部陆海新通道参与省份对外直接投资的影响因素，因此本章选取了 2019 年 8 月国家发展和改革委员会发布《西部陆海新通道总体规划》之前西部陆海新通道的参与省份为研究对象，具体包括重庆、广西、贵州、甘肃、青海、新疆、云南、宁夏、陕西、四川。以上样本 2014~2022 年的相关数据均来源于各省份统计年鉴、《中国统计年鉴》以及国家统计局。

2. 被解释变量

本章选取对外非金融类直接投资存量作为衡量一个省份对外直接投资的指标。

非金融类直接投资存量能够直接反映该省份在实体经济领域的投资规模和积累。它涵盖了房地产、矿产资源、商业地产、能源、基础设施、物流、医疗等多个领域的投资，能够全面展现该省份在对外经济活动中的活跃程度和影响力。而非金融类直接投资存量相较于流量，更能反映出一个省份对外直接投资的长期趋势和稳定性。此外存量数据还能够体现一个省份的开放程度和国际化水平，一个拥有较大规模对外直接投资存量的省份，通常意味着其更加积极地参与全球经济的分工与合作，更好地利用国内国际两种资源、两个市场，推动自身经济的高质量发展。因此中国对外非金融类直接投资存量作为衡量一个省份对外直接投资的重要指标，能够全面反映该省份在实体经济领域的投资规模和积累、长期趋势和稳定性、相对优势和劣势以及开放程度和国际化水平。

3. 解释变量

（1）财政收入状况：采用财政收入与地区生产总值的比值来表示地区财政收入状况。

（2）经济水平：采用人均生产总值来表示地区经济水平发展。

（3）基础设施：采用人均城市道路面积作为指标来表示城市的基础设施建设水平。

（4）产业结构：采用第三产业与第二产业增加值的比值来表示地区产业结构。

4. 控制变量

为全面系统地分析西部陆海新通道参与省份对外直接投资的动力机制，本章选取居民收入、对外贸易和科技创新 3 个变量作为控制变量，具体描述如下。

（1）居民收入：该指标由居民人均可支配收入来表示，衡量东道国居民的生活水平。理论上居民人均可支配收入的增加意味着居民有更多的资金可用于储蓄和投资，这些资金可能通过金融机构和资本市场等渠道流向对外直接投资领域，为省份的海外投资提供资金支持。因此，本章预期该变量与被解释变量呈正相关关系。

（2）对外贸易：该指标由货物进出口总额来表示，衡量对外投资主体在国际贸易中的地位和竞争力。理论上对外贸易会使企业对海外资源、技术和市场有更多了解，从而激发企业对外直接投资的意愿。因此，本章预期该变量与被解释变量呈正相关关系。

（3）科技创新：该指标由专利申请量来表示，衡量对外投资主体科技创新能力的强弱与对科技创新的重视度。理论上为了获取更多的技术资源和创新能力，通过对外直接投资来收购或合作具有先进技术的海外企业，可以达到提升自身技术水平和竞争力的效果。因此，本章预期该变量与被解释变量呈正相关关系。

相关变量具体含义如表 4.1 所示。

表 4.1　　　　　　　　　　　　　　变量含义

	变量	含义	预期
解释变量	财政收入状况	用财政收入与地区生产总值的比值来表示	+
	经济水平	用人均生产总值来表示（元）	+
	基础设施	用人均城市道路面积来表示（平方米）	+
	产业结构	用第三产业与第二产业增加值的比值来表示	+
控制变量	居民收入	用居民人均可支配收入来表示（元）	+
	对外贸易	用货物进出口总额来表示（千美元）	+
	科技创新	用专利申请量来表示（项）	+

4.2.3　实证检验与结果分析

1. 变量描述性统计分析

本章运用 Stata 16.0 软件，全样本回归采用混合效应模型；分样本回归因样本数据减少选取固定效应回归法。由表 4.2 可见，被解释变量对外非金融类直接投资存量最小值、最大值分别为 10 132 和 1.467e + 06，说明投资规模有较大差异；核心解释变量经济水平和基础建设的标准差均在 1.2 以上，极差波动范围也较大，说明各省份变量存在较大差异。

表 4.2　　　　　　　　　　　　　　基本统计描述

变量	(1) 样本量	(2) 平均值	(3) 标准差	(4) 最小值	(5) 最大值
对外非金融类直接投资存量	90	480 505	338 741	10 132	1.467e + 06
财政收入状况	90	0.105	0.0190	0.0642	0.149
经济水平	90	48 435	14 497	25 101	90 663
基础设施	90	17.65	4.270	10.33	28
产业结构	90	1.283	0.204	0.751	1.758

续表

变量	（1）	（2）	（3）	（4）	（5）
	样本量	平均值	标准差	最小值	最大值
居民人均可支配收入	90	21 509	5 095	12 185	35 666
进出口总额	90	3.727e+07	3.707e+07	332 800	1.507e+08
科技创新专利申请数	90	47 569	42 551	1 534	167 484

为了减少异常点及残差的非正态分布和异方差性，本章在后续实证中对中国对外非金融类直接投资存量、人均生产总值、居民人均可支配收入和货物进出口总额进行了对数化处理。但总体而言，样本的离散程度相对分散，适合进一步的实证分析。

2. 多重共线性检验

为了确定模型的回归模型的稳定性和可靠性以及模型参数估计的准确性，避免多重共线性导致因变量的影响变得难以区分，本章采用了变量膨胀因子（VIF）检验法进行多重共线性检验，如表 4.3 所示。

表 4.3　　　　　　　　　VIF（变量膨胀因子）检验法

变量	VIF
经济水平	1.69
财政收入状况	1.69
产业结构	1.33
基础设施	1.11
平均变量膨胀因子	1.46

一般来说，如果某个自变量的 VIF 值超过 10（有些情况下严格来说大于 5），则意味着这个自变量与其他自变量之间存在较强的相关性，即存在多重共线性问题，VIF 值越大，多重共线性的程度就越严重。本章各解释变量 VIF 值均低于 10，说明变量间不存在严重的多重共线性问题，可以对模型参数进行估计。

3. 基准回归

由于混合效应模型能够区分固定效应和随机效应，从而更准确地控制随机误差，且随机效应反映了不同层级或群组之间的差异，能够更准确地估计各因素的效应，并减少由随机误差导致的偏差。因此本章采用混合效应模型进行了回归，结果如表 4.4 所示。

表4.4　　　　　　　　　　　混合效应模型估计结果

对外非金融类直接投资存量	系数	z	P > | z |	95% 置信区间	
财政收入状况	− 8.397781	− 1.45	0.148	− 19.77848	2.982917
经济水平	3.183583	2.83	0.005	0.9825238	5.384642
基础设施	0.1094872	4.67	0.000	0.0634898	0.1554845
产业结构	1.821062	3.48	0.000	0.7956862	2.846437
居民人均可支配收入	− 3.930152	− 2.45	0.014	− 7.078952	− 0.7813513
进出口总额	0.3252474	3.93	0.000	0.1629429	0.4875518
科技创新专利申请量	0.2605768	2.00	0.046	0.0049171	0.5162366
常数项	6.082803	1.15	0.250	− 4.284513	16.45012

　　根据回归结果，财政收入状况并没有通过显著性检验且系数为负，这与本章假设4.1不一致。尽管理论上对外直接投资与财政收入状况普遍被视为呈现正向相关性，即财政收入的增长往往预示着更强的经济实力和国际竞争力，进而促使企业扩大海外市场布局，增加对外直接投资的规模与频次。但由于财政收入的增加需要经历政策调整、资金分配、项目规划与实施等一系列环节，这些过程本身就具有一定的时间跨度，因此这种正向关系的实际表现存在一定的滞后性，即当前的财政收入可能在未来几年内才会对对外直接投资产生显著影响。此外地区之间因其所处的发展阶段各异，其财政收入状况与对外直接投资的规模和结构同样展现出显著的差异性，这种差异不仅反映了各地区经济实力的不同，也深刻影响着它们在全球经济体系中的角色与定位。在经济发展的初期阶段，地区往往面临着基础设施建设的迫切需求、产业升级的初步探索以及市场机制的逐步完善等多重挑战，在这个阶段地区可能将更多的资源和精力投入优化投资环境、提升外资吸引力上，而对外直接投资则可能因资金、技术、经验等方面的限制而处于相对较低的水平，甚至尚未成为主要的经济活动之一。然而，随着地区经济的不断发展和实力的增强，情况会逐渐发生变化，当地区具备了较强的经济实力、技术水平和国际市场竞争力时，对外直接投资将成为其寻求更广阔发展空间、优化资源配置、提升国际影响力的重要手段，此时财政收入与对外直接投资之间的关联度也将逐步增强。

　　根据回归结果，经济水平、基础设施和产业结构三个变量与对外直接投资均通过了显著性检验且系数为正，这与本章假设 4.2、假设 4.3、假设 4.4 一致。

具体来说，经济水平与对外直接投资呈正相关关系，经济水平的提升意味着一个国家（地区）拥有更强大的经济实力和雄厚的资本，这使得该国或地区更有能力进行对外直接投资。较高的经济水平通常意味着更高的国民收入、更强的产业基础和更完善的基础设施，这些都为对外直接投资提供了有力的支持。随着经济水平的提升，对于国家而言会积累更多的技术和管理经验，这些都可以被应用到对外直接投资中，提高投资的成功率和效益。

基础设施与对外直接投资呈正相关关系，资本输出国的地区基础建设水平高，意味着地区经济整体发展态势良好，市场潜力巨大，这为企业提供了更多的发展机会和盈利空间，从而激发了企业进一步拓展海外市场的意愿。此外地区基础设施的完善程度也反映了政府对于经济发展的重视和支持。随着全球化进程的加速推进，企业需要借助完善的基础设施来加强与外部世界的联系和沟通，同时地区基础设施的完善有助于企业更好地融入全球产业链和供应链，获取更多的信息和资源，从而提高对外直接投资的效率和成功率。

产业结构与对外直接投资呈正相关关系。产业结构升级是一个国家（地区）经济发展的重要标志，它意味着资源在各产业之间的优化配置和高效利用。随着产业结构从低附加值向高附加值转变，国内企业逐渐积累起更多的技术、资本和管理经验，这些资源为企业进行对外直接投资提供了有力的支持，因此，产业结构升级往往伴随着对外直接投资规模的扩大，这种良性循环有助于推动国家经济的持续健康发展。从全球视角来看，产业结构升级和对外直接投资都是经济全球化的重要表现，随着全球化的深入发展，各国之间的经济联系日益紧密，产业结构升级和对外直接投资将会成为各国经济互动的重要方式。

关于控制变量，居民人均可支配收入、货物进出口总额以及科技创新专利申请数均通过了显著性检验。货物进出口总额以及科技创新专利申请数的系数为正，表明其与对外直接投资呈正相关关系。企业在进行对外贸易时，当对外贸易体量达到一定程度后，企业会选择在海外建立生产基地或销售网络，建立海外生产基地等行为本质上也是一种对外直接投资。关于科技创新方面，可以发现具备先进技术和专利的企业更容易在海外市场上获得竞争优势，从而增加对外直接投资的意愿和动力。居民人均可支配收入系数为负，表明其与对外直接投资呈负相关关系。由于西部陆海新通道参与省份基本位于我国西部，其中不乏一些发展相对落后的省份，因此如果居民面临的投资渠道有限，或者对外投资的风险和门槛较高，那么即使居民人均可支配收入增加，也可能不会显著增加对外直接投资。

4. 稳健性检验

为进一步验证上述结果的稳健性，本章进行了 Bootstrap 稳健性检验，通过对原始样本进行有放回的重抽样，生成多个新的样本集，然后利用这些新的样本集来估计参数的分布，检验结果如表4.5所示，核心解释变量的显著性和变量符号与前面的回归分析基本保持一致，由此可见，稳健性较好。

表 4.5   Bootstrap 稳健性检验

变量	对外非金融类直接投资存量
财政收入状况	−8.398
	(5.534)
经济水平	3.184 ***
	(1.103)
基础设施	0.109 ***
	(0.0309)
产业结构	1.821 ***
	(0.586)
居民人均可支配收入	−3.930 **
	(1.583)
进出口总额	0.325 ***
	(0.113)
科技创新专利申请数	0.261
	(0.199)
常数项	6.083
	(4.908)
样本量	90
决定系数	0.677

注：括号内为标准误差；*** 、** 、* 分别表示在1%、5%、10%水平上显著。

4.3　本章小结

本章研究结果表明，经济水平、基础设施和产业结构对对外直接投资有着正向影响，此外居民消费能力、进出口贸易总额以及科技创新对对外直接投资也有着一定的影响，主要结论如下。

4.3.1　经济水平提升显著促进对外直接投资发展

地区的经济水平不仅反映了其整体经济实力，还直接影响着其对外直接投资的规模、结构和质量。一个经济发达、实力雄厚的地区往往拥有更多的资本积累和更强的企业实力，能够进行更大规模的对外直接投资，并且这些企业往往具备更先进的技术、更完善的管理体系和更广阔的市场视野，能够更好地适应国际市场的竞争和变化，从而在对外直接投资中取得更好的成效。此外，经济水平还影响着对外直接投资的风险承受能力。对外直接投资涉及不同国家（地区）的政治、经济、文化等多个方面的差异，存在一定的风险和不确定性。经济发达的地区往往具备更强的风险抵御能力和更完善的应对机制，能够更好地应对各种挑战和风险，保障对外直接投资的安全和稳定。

4.3.2　基础设施建设的增强促进对外直接投资发展

在全球化日益加深的今天，基础设施建设不仅是国家经济发展的重要支撑，更是促进对外直接投资、加强国际合作与交流的关键因素。基础设施的完善能够为对外直接投资创造更有利的环境，优质的交通网络、完善的能源供应系统、高效的通信网络等能够极大地降低生产和交易成本，提高资源配置效率，当基础设施得到充分的投入和建设，将极大地降低企业的运营成本，提高运营效率，从而激发企业对外直接投资的积极性。此外，基础设施建设还能带动相关产业的发展，形成良性的经济循环。例如，交通运输网络的完善将促进物流、旅游等相关产业的繁荣；能源供应设施的加强将推动能源、化工等产业的升级。这些产业的发展将为对外直接投资提供更多的机遇和动力。

4.3.3 产业结构的优化调整促进对外直接投资发展

产业结构的优化是各省在推动经济发展、提升竞争力以及促进对外直接投资中的重要战略举措。产业结构的优化不仅意味着资源配置的合理性提升，还意味着经济体系的韧性和抗风险能力的增强。产业结构优化涉及资源、技术、市场和政策等多个层面的深度融合与协同，通过优化产业结构，各省份可以推动经济从高速增长转向高质量发展，进而提升在全球价值链中的地位和影响力。

第5章 西部陆海新通道参与省份 对外直接投资特性分析

通过第4章研究，从宏观层面发现，参与西部陆海新通道建设的重庆、广西、贵州、甘肃、青海、新疆、云南、宁夏、陕西、四川10个省份的经济水平、基础设施、产业结构、居民消费能力、进出口总额、科技创新能力六大指标都对对外直接投资产生促进作用。但每个省份在这些经济指标上都存在差异性，而且在地理环境、自然资源、支柱产业等很多方面各具特色和优势。为了充分发挥各省份的优势和补强不足，更好地合作共建西部陆海新通道，利用好西部陆海新通道的战略价值，本章对以上各省份基本状况进行概述分析，并运用主成分分析法揭示以上六大指标之间的内在关系，同时对各省份对这些对外直接投资的影响因素进行水平测度，以发现各自的优势和不足，最终为各地政策制定提供有益参考。

5.1 西部陆海新通道参与省份的地理位置与经济特点

西部陆海新通道的参与省份主要位于我国西部地区，这些省份具有显著的地理位置优势，连接了"丝绸之路经济带"和"21世纪海上丝绸之路"。本节各省份数据均来自国家统计局和各省统计局。

5.1.1 重庆

重庆位于中国西南部，是一个内陆城市，不直接濒临任何海域或海洋，与四川、贵州、湖南、湖北、陕西等省份相邻。重庆地理位置的优越性体现在它位于长江上游地区，是长江经济带的重要节点，同时相邻多个经济活跃省份，拥有得天独厚的地理优势。重庆的主要地形类型是山地和丘陵，特别是以山地为主，因此也被称为"山城"。地势高低起伏显著，城市依山而建，形成了独特的城市景观。长江和嘉陵江在重庆市中心交汇，形成了壮丽的山水画卷。

重庆 2023 年地区生产总值为 30 145.8 亿元，比上年增长 6.1%，成为全国 5 个经济总量超过 3 万亿元的城市之一（其他 4 个为上海、北京、深圳和广州）。从历史数据来看，重庆的经济增长速度一直保持较高水平，2022 年重庆的地区生产总值为 28 576.1 亿元，比 2021 年增长 2.6%，2021 年重庆的地区生产总值增速更是高达 8.3%，显示出强劲的发展势头。重庆 2023 年第一产业实现增加值 2 074.7 亿元，增长 4.6%；第二产业实现增加值 11 699.1 亿元，增长 6.5%；第三产业实现增加值 16 372.0 亿元，增长 5.9%。总的来说，2023 年重庆各产业均保持稳步增长，其中第三产业增长最快，成为推动重庆经济发展的重要力量。目前重庆的汽车制造业、电子信息产业、装备制造业等为主导产业，具有较强的市场竞争力。2022 年重庆工业总产值达 2.58 万亿元，汽车生产能力居全国前列，目前重庆已形成以长安汽车为首、以十多家整车企业为骨干、以上千家配套企业为支撑的"1 + 10 + 1 000"优势汽车集群，智能网联新能源汽车产业发展总体处于西部领先水平。

5.1.2 广西

广西位于中国南部，是中国的一个自治区，广西南部濒临南海的北部湾，作为一个沿海地区，广西拥有较长的海岸线，为海洋经济的发展提供了有利条件。广西东与广东相邻，西与云南、贵州相连，南临北部湾并与海南隔海相望，西北与湖南相连，北与贵州相连，东北、西北分别与湖南、贵州相连。地理位置的优越性体现在其位于中国南部沿海地区，与东南亚地区隔海相望，是中国与东盟国家交流的重要通道之一。广西的主要地形类型包括山地、丘陵和盆地，地势整体呈现北高南低的特点，北部为云贵高原的延伸部分，分布着大量的山地和丘陵；南部则以丘陵和盆地为主，地势相对平坦。

广西 2023 年地区生产总值为 27 202.39 亿元，比 2022 年增长 4.1%。从历史数据来看，广西的经济总量持续增长，虽然增速有所波动，但整体保持稳定增长的趋势，2022 年广西地区生产总值为 26 186.1 亿元，比 2021 年增长 2.8%，2021 年地区生产总值为 25 209.1 亿元，比 2020 年增长 7.9%，2020 年受到新冠疫情影响，地区生产总值为 22 120.9 亿元，比上年增长 3.7%，增速有所放缓，但随后两年逐渐恢复并保持稳定增长。广西 2023 年第一产业实现增加值 4 468.2 亿元，增长 4.7%；第二产业实现增加值 8 924.1 亿元，增长 3.2%；第三产业实现增加值 13 810.1 亿元，增长 4.4%。总的来说，广西 2023 年三大产业均保持稳步增长，其中第三产业增长最快，成为拉动经济增长的主要动力，第二产业中的工业持续恢复向好，特别是制造业和部分服务行业的增长较快，为广西经济的持续发展提供了有力支撑。目前广西在制糖、有色金属、机械、汽车、冶金、建材、石化化工等传统产业方面具有较强实力，这些产业在广西经济中占有重要地位，是广西的支柱产业之一。其中广西糖业实现了转型发展"节节高"，培育了 6 家被评为广西制造业百强的制糖企业，2023 ~ 2024 年榨季，广西全区食糖产量约 618 万吨，同比增加 91 万吨，连续 20 个榨季占全国产量的 60% 左右。

5.1.3　贵州

贵州位于中国西南部，与四川、重庆、湖南、云南和广西等相邻，贵州是一个内陆省份，不直接濒临任何海域或海洋。贵州与四川、重庆、湖南、云南和广西相邻。地理位置的优越性体现在贵州是中国西南地区的重要交通枢纽，连接了华南和西南两大经济区，同时也是连接东南亚的重要通道之一。贵州的地形以山地和高原为主，尤其是喀斯特地貌非常显著，地势起伏较大，有许多山脉和丘陵，如苗岭山脉、大娄山脉等，贵州的喀斯特地貌形成了许多独特的自然景观，如溶洞、地下河、石林等，也为其带来了丰富的旅游资源。

贵州 2023 年地区生产总值为 20 913.3 亿元，比 2022 年增长 4.9%，这一增速虽然略低于全国平均增速，但整体表现平稳。根据历史数据来看，贵州经济稳步增长，虽然增速有所波动但整体趋势向好，2022 年地区生产总值总量为 20 010.4 亿元，比 2021 年增长 1.1%，2021 年地区生产总值总量为 19 458.6 亿元，比 2020 年增长 8.1%。贵州 2023 年第一产业实现增加值 2 894.28 亿元，增长 3.9%；第二产业实现增加值 7 311.4 亿元，增长 4.4%；

第三产业实现增加值 10 707.5 亿元，增长 5.5%。总的来说，2023 年贵州的三大产业均实现了增长，但增速有所不同，其中第三产业的增长最为显著，展现出贵州服务业的快速发展趋势。从产业结构来看，贵州的经济发展正在逐步向服务业转移，这是经济高质量发展的重要体现。目前贵州的主导产业涵盖了农业、能源、新能源电池材料、大数据电子信息、酱香白酒等多个领域，同时这些产业也构成了贵州现代化产业体系的重要组成部分。贵州充分发挥其在酱香白酒领域的优势，准备打造具有地方特色的支柱产业，例如按照"四区多点"生产空间布局，重点建设茅台酒特色产区，打造世界一流酱香型白酒产业集群。

5.1.4 甘肃

甘肃位于中国西北部，是一个内陆省份，不直接濒临任何海域或海洋。甘肃与多个省份和国家相邻。北部与内蒙古和宁夏相连，东部与陕西相接，南部与四川、青海相邻，而西部则与新疆相连，因此甘肃地理的优越性在于它位于连接中国西部与东部的重要通道上。甘肃的地形多样，主要包括山地、高原、河谷和盆地等，其地势南北高、中间低，地形自西南向东北倾斜。

甘肃 2023 年全省地区生产总值为 11 863.8 亿元，比 2022 年增长 6.4%。从历史数据来看，甘肃的经济总量在稳步增长，增速在波动中保持较高水平，2022 年甘肃地区生产总值为 11 121.4 亿元，同比增长 4.4%，2021 年甘肃地区生产总值总量达到 10 225.5 亿元，同比增长 6.9%，值得一提的是，2021年甘肃增速超过了全国平均水平，显示出其经济发展的良好势头。2023 年甘肃第一产业实现增加值 1 641.3 亿元，增长 5.9%；第二产业实现增加值 4 080.8 亿元，增长 6.5%；第三产业实现增加值 6 141.8 亿元，增长 6.4%。总的来说，甘肃 2023 年三大产业的增长均保持稳定，其中第二产业增速最快，第三产业规模最大，第一产业虽然增速较慢但稳定增长。目前甘肃的主导产业涵盖了能源化工、集成电路、文旅、生物制药和农牧业等多个领域。甘肃风电装机截至 2020 年底达到了 1 373 万千瓦，占全国装机的 4.9%；光伏装机 982 万千瓦，占全国装机的 3.9%；新能源装机占全省电力装机的 42%，居全国前列。

5.1.5　青海

青海位于中国西北部，地处青藏高原东北部，是一个内陆省份，不直接濒临任何海域或海洋。青海与多个省份相邻，包括北部与新疆和甘肃相连，西北部与新疆相邻，南部和西南部与西藏毗连，东南部与四川相邻。青海的地形以高原和山地为主，其中最显著的是青藏高原的延伸部分，全省平均海拔在 3 000 米，是中国海拔最高的省份之一。地势起伏较大，从西北部的阿尔金山脉一直延伸到东南部的秦岭山脉，形成了丰富的地形地貌。

青海 2023 年地区生产总值为 3 799.1 亿元，比 2022 年增长 5.3%，但其增速仅比全国平均增速高出 0.1%。总的来说，青海的地区生产总值和增速在近年来都呈现出稳步上升的趋势，2022 年青海地区生产总值总量为 3 623.3 亿元，比 2021 年增长 2.4%，2021 年青海地区生产总值总量为 3385.1 亿元，比 2020 年增长 5.8%。2023 年青海第一产业实现增加值 387.0 亿元，增长 4.7%；第二产业实现增加值 1 612.8 亿元，增长 4.1%；第三产业实现增加值 1 799.2 亿元，增长 6.5%。总的来说，青海 2023 年的经济表现整体稳健，特别是在服务业和农业方面取得了显著增长，同时三大产业结构为 10.2∶42.4∶47.4，表明青海的经济结构正在朝着以服务业为主导的方向转变。青海的主导产业涵盖了农业与牧业、能源产业、传统工业、其他优势产业以及生态旅游等多个方面。其中牧业在青海占据重要地位，产值常年超过农业产值的 50%，青海的牧业以牦牛和藏羊为主要特色，牦牛存栏总数占全国 1/3 以上，被称为"中国牦牛之都"；藏羊存栏总数占全国 2/5 以上，被称为"中国藏羊之府"。同时，青海也是世界级盐湖产业基地，钾肥生产占全国总产量的 77% 以上，碳酸锂产量增长迅速，卤水提锂技术国际领先。

5.1.6　新疆

新疆位于中国的最西部和最北部，相邻中亚和俄罗斯的部分地区，属于内陆地区，远离海洋，不直接濒临任何具体海域或海洋。新疆与多个省份和国家相邻，包括中国的甘肃、青海、西藏三省份，以及蒙古国、俄罗斯、哈萨克斯坦、吉尔吉斯斯坦、塔吉克斯坦、阿富汗、巴基斯坦、印度八国。新疆的地理位置非常优越，因为它连接了中国与中亚、西亚以及欧洲的重要经济区，是中国向西开放的重要门户和"丝绸之路经济带"的核心区域。新疆的地形复杂多样，主要地形类型包括山地、高原、盆地和沙漠，地势起伏较大，北部和南部有高山环绕，如天山山脉、阿尔泰山脉等，中部是广阔的塔里木盆地和准噶尔盆地。同时，新疆也是中国沙漠分布最广、沙化土地面积最大的省份，其中塔克拉玛干沙漠是中国最大的沙漠。

新疆 2023 年地区生产总值为 19 125.9 亿元，比 2022 年增长 6.8%，增速居全国第四位。从历史数据来看，新疆的地区生产总值总量呈现出稳步增长的趋势，从 2020 年的 13 800.7 亿元增长到 2023 年的 19 125.9 亿元。在增长率方面，尽管 2020 年的 3.4% 相对较低，但 2021 年又恢复到了 7.2%，这显示出新疆经济在稳步复苏和增长。2023 年新疆第一产业实现增加值 2 742.2 亿元，增长 6.3%；第二产业实现增加值 7 710.3 亿元，增长 7.2%；第三产业实现增加值 8 673.4 亿元，增长 6.6%。总的来说，新疆的三大产业在 2023 年均实现了增长，其中第三产业增长最为迅速，成为拉动经济增长的重要力量，同时新疆的农业和工业也保持稳定增长，特别是农业在粮食产量和畜牧业方面取得了显著成绩。新疆的主导产业涵盖了农业、能源资源产业、现代产业集群以及其他特色产业。其中新疆棉花品质优良、产量高，新疆是全国最大的棉花生产区，2023 年新疆棉花面积、单产、总产、商品调出量连续 29 年居全国第一。此外新疆粮食新增种植面积、产量均居全国前列，2024年，新疆实施粮食产能提升行动，力争新增粮食产量 100 万吨以上。同时新疆油气生产当量持续保持全国首位，目前已建成准东、哈密两个亿吨级煤炭生产基地。

5.1.7 云南

云南位于中国西南部，是一个内陆省份，不直接濒临任何具体的海域或海洋，虽然不直接临海，但云南拥有多个与东南亚国家相邻的边境口岸。云南与中国的广西、贵州、四川、西藏等相邻。同时，云南还与缅甸、老挝和越南三个东南亚国家相邻，在地理位置上具有重要的边境战略意义。这些相邻地区为云南提供了与中国西南部和东南亚国家进行经济、文化交流的便利条件，使得云南成为中国面向南亚东南亚的辐射中心。云南的主要地形类型包括山地、高原和盆地，地势由西北向东南倾斜，高低起伏较大，形成了"一山分四季，十里不同天"的独特气候和自然景观。

云南 2023 年地区生产总值为 30 021.1 亿元，比 2022 年增长 4.4%。从历史数据来看，云南的地区生产总值总量持续增长，从 2019 年的 23 223.8 亿元增长到 2023 年的 30 021.1 亿元，显示了云南经济的稳步发展。在增长速度方面，云南在 2019 年达到 8.1% 的高位后，受到全球经济形势和国内政策调整的影响，增速逐渐放缓，2020 年和 2022 年的增速分别为 4.0% 和 4.2%，但仍保持了正增长。云南 2023 年第一产业实现增加值 4 206.6 亿元，比 2022 年增长 4.2%；第二产业实现增加值 10 256.3 亿元，比 2022 年增长 2.4%；第三产业实现增加值 15 558.2 亿元，比 2022 年增长 5.7%。总的来说，云南在 2023 年经济总量稳步增长，第一产业、第二产业和第三产业分别实现了不同程度的增长，其中第一产业保持稳定增长，第二产业中高技术制造业和装备制造业增长迅速，第三产业中服务业和消费品零售总额均实现了快速增长。云南的主导产业包括能源产业、有色金属产业、绿色铝、硅光伏、新能源电池产业、制造业以及农业与"土特产"产业等。其中云南的能源产业以绿色能源为主，电力装机在 2023 年已突破 1.3 亿千瓦，绿色能源装机占比近 90%。绿色能源装机比重、绿电发电量比重分别比全国高出 38 个、55 个百分点。同时云南的有色金属产业也是其传统支柱产业之一，铜、锡等十种有色金属产量位居全国前列。

5.1.8   宁夏

宁夏位于中国西北部，具体位于黄河上游地区，是一个完全的内陆地区，不濒临任何海域或海洋，同时也是中国五个少数民族自治区之一。宁夏在地理位置上连接了多个内陆省份，北部与内蒙古相邻，南部与甘肃相邻，东部与陕西相邻。尽管不直接相邻重要经济区或交通要道，但其地理位置对于西部地区的开发与合作具有重要意义。宁夏的主要地形类型包括平原、山地和沙漠，地势南高北低，呈阶梯状下降，南部六盘山地区海拔多在 2 000 ~ 3 000 米，北部银川平原海拔则在 1 100 ~ 1 200 米。

宁夏 2023 年地区生产总值为 5 315.0 亿元，比 2022 年增长 6.6%，这一增长率使宁夏在全国的增速排名中位居第五，并连续 7 个季度保持在全国第一方阵。从历史数据来看，宁夏的地区生产总值总量呈稳步增长趋势，从 2019 年的 3 748.5 亿元增加至 2023 年的 5 315.0 亿元。在增长速度方面，虽然受到全球新冠疫情等外部因素的影响，但宁夏的地区生产总值增速整体保持在较为稳定的水平，特别是在 2021 年宁夏地区生产总值突破 4 000 亿元大关，增长 6.8%，两年平均增长 5.3%，高于全国 0.2 个百分点。2023 年宁夏第一产业实现增加值 428.1 亿元，增长 7.7%；第二产业实现增加值 2 487.2 亿元，增长 8.5%；第三产业实现增加值 2 399.6 亿元，增长 4.7%。总的来说，宁夏在 2023 年三大产业发展中均实现了不同程度的增长，其中第一产业和第二产业的增长尤为显著，分别达到了 7.7% 和 8.5% 的增长率，第三产业的增长虽然相对较慢，但也实现了稳步增长。宁夏的主导产业主要包括农业、工业和旅游业。宁夏注重发展特色农业，提高农产品的品质和附加值，2024 年，宁夏计划全区奶牛存栏、肉牛饲养量、滩羊饲养量、冷凉蔬菜面积分别达到 93 万头、240 万头、1 540 万只、300 万亩，改造低质低效葡萄园 2 万亩，新增枸杞园 1 万亩以上。

5.1.9　陕西

陕西位于中国西北部，是一个内陆省份。陕西与多个省份相邻，包括北部与内蒙古，东部与山西、河南，西部与甘肃、宁夏，南部与四川、重庆、湖北相连，它连接了中国东西南北多个重要经济区，并处于中国的内陆腹地，具有重要的战略地位。陕西地形复杂多样，主要地形类型包括山地、高原、平原和盆地，地势南高北低，由西向东倾斜。北部和中部是黄土高原区，地势较高，沟壑纵横；南部是秦巴山区，地势最高，山岭陡峭；中部则是渭河、泾河、洛河等河流冲积形成的关中平原，地势平坦，土地肥沃。

陕西 2023 年地区生产总值为 33 786.1 亿元，比 2022 年增长 4.3%，从历史数据来看，陕西的经济总量在稳步增长，但增长速度在 2020 年受到新冠疫情影响有所放缓，仅为 2.1%，之后逐渐恢复。2021 年地区生产总值总量为 30 121.7 亿元，增长 6.6%，尽管增速较全国平均水平低 1.7 个百分点，但名义地区生产总值增量突破 3 600 亿元，经济增量明显扩大，经济实力显著提高。陕西 2023 年第一产业实现增加值 2 649.8 亿元，增长 4.0%；第二产业实现增加值 16 068.9 亿元，增长 4.5%；第三产业实现增加值 15 067.4 亿元，增长 4.1%。总的来说，陕西在 2023 年实现了经济的稳步增长，产业结构持续优化，特别是在服务业方面，随着消费结构的升级和数字化转型的推进，服务业对经济增长的贡献不断增强。陕西的主导产业包括能源产业、制造业、战略性新兴产业以及服务业。其中陕西作为能源大省，煤炭、石油、天然气的产量均居全国前列，这些能源产业在陕西的经济发展中发挥着"压舱石"的作用，为国家和兄弟省份提供了大量的能源支持。在太阳能光伏方面，陕西取得了三个"世界第一"：晶硅太阳能转化效率屡创世界纪录，生产太阳能电池的关键材料硅片出货量居世界第一，加工太阳能电池的重要材料金刚石线出货量居世界第一。

5.1.10　四川

四川位于中国西南部，位于长江上游地区，四川不直接濒临任何海洋或海域，是一个典型的内陆省份。四川与重庆、贵州、云南、西藏、陕西、甘肃和青海相邻，它连接了中国西部的重要经济区和交通要道，特别是与重庆的紧密合作，两者共同构成了中国西部的重要经济中心之一。四川的主要地形类型包括山地、高原和盆地，地势高低起伏情况明显，西部为青藏高原的东缘，海拔较高，东部为四川盆地，海拔较低，地形较为平坦。

四川 2023 年地区生产总值为 60 132.9 亿元，比 2022 年增长 6.0%，这使得四川成为全国第六个、西部第一个迈上 6 万亿元台阶的省份。从历史数据来看，四川地区生产总值逐年增长，虽然增长速度在 2020 年受到一定影响，但整体趋势仍然稳健，特别是 2021 年，四川地区生产总值首超 5 万亿元，比 2020 年增长 8.2%，这标志着四川经济发展进入了一个新的阶段。2023 年四川第一产业实现增加值 6 056.6 亿元，增长 4.0%；第二产业实现增加值 21 306.7 亿元，增长 5.0%；第三产业实现增加值 32 769.5 亿元，增长 7.1%。总的来说，四川 2023 年三大产业数据均实现稳步增长，第一产业持续保持稳健增长，增长率高于全国平均水平；第二产业增长稳定，尤其是工业增长显著，全省规模以上工业增加值比上年增长 6.1%；第三产业增长迅速，成为拉动经济增长的重要动力。四川的主导产业主要包括电子信息产业、装备制造产业、食品轻纺产业、能源化工产业、先进材料产业和医药健康产业。其中四川的电子信息产业作为第一大支柱产业，产业规模位居中西部第一，2023 年四川电子信息产业实现营业收入 1.64 万亿元。

5.2　基于主成分分析的西部陆海新通道参与省份特征细分

5.2.1　评价指标建立

本节根据第 4 章的实证结果，构建了以下关于西部陆海新通道参与省份对外直接投资影响因素的指标体系（如表 5.1 所示）。本节数据来自各省份统计年鉴、国家统计局以及中国海关。

表 5.1　指标详情

一级指标	指标含义	单位
经济水平	人均生产总值	元
基础设施	人均城市道路面积	平方米
产业结构	第三产业与第二产业增加值的比值	+
居民收入与消费	居民人均可支配收入	元
对外贸易	货物进出口总额	千美元
科技创新	专利申请量	项

5.2.2　实证检验与结果分析

KMO 检验的结果显示，KMO 值为 0.577，同时，Bartlett 球形检验的结果显示，显著性 P 值为 0.002***，水平上呈现显著性，拒绝原假设，各变量间具有相关性，主成分分析有效，如表 5.2 所示。从表 5.3 中显示的矩阵初始特征值和累积贡献率可以看出，前 2 个特征值均大于 1，但 2 个主成分累积方差贡献率仅有 83.185%，这表明前 2 个主成分只可以保留原来 6 个指标 83% 以上的信息，因此提取前 3 个主成分，前 3 个主成分可以保留原来 6 个指标 92% 以上的信息，如表 5.3 所示。

表 5.2　　　　　　　　　　　KMO 检验和 Bartlett 的检验

KMO 值		0.577
Bartlett 球形检验	近似卡方	37.453
	df	15
	P	0.002 ***

注：*** 、** 、* 分别代表 1%、5%、10% 的显著性水平。

表 5.3　　　　　　　　　　　　方差解释

总方差解释

成分	特征根		
	特征根	方差解释率（%）	累计方差解释率（%）
1	3.388	56.462	56.462
2	1.603	26.723	83.185
3	0.571	9.519	92.704
4	0.337	5.609	98.313
5	0.069	1.158	99.471
6	0.032	0.529	100

因子载荷矩阵如表 5.4 所示。因子载荷矩阵表示的是所提取的主成分解释保留各原始变量信息的情况。由表 5.3 中的数据可知，第一公共因子提取基础设施和产业结构的信息比较少，但对其他 4 个变量数据信息的解释均比较充分，只损失了很少的信息，数据解释能力比较强。第二公共因子补充解释了产业结构的绝大部分信息，第三公共因子补充解释了基础设施的绝大部分信息。与第一公共因子相比，第二公共因子、第三公共因子虽然只解释了很少的信息，但是在一定程度上弥补了数据降维所导致的信息损失，使得数据结果更加真实可靠。由于公共因子是在原始变量信息重组的基础上所提取的综合指标，能够反映原始数据绝大部分信息，可以用来反映西部陆海新通道参与各省对外直接投资影响因素的情况。

表 5.4 因子载荷系数

变量	因子载荷系数			共同度（公因子方差）
	主成分 1	主成分 2	主成分 3	
经济水平	0.801	−0.565	0.02	0.961
基础设施	−0.722	−0.144	0.672	0.993
产业结构	−0.038	0.944	0.076	0.898
居民收入	0.876	−0.296	0.253	0.919
对外贸易	0.878	0.388	0.207	0.964
科技创新	0.828	0.367	0.082	0.826

根据表 5.5 成分矩阵可列出原始变量标准化后的因子得分表达式，计算公式如下：

F1 = 0.236 × 经济水平 − 0.213 × 基础设施 − 0.011 × 产业结构 + 0.259 × 居民人均可支配收入 + 0.259 × 对外贸易 + 0.244 × 科技创新

F2 = −0.352 × 经济水平 − 0.09 × 基础设施 + 0.589 × 产业结构 − 0.185 × 居民人均可支配收入 + 0.242 × 对外贸易 + 0.229 × 科技创新

F3 = 0.035 × 经济水平 + 1.176 × 基础设施 + 0.134 × 产业结构 + 0.443 × 居民人均可支配收入 + 0.363 × 对外贸易 + 0.144 × 科技创新

由上可以得到：F = (0.565/0.927) × F1 + (0.267/0.927) × F2 + (0.095/0.927) × F3

表 5.5 成分矩阵

名称	成分		
	成分 1	成分 2	成分 3
经济水平：人均生产总值	0.236	−0.352	0.035
基础设施：人均城市道路面积	−0.213	−0.09	1.176
产业结构	−0.011	0.589	0.134
居民人均可支配收入（元）	0.259	−0.185	0.443
对外贸易：进出口总额（千美元）	0.259	0.242	0.363
科技创新：专利申请量	0.244	0.229	0.144

在计算出各公共因子的相应得分后，将提取的公共因子的方差贡献率占累计方差贡献率的比重作为权重，如表 5.6 所示，再计算出各公共因子在西部陆海新通道参与省份上的综合得分，如表 5.7 所示。

表 5. 6 因子权重分析

名称	方差解释率（%）	累计方差解释率（%）	权重（%）
主成分 1	0.565	56.462	60.906
主成分 2	0.267	83.185	28.826
主成分 3	0.095	92.704	10.269

表 5. 7 综合得分

排名	行索引	综合得分	主成分 1	主成分 2	主成分 3
1	四川	1.239	1.381	1.228	0.433
2	重庆	0.972	1.701	−0.291	0.194
3	广西	0.278	−0.226	1.033	1.148
4	陕西	0.215	0.952	−1.033	−0.653
5	云南	0.009	−0.022	0.563	−1.363
6	贵州	−0.371	−1.023	0.572	0.842
7	新疆	−0.426	−0.416	−0.671	0.206
8	甘肃	−0.488	−1.136	0.987	−0.787
9	宁夏	−0.702	−0.618	−1.615	1.368
10	青海	−0.726	−0.592	−0.774	−1.389

根据表 5.7 可以发现：（1）四川无论是综合得分还是主成分得分均为正，说明其在经济贸易、产业结构等方面的发展都较为优秀，但是，也发现其主成分 3 的得分相对于主成分 1 和主成分 2 的得分是较低的，说明基础设施的建设是相对较弱的。（2）重庆综合得分为正，主成分 1 和主成分 3 得分为正，主成分 2 得分为负，说明其产业结构方面不合理，其主成分 3 得分虽然为正，但其分数为 0.194，相对来说很低，说明其基础设施方面仍有待提高。（3）广西综合得分为正，主成分 2 和主成分 3 得分为正，主成分 1 得分为负，说明其在经济水平、居民消费、对外贸易以及科技创新方面的发展不够好，但是其基础设施良好以及产业结构合理。（4）陕西综合得分为正，主成分 1 得分为正，主成分 2 和主成分 3 得分为负，说明其在经济水平、居民消费、对外贸易以及科技创新方面的发展良好，但是其基础设施水平较差，产业结构不合理。（5）云南综合得分为正，主成分 2 得分为正，主成分 1 和主成分 3 得分为负，说明其产业结构是合理的，但是在经济水平、居民消费、对外贸易以及科技创新方面存在不足，此外基础设施建设也比较弱。（6）贵

州综合得分为负，主成分2和主成分3得分为正，主成分1得分为负，说明其在经济水平、居民消费、对外贸易以及科技创新方面的发展不好，但是其基础设施水平良好和产业结构合理。（7）新疆综合得分为负，主成分3得分为正，主成分1和主成分2得分为负，虽然其主成分3得分为正，但是其得分很低，说明虽然其基础建设是好的，但是相对于其他省份的基础建设其水平也是相对较低的，这可能与其特殊地理位置有关。在经济水平、居民消费、对外贸易以及科技创新方面，新疆的表现力不足，此外产业结构也不合理。（8）甘肃综合得分为负，主成分2得分为正，主成分1和主成分3得分为负，说明其产业结构是合理的，但是在经济水平、居民消费、对外贸易以及科技创新方面存在不足，此外基础设施建设也偏弱。（9）宁夏综合得分为负，主成分3得分为正，主成分1和主成分2得分为负，说明其基础设施建设良好，但是在经济水平、居民消费、对外贸易以及科技创新方面存在不足，此外产业结构也不合理。（10）青海综合得分为负，主成分得分也均为负，说明其在各个方面均发展得不太好，尤其是主成分3的得分相对较低，说明其应该更加重视基础设施的建设。

5.3　本章小结

尽管各省份在经济基础、产业结构、地理位置等方面展现出鲜明的地域特色与优劣势差异，但深入剖析其背后的成因，却不难发现一些具有共通性的挑战与瓶颈。产业结构不合理的问题，广泛存在于多个省份之中，其根源可归结为多方面因素的交织作用：一是产业发展未能实现均衡布局，部分行业过度集中或缺失，导致资源错配与效率低下；二是产业结构升级步伐迟缓，难以适应全球经济格局的快速变化与市场需求的新趋势；三是技术创新与研发投入不足，技术水平相对滞后，限制了产品竞争力的提升；四是历史遗留问题与地理环境的特殊性，如资源型城市的转型困境、偏远地区的闭塞等，也在一定程度上加剧了产业结构的不合理。以重庆为例，重庆是我国老工业基地之一，尽管工业体系完备，涵盖了广泛的工业门类，但其产业结构仍显单一且偏重，高度依赖传统制造业如汽车、电子、钢铁等。这种产业结构不仅限制了产业链条的延伸与附加值的提升，还使得其在面对市场波动时显得较为脆弱，缺乏足够的抗风险能力。尽管近年来重庆积极寻求转型，加大对高新技术产业的扶持力度，但相较于东部沿海等发达地区，其高新技术产业在整体经济中的占比仍显不足，发展速度与规模均有待提升。基础设施建设滞后的问题，基本上是由地理环境复杂增加了基础设施建设的难度和成本导致的。尤其是在中西部山区省份如四川、甘肃等地，这些地区地形多变，山高谷深，加之频繁的地质灾害，使得交通、通信等基础设施的建设难度倍增，投资成本高昂。这不仅限制了当地经济的对外联通与内部循环，也制约了教育、医疗等公共服务的均衡发展，进一步拉大了与发达地区的差距。

值得注意的是，通过主成分分析法发现了一些省份间优劣势互补的有趣现象。比如，陕西与广西在综合得分上相近，表明两者在整体发展水平上处于相近的层次，但各自的主成分得分却截然不同，这意味着两省的优缺点存在互补性。因此，加强省际的交流与合作，实现优势互补、资源共享，成为推动区域协调发展的重要途径。因此各省份应秉持开放包容的心态，积极学习借鉴他省的成功经验，结合自身实际，探索符合自身特色的发展道路，共同推动中国经济的全面协调可持续发展。

第6章　中国对西部陆海新通道沿线国家（地区）直接投资的逆向技术溢出效应研究

目前对 OFDI 逆向技术溢出效应作用机理的研究尚未形成一致性结论，而且未见我国对西部陆海新通道沿线国家（地区）对外直接投资逆向技术溢出的相关研究。因此，在前述研究的基础上，本章进一步分析我国对西部陆海新通道沿线国家（地区）对外直接投资逆向技术溢出对企业自主创新能力的作用机理，以及逆向技术溢出影响企业自主创新能力的异质性和调节效应。

6.1　理论分析与研究假设

李艳秋（2023）认为企业主要通过人才流动、分摊研发成本、研发成果反馈、竞争效应、示范效应与产业关联效应来获取逆向技术溢出，从而提升技术水平和研发能力。宋跃刚和杜江（2015）认为可以从聚集溢出、学习模仿及人才流动三种机制来获得逆向技术溢出，从而提升自身创新水平。梁文化（2017）则强调了产业聚集、人才流动、R&D 费用分摊及 R&D 成果反馈四种机制对企业创新的影响。冯德连（2021）认为 OFDI 逆向技术溢出能够通过技术传递、研发资源共享、隐性知识交流与国际市场竞争四种机制来影响区域创新。孙海波和刘衷璐（2019）认为 OFDI 活动可通过研发费用分摊、外围研发剥离、研发成果反馈与逆向技术转移来影响母国技术水平。

本章从 R&D 费用分摊、R&D 成果反馈、人才流动以及国际竞争这四个维度，分析 OFDI 逆向技术溢出对企业自主创新能力的影响，并提出研究假设。综合前面内容和已有的研究成果，选取企业自主创新能力、OFDI 逆向技术溢出、IFDI 技术溢出、进口贸易技术溢出、研发强度、对外开放程度、财政支出强度 7 个指标，对参与西部陆海新通道的部分主要省份进行水平测量。

6.1.1　R&D 费用分摊效应

高水平的研发投入既是企业制造效率与产品质量的重要基石，也是企业强化核心竞争优势的关键力量。随着市场竞争压力的加剧，企业也日益重视研发创新的作用，并将 R&D 投入作为维持和提升其市场竞争力的重要策略。在这一背景下，R&D 投入被视为应对技术快速迭代、消费者偏好变化及新进入者威胁等挑战的核心手段之一。但值得注意的是，R&D 投入本质上仍属于一种成本支出，在短期内仍会占用企业资源、减少利润。那么如何有效解决企业的研发高成本，成为新时代企业高质量发展过程中需要破解的难题之一。对外直接投资能在一定程度上缓解企业研发高成本问题。OFDI 的 R&D 费用分摊机制可以从以下几个角度进行阐释。首先，企业对外直接投资能够扩大市场份额，市场份额的增加能为企业带来更多的经营收入，经营收入的增加能缓解企业的研发资金投入压力。其次，企业可根据不同国家（地区）的成本优势、人才资源和市场需求分散研发活动。当企业在研发成本较低或特定技术人才集中的国家（地区）建立研发子公司时，可以借助这些国家（地区）的技术与人才优势，有效提升研发效率并降低研发成本。最后，对外直接投资通常涉及与当地伙伴合作或建立合资企业，通过企业合作或合资模式不仅可以与研发伙伴分摊研发费用，还能发挥各自优势，形成协同效应，获得更具成本优势的技术成果。通过以上三种机制可以有效缓解企业的研发资金约束，使企业获得深入研发核心技术的机会，从而提升企业整体的创新能力和技术水平。

6.1.2　R&D 成果反馈效应

企业在进行对外直接投资时，通常选择收购、绿地投资或战略联盟的方式参与到东道国的市场竞争中。这些海外子公司或分支机构通过嵌入东道国产业价值链中，能够深入了解并汲取东道国企业先进的技术知识与管理经验，并将所获取的知识通过一系列反馈和整合机制在母公司及其全球分支机构间实现广泛传播,这种知识转移加速了企业的学习曲线,使得企业能够有效吸收知识并将其转化为具有自身特色的核心知识与能力,以辅助企业提升自我创新能力和效率。另外,从事研发活动的海外子公司能收集到有价值的市场讯息,将这些市场讯息通过各种途径反馈给母公司后,可以增强母公司对全球市场趋势、消费者行为和竞争格局的理解,从而制定更理性的创新战略。

6.1.3 人才流动效应

国际人才也是企业对外直接投资间接获取技术溢出的一种途径。基于学习理论的观点,国际人才流动是企业人才素质与国际接轨的重要手段。企业可以通过引入国际人才和外派本国人才到国外两种方式来推动人才国际流动。首先,企业对外直接投资既能吸纳东道国优秀人才,也能外派员工到海外市场进行学习,员工的多元化增强了企业利用全球人才库的机会,多元化人才带来的技能组合多样性更能增加企业创新成功率。其次,母公司与海外分支机构的人才流动与交流能够为员工带来更多学习交流的机会,这些学习交流机会能够加速具有不同文化背景员工之间思维的碰撞,提高员工的综合素养与创新能力,最终将推动企业整体的创新效率。

6.1.4 竞争效应

企业在进行对外直接投资活动时会参与到东道国企业的市场竞争中,以期扩大其产品或品牌在东道国市场的影响力、获取更多的市场份额。在竞争过程中,企业需要根据竞争者与市场情况变化不断调整自身产品、更新产品技术并优化制造流程,这一系列活动最终提升了企业的创新能力与创新效率。一方面,企业通过对外直接投资能够进入更加多元化的市场环境,而这些多元化市场的特征之一就是包含更多样的竞争对手。这意味着,随着国际市场的拓展,企业不仅要面对更多的竞争对手,还需应对更加复杂多变的竞争格局,为了有效应对竞争并在激烈的市场竞争中生存下来,将倒逼企业主动向竞争对手学习并不断进行自主创新以保持市场竞争力。另一方面,对外投资企业为了应对市场竞争需要时刻保持创新力,而研发人员正是企业创新的主要实现者,研发人员的流出可能会延滞研发进程,甚至这些优秀的研发人员会流向竞争对手企业，因此为了吸引并留住优秀的研发人员以维持创新活动的稳定性，企业需要在员工培训、专业发展以及工作空间上进行创新投资，从而提高企业整体的创新能力。

企业 OFDI 活动作为一种促进企业全球扩张和技术创新的战略途径，其海外子公司通过一系列反馈机制将其在东道国市场获得的先进知识和技术向母公司或其他海外分支机构进行传播与扩散，以此构成一个多层次、多维度的知识扩散与创新能力提升的过程。通过 R&D 费用分摊、R&D 成果反馈、人才流动以及竞争效应四大机制的交互作用，企业不仅能有效缓解研发成本压力，提高研发效率，还能加速企业技术创新的学习与扩散过程，拓宽员工的国际视野，丰富人才资源库，并在激烈的国际竞争中持续激发并巩固自身的创新活力。

基于上述分析，本章提出研究假设 6.1：OFDI 逆向技术溢出能有效提升企业自主创新能力。

6.2　实证检验

6.2.1　计量模型与数据处理

6.2.1.1　计量模型

1995 年，大卫·T. 科（David T. Coe）和埃尔哈南·赫尔普曼（Elhanan Helpman）开创性地构建出国际溢出计量模型，该模型被学术界称为 C – H 模型。该模型首次考察了研发资本存量、进口贸易对母国全要素生产率的影响效应，并指出一国或地区的技术进步不仅会受到进口贸易的影响，还会受到研发能力的影响。同时，C – H 模型进一步验证了母国研发投入与东道国研发能力对母国技术进步的积极作用，即 $F_t = f(S_{it}^d, S_{it}^f)$，对等式两边去对数，可得到 C – H 模型的计算公式：

$$\ln F_{it} = a_0 + a_d \ln S_{it}^d + a_f \ln S_{it}^f + \varepsilon_{it} \qquad (6.1)$$

其中，F_{it} 表示 i 国 t 期的工业全要素生产率，S_{it}^d 表示 i 国 t 期的国内研发资本存量，S_{it}^f 表示 i 国 t 期的国外研发资本存量，α_0 表示截距项，ε_{it} 则表示误差项。所谓研发资本存量是指一个国家（地区）或企业在一段时期内积累的研发投资所形成的资本总额（徐紫嫣、夏杰长和姚战琪，2024），这些投资包括用于研发活动的所有资源，如人力、设备、材料和其他投入，反映了一个国家（地区）或企业在一定时期内积累的技术知识和创新能力。国内研发资本存量是指在一定时期内，母国企业、机构和组织在研发活动中积累的投入资本额；同理，国外研发资本存量是指海外子公司所在国家在一段时期内所积累的研发投入额。

利希滕贝格和波特尔斯贝格（Lichtenberg and Pottelsberghe，1998、2001）则进一步拓展了研发资本存量的技术溢出渠道，将通过 IFDI 和 OFDI 渠道获取的技术溢出纳入了国际技术计量模型，得到 L－P 模型，即国外研发资本存量的技术溢出渠道包括进口贸易、IFDI 和 OFDI 三种，可以得到：$S_{it}^f = S_{it}^{im} + S_{it}^{ifdi} + S_{it}^{ofdi}$。其中，$S_{it}^{im}$ 表示 i 国 t 期从进口渠道获取的国外研发资本存量，S_{it}^{ifdi} 表示 i 国 t 期从 IFDI 渠道获取的国外研发资本存量，S_{it}^{ofdi} 则表示 i 国 t 期从 OFDI 渠道获取的国外研发资本存量。对 L－P 模型等式两边取对数可得到：

$$\ln F_{it} = \alpha_0 + \alpha_d \ln S_{it}^d + \alpha_{im} \ln S_{it}^{im} + \alpha_{ifdi} \ln S_{it}^{ifdi} + \alpha_{ofdi} \ln S_{it}^{ofdi} + \varepsilon_{it} \quad (6.2)$$

为了深入考察 OFDI 逆向技术溢出对企业自主创新能力的影响效应，本章在借鉴 C－H 模型与 L－P 模型的基础上，选取了专利授权量作为被解释变量，旨在衡量企业的自主创新能力。此外，企业自主创新能力还会受到对外开放程度、研发强度以及财政支出强度的影响，在此基础上可构建如下模型：

$$\ln INN_{it} = \alpha_0 + \alpha_1 \ln RD_{it} + \alpha_2 \ln S_{it}^{ifdi} + \alpha_3 \ln S_{it}^{ofdi} + \alpha_4 \ln S_{it}^{im}$$
$$+ \alpha_5 \ln Open_{ir} + \alpha_6 \ln GI_{it} + \varepsilon_{it} \quad (6.3)$$

其中，INN_{it} 与 RD_{it} 分别表示 i 省份第 t 期的企业自主创新能力与研发强度，而 $Open_{it}$、GI_{it} 则分别表示 i 省份第 t 期的对外开放程度、财政支出强度。α_1、α_2、α_3、α_4、α_5、α_6 分别代表 i 省份第 t 期研发强度、IFDI 技术溢出、OFDI 逆向技术溢出、进口贸易技术溢出、对外开放以及财政支出强度的弹性系数。

6.2.1.2　变量选取

（1）被解释变量。本节基准回归模型中的被解释变量为企业自主创新能力。自主创新能力作为企业在技术创新领域综合实力的重要标准，可以从企业创新投入和企业创新产出两个方面进行衡量。

企业创新投入是指企业基于技术创新、产品与服务升级、流程优化等目的，在研发、人才、技术引进、设备更新等方面投入的各类资源，包括但不限于企业内部研发经费投入、人力资源投入及结构优化。但这类指标更多是反映企业自主研发投入数量的增加，并不意味着企业研发产出的增加，也无法代表企业研发能力的升级。

企业创新产出则是指企业在实施创新活动后所获得的直接或间接成果，这些成果包括但不限于新产品、新商业模式、新工艺、新技术等，目前有关企业创新产出的衡量指标主要包括新产品产出量、专利申请量以及专利授权量。由于新产品产出量仅反映了产出的数量，但单纯的数量并不能代表新产品的市场影响力、技术含量和创新程度。一个企业可能会推出大量的新产品，但如果这些产品在市场上表现欠佳，没有实质性的技术突破和差异化优势，那么高产出量就无法等同于高创新能力。另外，新产品产出量忽略了创新过程的研发投入和资源利用效率，市场中的两个企业可能具有相似的新产品产出量，但若一个企业的新产品产出量建立在高效的研发基础上，而另一个企业的新产品产出量是低效率资源利用的结果，那么新产品的高产出量并不等同于企业创新能力。专利申请量也具有一定的局限性，在部分情况下，企业可能出于战略考虑而申请大量专利，这些专利并不一定都能转化为实际的商业应用或产品创新。另外，企业申请的专利可能最终并未获得官方的批准和授权，因此仅凭专利申请量无法反映企业技术创新的法律认可度，也无法直接对应企业创新成果的实际价值。

专利授权量能较好地规避上述指标的缺陷。一方面，专利授权量是在国际上被广泛接受和使用，能够较好衡量企业创新能力的指标。世界知识产权组织（WIPO）、欧盟统计局等机构在评估国家和区域企业创新能力时，均将专利授权量作为关键指标。因而，该指标在全球范围内具有一定的认可度和权威性。另一方面，专利授权量是经过法律认可和批准的，需要经过严格的审查过程以确保其创新性和实用性，并且能够直接反映企业在研发上的实际成果，甚至这些专利授权量数据可以展示出企业乃至整个行业的长期创新趋势，因而相较于其他间接性指标，专利授权量更能体现企业的创新实力和市场竞争力。就专利授权量与企业创新能力的关系来看，一个典型的案例是美国苹果公司与高通公司之间的专利技术交易。苹果公司与高通公司经历了长期的专利纠纷后最终在2019年达成了和解协议，并宣布了一项为期六年的专利许可协议以及芯片组供应协议。这一交易不仅结束了双方在全球范围内的专利法律争端，还使苹果公司获得了高通公司的专利授权，虽然表面上是购买外部专利技术，但实际上却增强了苹果公司的自主创新能力。通过这项专利技术，苹果公司能够在其产品中整合更先进的无线通信技术，这直接促成了苹果公司在 iPhone 系列中的技术突破，比如 iPhone 12 系列首次支持 5G 网络，显著提升了其产品的性能和用户体验，并维持了其在智能手机市场的竞争地位。①

在上述分析的基础上，综合考虑数据的可获取性，本章将参考陈保林和齐亚伟（2021），章志华、李雨佳和孙林（2021），秦放鸣（2020）的方法，选择以专利授权量作为企业自主创新能力的衡量指标。

（2）核心解释变量。本节基准回归模型中的核心解释变量为企业通过OFDI 渠道获取的国际研发技术溢出，即 OFDI 逆向技术溢出。OFDI 逆向技术溢出的测算方法如下：首先，借鉴利希滕贝格和波特尔斯贝格（2001）的方法测算我国 t 期从 OFDI 渠道获得的 R&D 溢出（S_t^{ofdi}），即，

$$S_t^{ofdi} = \sum \frac{OFDI_{jt}}{Y_{jt}} \times S_{jt} \qquad (6.4)$$

其中，$OFDI_{jt}$ 表示我国在 t 期对东道国 j 的直接投资存量总和，S_{jt} 与 Y_{jt} 分别表示 t 期东道国 j 的国内研发资本存量以及国内生产总值（GDP）。

其次，利用权重法进一步测算出各省份的 OFDI 逆向技术溢出效应，则 i 省份从 OFDI 渠道获得的逆向技术溢出效应（S_{ct}^{ofdi}）为：

$$S_{it}^{ofdi} = S_t^{ofdi} \times \frac{OFDI_{it}}{\sum OFDI_t} \qquad (6.5)$$

其中，$OFDI_{it}$ 表示截至 t 期末 i 省份的对外直接投资流量。

（3）控制变量。关于影响企业自主创新能力的控制变量，各学者也从不同的角度对其进行了分析和检验。李末芝（2022）在 OFDI 逆向技术溢出效应分析的基础上，选取了研发强度、城镇化水平、对外开放程度与人力资本水平作为控制变量，以考察 OFDI 逆向技术溢出对区域创新绩效的影响机制。

---

① 高通苹果突然宣布双方达成和解：情理之外意料之中［EB/OL］．（2019 – 04 – 17）．http：// ip. people. com. cn/n1/2019/0417/c179663 – 31034830. html.

黄梦琳和李富有（2024）选取了研发人员、研发强度、开放程度、政府支持和市场制度作为控制变量，并分析了其对逆向技术溢出与创新绩效的影响。朴英爱和于鸿（2023）则重点考察了 IFDI 技术溢出、进口贸易及科技人力投入对逆向技术溢出效应的影响。刘鹏振、董会忠和张力元（2022）选取了对外开放度、外商直接投资、经济发展水平、资源禀赋作为研究的控制变量，同时基于 2009～2019 年的省级面板数据重点研究了 OFDI 对技术创新效率的作用机制。刘志东、惠诗濛和荆中博（2024）选取了经济发展水平、经济结构、研发投入规模、政府干预度等作为控制变量，并认为"一带一路"倡议下对外直接投资能显著提升技术创新效率。汪丽娟、吴福象和蒋欣娟（2022）在研究国际技术势差、OFDI 逆向技术溢出与企业技术进步的关联关系时，选择了国内 R&D 存量、IFDI 技术溢出与进口贸易溢出作为控制变量，结果显示中国 OFDI 逆向技术溢出对企业技术进步存在积极影响，且这种影响存在时滞与阈值效应。何为（He Wei，2023）选取了进口贸易技术溢出、IFDI 技术溢出、国内研发存量、对外开放程度、产业化程度以及经济发展水平等变量作为控制变量，以探究 OFDI 逆向技术溢出对区域企业创新能力的影响。叶云新（Ye Y，2023）则选取了经济发展水平、政府支持以及基础设施水平作为控制变量，并深入探究了 OFDI 逆向技术溢出对企业可持续创新能力的影响效应。

通过上述相关研究可以发现，由于研究目的、研究方法、数据可获取性等，不同学者选取的控制变量指标不同。但总的来看，都比较重视 IFDI 技术溢出、贸易技术溢出、对外开放程度、政府干预等因素的影响。因此，在已有研究基础上，加之数据的可获取性问题，本章选取省内研发强度（RD_{it}）、IFDI 技术溢出（S_{it}^{ifdi}）、进口贸易技术溢出（S_{it}^{im}）、对外开放程度（$Open_{it}$）以及财政支出强度（GI_{it}）作为本章基准回归检验的控制变量。

6.2.2　数据处理与来源

本章样本期间的分析数据主要来自《中国统计年鉴》《中国对外直接投资统计公报》《国际统计年鉴》《中国科技统计年鉴》、各省份统计年鉴以及世界银行等数据库。由于《中国对外直接投资统计公报》发表的 OFDI 数据初始年份为 2003 年，且 2003 年的数据存在缺失，因此本章样本的初始年份为 2004 年。同时,本次回归检验选取了世界银行发布的截至 2020 年的数据,旨在确保数据的连续性和研究的可比性。因 2021 年和 2022 年数据存在大量的缺失,为了避免缺失值对回归结果造成偏误,因此本章剔除了 2021 年和 2022 年的研发支出占各国(地区)生产总值比重数据。此外,尽管目前西部陆海新通道形成了"13 + 2"的共建新格局,考虑到本章的样本期为 2004 ~ 2020 年,而海南、广东湛江以及湖南怀化在 2019 年才成为西部陆海新通道的合作地区,鉴于这些地区参与时间较晚,对西部陆海新通道整体影响较为有限,加之西藏数据严重缺失。因此,本章选择重庆、四川、云南、贵州、陕西、甘肃、青海、新疆、宁夏、内蒙古与广西作为实证样本。

1. OFDI 逆向技术溢出(S_{ct}^{ofdi})

根据各省企业对外投资在商务部备案情况与我国对外投资的主要去向,结合现有数据的可获取性,本章选择了澳大利亚、加拿大、德国、英国、中国香港、中国澳门、卢森堡、马来西亚、荷兰、俄罗斯、新加坡、法国、泰国和美国共计 14 个国家(地区)来代表西部陆海新通道合作省份对外投资东道国或地区的总研发资本存量。东道国或地区的研发资本存量的测算方法具体如下:首先,从世界银行数据库获取 2004 ~ 2020 年各国(地区)R&D占对应生产总值比重数据以及各国(地区)生产总值,据此可推算出各国(地区)的 R&D 投入。其次,利用各国(地区)的消费价格指数对 R&D 投入额进行平减[1],将其折算为以 2004 年为不变价格的历年研发支出,各国(地区)的消费价格指数来自《国际统计年鉴》。再次,利用式(6.6)测算出各国(地区)基期 2004 年的研发资本存量,各国(地区)基期的研发资本存量公式如下:

$$S_{2004} = \frac{RD_{2004}}{g + \delta} \tag{6.6}$$

其中,g 作为样本期间各东道国或地区研发资本投入的年增长率。研发资本折旧率 δ 为 5%,从而可以计算出基期 2004 年各东道国或地区的研发资本存

---

[1] 根据 Lichtenberg 和 Potterie 原文中采用的研发资本存量的计算方法,需要采用居民消费价格指数对 R&D 投入额进行平减,其目的在于消除通货膨胀对 R&D 投入额的影响。随着时间的推移,通货膨胀会导致货币购买力的变化,如果不进行调整,直接比较不同年份的名义 R&D 投入额可能会错误地反映实际的研发投入规模和增长情况。

量。其余年份的研发资本存量可运用式（6.7），即永续盘存法计算，以此得到各东道国或地区 2005～2020 年的研发资本存量，2005～2020 年各东道国或地区的研发资本存量计算公式如下：

$$K_{jt} = (1 - \delta_t)K_{j,t-1} + RD_{jt} \tag{6.7}$$

其中，K_{jt} 表示东道国或地区 j 第 t 年的研发资本存量，RD_{jt} 表示折算为 2004 年不变价格的历年研发支出，δ 表示研发资本折旧率，$K_{j,t-1}$ 表示 t－1 年东道国或地区 j 的研发支出流量。

最后，运用式（6.4）和式（6.5）分别测算出各省通过 OFDI 渠道获得的国际研发资本存量。各省份 2004～2020 年对外直接投资流量来自《中国对外直接投资统计公报》（如表 6.1 所示）。

表 6.1　通过 OFDI、IFDI 渠道获取的国际研发技术溢出相关数据　单位：百万美元

年份	通过 OFDI 获取 R&D 存量	通过 IFDI 获取 R&D 存量
2004	1 779. 85232	16 420. 49365
2005	3 288. 405717	22 523. 26699
2006	3 237. 252311	28 831. 55634
2007	18 502. 6484	38 117. 28701
2008	39 863. 93567	67 274. 10235
2009	44 214. 63214	95 979. 93805
2010	66 867. 90174	122 654. 445
2011	528 841. 6254	185 215. 977
2012	989 956. 4027	171 449. 4134
2013	646 580. 6737	216 405. 9857
2014	1 806 980. 569	226 913. 53
2015	1 657 476. 301	235 571. 0134
2016	1 846 265. 343	227 038. 6066
2017	2 903 161. 135	235 792. 9732
2018	2 932 935. 56	261 502. 0265
2019	2 544 879. 972	204 059. 7948
2020	1 834 850. 471	229 700. 4227

资料来源：笔者根据公式测算得出。

2. IFDI 技术溢出（S_{jt}^{ifdi}）

IFDI 技术溢出是指外商投资企业进入东道国或地区后，其带来的技术、知识和管理经验对东道国或地区企业、行业乃至整个经济所产生的经济外部效应。IFDI 技术溢出对技术进步的影响机制体现在以下几个方面。从技术示范与模仿效应来看，外商投资企业通常拥有先进的技术和管理知识，当地企业通过学习和模仿这些先进的技术与知识，从而在一定程度上提升自身的研发能力和技术水平（周霞和李怡欣，2024）。从产业关联效应来看，出于减少时间成本和费用的考虑，外商投资企业通常会选择与东道国或地区供应商建立合作关系以获取所需的生产材料，东道国或地区企业在与上游外商投资企业合作过程中能有机会接触到高质量的设备和高效的管理实践，并不断提升自身的研发能力以满足上游企业的要求，在此过程中东道国或地区企业的创新能力也得以不断提升（林澜、武力超和余泳泽，2023）。从人力资本流动来看，外商投资企业可能会吸引并培养一批高素质的人才，将来这些人才也可能会流动到其他东道国或地区企业，从而将其所学的知识和技术带到新的工作岗位上，这些高素质人才所具备的知识能加速东道国或地区企业的研发进程，提高创新成功率。

从 IFDI 渠道获取的国际研发技术溢出的测算方式与从 OFDI 渠道获取的国际研发技术溢出类似。首先根据式（6.8）计算出 t 期我国从 IFDI 渠道获取的国际研发技术溢出：

$$S_t^{ifdi} = \sum \frac{IFDI_{jt}}{Y_{jt}} \times S_{jt} \tag{6.8}$$

其中，$IFDI_{jt}$ 表示截至 t 期末 j 国（地区）对我国的外商直接投资存量总和。Y_{jt} 与 S_{jt} 分别表示 t 时期 j 国（地区）的国内生产总值与研发资本存量。

其次，利用权重法①测算我国各省份从 IFDI 渠道获取的研发资本存量，则 11 个省份从 IFDI 渠道获取的研发资本存量估算公式如下：

---

① 采用的权重法来计算不同经济主体获取的研发技术溢出。不同经济体因其经济规模、产业结构、对外经济联系紧密度等因素的不同，在吸引和利用直接投资方面存在显著差异。采用权重法能够根据这些因素赋予每个省份相应的权重，从而更准确地反映其在全球或国内经济活动中的相对重要性及技术溢出潜力。另外，权重法可以避免简单算术平均所带来的偏差，能够增强分析结果的代表性和精确度。

$$S_{it}^{ifdi} = S_t^{ifdi} \times \frac{IFDI_{it}}{\sum IFDI_t} \tag{6.9}$$

其中，$IFDI_{it}$ 与 $IFDI_t$ 分别表示 i 省和全国获得的外商直接投资额。其中，各省份和全国的外商直接投资数据分别选自各省的统计年鉴与《中国统计年鉴》。

3. 进口贸易技术溢出（S_{it}^{im}）

进口贸易技术溢出是指通过进口贸易渠道获取的国际研发技术溢出。在进口贸易过程中，外国进口商品上所携带的技术、知识等无形资产在没有直接的技术转让协议的情况下，通过贸易渠道非正式地流入进口国，进而促进了进口国的技术进步和生产力提高。进口贸易技术溢出主要通过两条路径来影响进口国企业的技术创新。第一，竞争效应，进口产品进入东道国或地区市场后，由于其具有较高的技术水平、产品质量和创新性，对本地企业形成显著的竞争压力。为了应对进口产品的竞争，东道国或地区企业需要加大研发投入并追赶其技术差距，以提高自身的竞争力、维持市场份额（金成国和李达耀，2021）。第二，产业关联效应，进口贸易技术溢出的产业关联效应体现在多个层面，其中包括前向关联效应、后向关联效应以及横向关联效应。从前向关联效应来看，企业进口先进设备和技术后，可以提高其自身的生产效率和产品质量，进而带动下游产业的发展，比如通过提供更高质量的产品或服务来满足下游客户的需求。从后向关联效应来看，进口企业出于效率考虑可能会向本地供应商采购零部件或与其达成合作关系，这种合作关系有助于提高供应链上的整体技术水平，从而促进上游产业的技术进步。从横向关联效应来看，同一行业内的企业通过观察和学习进口企业从进口产品中获取的先进技术和管理方法，可以实现技术共享和知识扩散，促进整个行业的技术创新。

进口贸易技术溢出的测量方式与 OFDI 逆向技术溢出一致。首先根据式（6.10）计算出 t 期我国从进口贸易渠道获取的国际研发技术溢出：

$$S_t^{im} = \sum \frac{import_{jt}}{Y_{jt}} \times S_{jt} \tag{6.10}$$

其中，$import_{jt}$ 表示截至 t 期末我国从东道国或地区 j 的进口总额。Y_{jt} 与 S_{jt} 分别表示 t 时期 j 国（地区）的国内生产总值与研发资本存量。

其次，利用权重法测算出我国各省份从进口中获取的研发资本存量，则 11 个省份从进口中获取的研发资本存量估算公式如下：

$$S_{it}^{im} = S_t^{im} \times \frac{import_{it}}{\sum import_t} \qquad (6.11)$$

4. 研发强度（RD_{it}）

研发强度是指一国或地区在一段时期内研究与发展经费投入占国内生产总值的比重，以衡量该国家（地区）在科学研究和技术发展方面的投入程度。研发强度越高，意味着该地区对科学研究的重视程度和创新产出就越高。因此，本章在研发强度的估量中，参考了周经和黄凯（2020）的方法，以 R&D 经费支出占地区生产总值的比重来衡量地区研发强度，测算方法如式（6.12）所示。其中，各省份的 R&D 经费投入来自《全国科技经费投入统计公报》，地区生产总值则来自各省份统计年鉴。研发强度对企业自主创新能力的影响可从以下两个角度进行分析。从企业微观来看，企业创新投入的提升意味着企业具有较强的创新意愿，具有高创新意愿的企业会更积极接受创新思想，并从这些创新思想中获得灵感，帮助企业开发出新技术、新产品（褚吉瑞，2023）。因此，企业创新投入的增加构成了一个正向循环，即从创新意愿强化到创新能力提升，再到市场优势的确立，全方位地驱动着企业的创新发展与竞争力升级。从区域宏观来看，一个地区整体 R&D 经费的投入提升能够增加地区高级人力资本的积累，而人力资本的积累不仅有助于优化资源配置效率，还能强化不同主体的科研组织对新知识的吸收与转化能力，增强创新成功的可能性（Delgado－Verde M，2016；曹跃群和赵世宽，2023）。

$$RD_{it} = \frac{R\&D\ 经费投入}{地区生产总值} \qquad (6.12)$$

5. 对外开放程度（$Open_{it}$）

对外开放程度同样是正向促进地区企业自主创新能力的重要因素。所谓对外开放程度，即指一国或地区在经济活动中对国际市场、资本、技术、信息以及人才等要素的开放和融合程度。关于对外开放程度的测算方法，本章参考了张可（2019）、周经（2020）的做法，以实际利用外资占 GDP 值的比重进行衡量，其中各省份实际利用外资额与地区生产总值数据均选自各省份统计年鉴。对外开放程度对企业自主创新能力的影响机制体现在以下两个方面。第一，技术溢出效应，技术溢出效应是指外商投资企业的经营活动能够促进先进技术知识在地区内的传播和应用。这种溢出不仅包括直接的技术转移，例如通过合资企业或外包合同等形式分享最新技术，还包括间接的知识传播途径，例如通过培训、研讨会以及与本地供应商合作等方式。这些活动使得本土企业能够接触到先进的技术、管理经验以及最佳实践，从而提升自身的技术能力和创新能力。第二，学习效应，随着外商投资企业与本地企业互动程度的提升，在企业之间互动活动中，本土企业员工获得了更多的实践机会以学习新的技能和技术。这种学习过程不仅限于在职培训或正规教育，还包括日常工作中的非正式学习机会。通过与外商投资企业的合作与互动，本土企业能够逐步建立起一套更加高效的研发流程和技术管理体系，这有助于提高企业内部的技术吸收能力和创新产出。

6. 财政支出强度

　　财政支出强度是影响企业经营与自主创新能力的重要宏观因素之一。财政支出强度是指政府部门在一定时期内的公共财政支出总额占国内生产总值的比重，反映了政府财政活动的活跃程度和财政政策扩张力度。因此，本章以政府公共财政支出对地区生产总值的占比来衡量财政支出强度。政府公共财政支出数据来自国家统计局。财政支出强度与企业自主创新能力的关联机制体现在以下几个方面。第一，政府财政支出承担着提供市场无法有效提供的公共物品和公共服务的责任，如基础研究、教育、基础设施等。这些领域是企业创新活动的基础和前提，能够为企业创新提供良好的外部环境。例如，加大对教育和科研机构的投入能提升整个社会的人力资本水平，促进知识积累和技术外溢，为企业的研发活动提供人才和知识支持。第二，市场在某些情况下会出现失灵，如信息不对称、外部性问题等，这些问题阻碍着企业的创新活动。政府通过对企业 R&D 活动采取资金支持、税收优惠等财政手段，可以降低企业创新成本并激励其增加研发投入，尤其是在高新技术和战略性新兴产业领域。第三，政府财政支出通过优化资源配置，支持关键领域和薄弱环节的发展，如建立创新平台、孵化器等，有助于降低企业创新的风险和成本，促进产学研深度融合，加速科技成果的商业转化。具体变量含义如表6.2所示。

表 6.2   变量含义

项目	变量名	变量解释
被解释变量	企业自主创新能力	各省份的专利授权量
核心解释变量	OFDI 逆向技术溢出	各省份从 OFDI 中获取的国际研发技术溢出
控制变量	IFDI 技术溢出	各省份从 IFDI 中获取的国际研发技术溢出
	进口贸易技术溢出	各省份从进口贸易中获取的国际研发技术溢出
	研发强度	R&D 经费投入占地区生产总值的比值
	对外开放程度	实际利用外资额占地区生产总值的比值
	财政支出强度	公共财政支出额占地区生产总值的比值

6.2.3　实证检验与结果分析

6.2.3.1　描述性统计分析

本章基准回归模型采用了 2004～2020 年 11 个省份的面板数据。需要说明的是，由于世界银行发布的各国研发支出数据存在缺失，本节利用插值法对缺失数据进行补全。同时，为了减少极端值的影响并提升数据的平稳性，将对各个变量进行取对数处理，由此可得到 11 个省份的描述性统计结果，下面将对 11 个省份的描述性统计结果进行详细的分析。

1. 四川

表 6.3 的描述性统计结果显示，（1）四川企业自主创新能力（lnINN）的最大值与最小值分别为 11.593、8.396，这表明在样本期内四川企业自主创新能力存在一定的差异；同时，平均值接近中位数，表明数据分布的集中度高，且在样本期内企业自主创新能力有较多的年份处于较高的水平。OFDI逆向技术溢出（lnS^{ofdi}）最大值和最小值分别为 13.420 和 5.356，这表明不同年份的四川 OFDI 逆向技术溢出具有显著的差异；平均值为 10.351，这意味着在样本期间内四川 OFDI 逆向技术溢出水平处于中等偏高水平；平均值10.351 和中位数 11.586 相对接近，但中位数高于平均值，这意味着四川部分年份的 OFDI 逆向技术溢出水平特别高。（2）IFDI 技术溢出（lnS^{ifdi}）与进口贸易技术溢出（lnS^{im}）的数据呈现相似的特点。IFDI 技术溢出（lnS^{ifdi}）的最大值为 11.311，最小值为 8.052，这表明四川 IFDI 技术溢出水平存在差异，平均值 10.203 和中位数 10.529 相接近，这表明四川 IFDI 技术溢出数据

的集中度高，分布较为均匀。进口贸易技术溢出（lnS^{im}）的最大值为 12.741，最小值为 9.787，这表明四川进口贸易溢出水平同样存在差异，平均值与中位数相接近，这表明四川进口贸易技术溢出数据分布的集中度高。（3）对外开放程度（lnOpen）、研发强度（lnRD）与财政支出强度（lnGI）3 个变量的最大值和最小值之间的差距均较小，且中位数和平均值也均相对较接近，这表明四川的对外开放程度、研发强度以及财政支出强度数据分布相对集中，波动程度较低。

表 6.3　　　　　　　　　　　　　　四川变量描述性统计

变量	观测值	最大值	最小值	平均值	中位数
lnINN	17	11.593	8.396	10.270	10.651
lnS^{ofdi}	17	13.420	5.356	10.351	11.586
lnS^{ifdi}	17	11.311	8.052	10.203	10.529
lnS^{im}	17	12.741	9.787	11.399	11.683
lnOpen	17	−3.386	−5.239	−4.053	−4.067
lnRD	17	−3.828	−4.392	−4.184	−4.192
lnGI	17	−1.374	−1.952	−1.549	−1.472

资料来源：笔者根据公式测算得出。

2. 重庆

表 6.4 的描述性统计结果显示，（1）重庆企业自主创新能力（lnINN）的最大值为 10.922，最小值为 8.186，这表明重庆的企业自主创新能力在样本期内同样具有一定差异；平均值为 9.644，接近于中位数 9.922，这显示重庆历年的企业创新能力的数据分布集中程度较高。IFDI 逆向技术溢出（lnS^{ofdi}）的最大值和最小值分别为 14.001、5.000，这表明重庆不同年份的 OFDI 逆向技术溢出水平具有较大的差距，且数据呈现一定的离散性。中位数 11.139 略高于平均值 10.253，这可能意味着数据分布呈现右偏态。（2）IFDI 技术溢出（lnS^{ifdi}）的最大值与最小值分别为 10.543、7.503，这显示出该变量的数据范围较为集中。中位数为 10.011，接近于平均值 9.554，进一步验证了重庆 IFDI 技术溢出的数据分布较为集中。进口贸易技术溢出（lnS^{im}）的最大值为 12.352，最小值为 9.216，平均值为 10.957 以及中位数为 11.338，这显示重庆的进口贸易技术溢出数据较为稳定，且从贸易中获取的技术溢出水平较高。（3）对外开放程度（lnOpen）、研发强度（lnRD）与财政支出强

度（lnGI）3 个变量的最大值和最小值差距都较小，且中位数和平均值都非常接近，这表明重庆的对外开放程度、研发强度以及财政支出强度数据分布较为集中且接近对称。

表 6.4   重庆变量描述性统计

变量	观测值	最大值	最小值	平均值	中位数
lnINN	17	10.922	8.186	9.644	9.922
lnS^{ofdi}	17	14.001	5.000	10.253	11.139
lnS^{ifdi}	17	10.543	7.503	9.554	10.011
lnS^{im}	17	12.352	9.216	10.957	11.338
lnOpen	17	-2.699	-4.091	-3.377	-3.374
lnRD	17	-3.861	-4.861	-4.322	-4.302
lnGI	17	-1.337	-2.045	-1.621	-1.559

资料来源：笔者根据公式测算得出。

3. 云南

表 6.5 的描述性统计结果显示，（1）云南企业自主创新能力（lnINN）的最大值为 10.273，最小值为 7.142，这显示出云南的企业自主创新能力具有较大差距；平均值与中位数分别为 8.627、8.675，两者相近程度较高，这表明云南的企业自主创新能力数据的集中程度较高，极端值较少。OFDI 逆向技术溢出（lnS^{ofdi}）的最大值为 12.825，最小值为 5.326，表明云南的 OFDI 逆向技术溢出水平存在显著差异。最大值和平均值均较高，表明云南 OFDI 逆向技术溢出的总体水平较高，且数据分布较为集中。中位数接近平均值，说明数据分布较为均匀，极端异常值较少。（2）IFDI 技术溢出（lnS^{ifdi}）与进口贸易技术溢出（lnS^{im}）的最大值和最小值也表现出一定的差距，但相较于 OFDI 逆向技术溢出，其差距就相对较小，这表明云南的 IFDI 技术溢出与进口贸易技术溢出水平的波动幅度低于 OFDI 逆向技术溢出。平均值和中位数均相接近，表明重庆历年的 IFDI 技术溢出与进口贸易技术溢出水平均较为稳定。（3）对外开放程度（lnOpen）、研发强度（lnRD）与财政支出强度（lnGI）3 个变量的最大值和最小值差距都较小，且中位数和平均值都非常接近，这表明云南历年对外开放程度、研发强度以及财政支出强度数据分布集中程度高，且较为平稳。

表6.5　　　　　　　　　　　云南变量描述性统计

变量	观测值	最大值	最小值	平均值	中位数
lnINN	17	10.273	7.142	8.627	8.675
lnS^{ofdi}	17	12.825	5.326	10.440	11.902
lnS^{ifdi}	17	10.840	8.010	9.953	10.321
lnS^{im}	17	11.702	9.134	10.619	10.930
lnOpen	17	-4.385	-6.151	-5.086	-5.130
lnRD	17	-4.603	-5.525	-5.038	-5.097
lnGI	17	-1.133	-1.553	-1.281	-1.219

资料来源：笔者根据公式测算得出。

4. 贵州

表6.6的描述性统计结果显示，（1）贵州的企业自主创新能力（lnINN）最大值为10.462，最小值为6.603，表明贵州的企业自主创新能力在不同年份存在较大差异。平均值和中位数分别为8.526、8.709，两者较为接近，显示出贵州企业自主创新能力水平良好，且数据分布集中于较高水平。贵州的OFDI逆向技术溢出（lnS^{ofdi}）的最大值与最小值之间存在很大的差距，这也意味着贵州历年的OFDI逆向技术溢出水平具有显著的差异，且平均值为6.893，中位数为8.206，说明尽管数据存在较大波动，但整体OFDI逆向技术溢出水平尚可，且数据分布偏斜，中位数高于平均值，表明在样本期内，贵州有较多年份的OFDI逆向技术溢出位于较高水平。（2）IFDI技术溢出（lnS^{ifdi}）的最大值和最小值分别为8.827、5.679，两者波动幅度相对较小，但仍然存在差异；且平均值与中位数较为接近，表明在样本期内贵州IFDI技术溢出水平的整体表现较稳定。进口贸易技术溢出（lnS^{im}）的最大值与最小值的差距较小，意味着贵州在样本期内的进口贸易技术溢出水平变化较小，整体表现较为平稳；同时，平均值与中位数的差距也相对较小，进一步证实了贵州进口贸易技术溢出水平在样本期内变动幅度不大。（3）对外开放程度（lnOpen）、研发强度（lnRD）与财政支出强度（lnGI）3个变量的最大值和最小值之间虽然均存在一定的差距，但3个变量的最大值仍位于较低的水平，这意味着贵州的对外开放程度、研发强度以及财政支出强度均较弱；且中位数和平均数均较为相近，表明贵州在样本期内的对外开放程度、研发强度以及财政支出强度发展较为平稳。

表 6.6   贵州变量描述性统计

变量	观测值	最大值	最小值	平均值	中位数
lnINN	17	10.462	6.603	8.526	8.709
lnS^{ofdi}	17	10.519	1.995	6.893	8.206
lnS^{ifdi}	17	8.827	5.679	7.558	8.099
lnS^{im}	17	9.718	8.036	8.965	9.013
lnOpen	17	−3.481	−6.380	−5.282	−5.687
lnRD	17	−3.195	−5.337	−4.939	−5.051
lnGI	17	0.866	−1.372	−0.984	−1.036

资料来源：笔者根据公式测算得出。

5. 陕西

表 6.7 的描述性统计结果显示，（1）陕西企业自主创新能力（lnINN）的最大值和最小值分别为 11.011、7.546，表明陕西企业自主创新能力在样本期内存在一定的差异，但整体上较高。平均值和中位数非常接近，意味着陕西企业自主创新能力数据分布较为集中，且集中于较高的水平。OFDI 逆向技术溢出（lnS^{ofdi}）的最大值为 12.617，最小值为 3.244，而平均值和中位数分别为 9.63、11.25，则表明陕西 OFDI 逆向技术溢出在不同年份存在显著差异，但仍维持在高位水平。（2）IFDI 技术溢出（lnS^{ifdi}）与进口贸易技术溢出（lnS^{im}）的最大值和最小值之间均存在一定的差异；同时，这两个变量的平均值和中位数非常相近，这表明陕西 IFDI 技术溢出和进口贸易技术溢出数据的分布程度较为对称且集中程度高，也进一步表明陕西 IFDI 技术溢出与进口贸易技术溢出的发展稳定性与潜力。（3）对外开放程度（lnOpen）、研发强度（lnRD）与财政支出强度（lnGI）3 个变量的最大值和最小值的差距小，但 3 个变量的数据均位于较低的水平；且平均值和中位数均相接近，这说明对外开放程度、研发强度与财政支出强度数据的分布较为对称且集中度高，同时表明陕西对外开放程度、研发强度与财政支出强度在样本期内位于较低的水平，且波动幅度较小。

表 6.7   陕西变量描述性统计

变量	观测值	最大值	最小值	平均值	中位数
lnINN	17	11.011	7.546	9.434	9.610
lnS^{ofdi}	17	12.617	3.244	9.630	11.250

续表

变量	观测值	最大值	最小值	平均值	中位数
lnS^{ifdi}	17	11.463	7.766	9.721	9.828
lnS^{im}	17	12.120	8.947	10.642	10.777
lnOpen	17	-3.799	-4.383	-4.17	-4.217
lnRD	17	-3.628	-3.914	-3.808	-3.815
lnGI	17	-1.409	-1.806	-1.544	-1.490

资料来源：笔者根据公式测算得出。

6. 甘肃

表 6.8 的描述性统计结果显示，（1）甘肃企业自主创新能力（lnINN）的最大值为 9.952，最小值为 6.242；平均值接近中位数，表明数据分布较为集中和对称，而较高的平均值和中位数也意味着甘肃企业自主创新能力处于一个相对较高的水平。OFDI 逆向技术溢出（lnS^{ofdi}）的最大值为 12.429，最小值为 4.888，差距较大，表明在样本期内甘肃 OFDI 逆向技术溢出存在较大差异；平均值接近最大值，中位数略高于平均值，可能意味着数据呈右偏分布，存在部分年份的 OFDI 逆向技术溢出水平较高从而提高了整体水平的现象。（2）IFDI 技术溢出（lnS^{ifdi}）与进口贸易技术溢出（lnS^{im}）的最大值、最小值、平均值与中位数之间的差距很小，样本期内数据分布较为集中，表明甘肃 IFDI 技术溢出与进口贸易技术溢出发展相对稳定。（3）对外开放程度（lnOpen）的最大值与最小值呈现一定差距，且数据分布较为分散，表明甘肃对外开放程度在不同年份中具有较大差异。研发强度（lnRD）的样本数据都集中在较低的范围内，说明样本期内甘肃的研发强度相对较低且变化不大。财政支出强度（lnGI）的数据分布显示政府财政支出强度在不同年份有一定程度的变化，但整体偏向于较低水平。

表 6.8　　　　　　　　　甘肃变量描述性统计

变量	观测值	最大值	最小值	平均值	中位数
lnINN	17	9.952	6.242	8.055	8.206
lnS^{ofdi}	17	12.429	4.888	9.672	10.268
lnS^{ifdi}	17	6.907	4.495	6.148	6.231
lnS^{im}	17	10.629	8.462	9.906	9.992

续表

变量	观测值	最大值	最小值	平均值	中位数
lnOpen	17	−4.330	−7.822	−5.641	−5.432
lnRD	17	−4.371	−4.743	−4.497	−4.490
lnGI	17	−0.765	−1.533	−1.027	−0.963

资料来源：笔者根据公式测算得出。

7. 青海

表 6.9 的描述性统计结果显示，（1）青海企业自主创新能力（lnINN）的最大值和最小值分别为 8.454、4.248，显示出一定差距。而平均值与中位数接近，表明青海企业自主创新能力在样本期内较为稳定，其中有较多年份的企业自主创新能力达到中位数以上水平。OFDI 逆向技术溢出（lnS^{ofdi}）的最大值为 10.15，最小值为 2.881，两者差距显著，表明青海 OFDI 逆向技术溢出数据在样本期内存在较大波动，但其平均值与中位数均较高，意味着在样本期内部分年份的 OFDI 逆向技术溢出较高，提升了整体的水平。（2）IFDI 技术溢出（lnS^{ifdi}）与进口贸易技术溢出（lnS^{im}）的平均值与中位数均较为接近，表明青海 IFDI 技术溢出与进口贸易技术溢出数据在样本期内相对稳定，且数据分布的集中程度高。（3）对外开放程度（lnOpen）的最大值与最小值差距较大，说明样本期内青海对外开放程度存在显著差异；研发强度（lnRD）与财政支出强度（lnGI）的最大值与最小值差距很小，且平均值与中位数相接近，这表明在样本期内，青海的研发强度与财政支出强度水平差异较小，且变化有限。

表 6.9　　　　　　　　　　　　**青海变量描述性统计**

变量	样本量	最大值	最小值	平均值	中位数
lnINN	17	8.454	4.248	6.280	6.267
lnS^{ofdi}	17	10.150	2.881	6.629	7.747
lnS^{ifdi}	17	7.216	3.705	6.342	6.915
lnS^{im}	17	8.211	6.237	7.298	7.394
lnOpen	17	−3.132	−9.139	−5.412	−4.833
lnRD	17	−4.689	−5.438	−4.989	−4.961
lnGI	17	−0.277	−1.173	−0.589	−0.456

资料来源：笔者根据公式测算得出。

8. 新疆

表 6.10 的描述性统计结果显示，（1）新疆地区的企业自主创新能力（lnINN）的最大值为 9.454，最小值为 6.675，两者具有一定差距，表明该地区企业自主创新能力在不同年份表现出一定的差异；平均值与中位数相接近，则说明在样本期内大部分观测值位于中位数以上水平，新疆地区企业自主创新能力发展呈积极态势。OFDI 逆向技术溢出（lnS^{ofdi}）的最大值和最小值分别为 13.049、3.646，表明 OFDI 逆向技术溢出在不同年份具有显著差异，但其平均值和中位数均较高，这表明在部分年份中，新疆地区的 OFDI 逆向技术溢出表现得较好。（2）IFDI 技术溢出（lnS^{ifdi}）与进口贸易技术溢出（lnS^{im}）的中位数与平均值均非常接近，表明在样本期内新疆地区的 IFDI 技术溢出与进口贸易技术溢出的数据虽然存在差异，但是其数据分布呈现较高的集中度。（3）对外开放程度（lnOpen）、研发强度（lnRD）以及财政支出强度（lnGI）的最大值和最小值之间存在差距，但差距较小，且平均值和中位数较接近，说明三个变量的数据分布集中度高，离散程度相对较小，也进一步表明新疆地区的对外开放程度、研发强度以及财政支出强度在样本期内的变化幅度不大。

表 6.10　　　　　　　　　　　新疆变量描述性统计

变量	样本量	最大值	最小值	平均值	中位数
lnINN	17	9.454	6.675	8.138	8.143
lnS^{ofdi}	17	13.049	3.646	9.642	10.936
lnS^{ifdi}	17	8.175	5.325	7.235	7.534
lnS^{im}	17	10.548	9.268	9.954	9.932
lnOpen	17	−5.641	−6.850	−6.073	−5.890
lnRD	17	−5.137	−5.976	−5.432	−5.294
lnGI	17	−0.845	−1.640	−1.137	−1.027

资料来源：笔者根据公式测算得出。

9. 宁夏

表 6.11 的描述性统计结果显示，（1）宁夏地区的企业自主创新能力（lnINN）的最大值和最小值分别为 8.95、5.366，表明宁夏地区的企业自主创新能力在不同年份具有差异性，中位数与平均值相接近，但中位数高于平

均值，说明数据分布较为对称，且宁夏地区企业自主创新能力在整体上高于中位数水平。OFDI 逆向技术溢出（$\ln S^{ofdi}$）的最大值和最小值分别为 12.450、5.311，两者差距较大，表明样本期内宁夏地区的 OFDI 逆向技术溢出存在显著的差异，且中位数高于平均值，表明样本数据中部分 OFDI 逆向技术溢出值较高。（2）IFDI 技术溢出（$\ln S^{ifdi}$）与进口贸易技术溢出（$\ln S^{im}$）的最大值和最小值均呈现一定差距，但差距较小，表明在不同年份宁夏地区的 IFDI 技术溢出与进口贸易技术溢出水平均具有一定差异性；平均值与中位数相接近，表明数据分布集中度高，样本期内数据波动程度较低。（3）对外开放程度（lnOpen）、研发强度（lnRD）以及财政支出强度（lnGI）3 个变量的最大值和最小值之间存在一定差距，但差距较小，且三者的平均值和中位数均较接近，说明数据分布集中度高，离散程度相对较小，对外开放程度、研发强度以及财政支出强度数据在样本期内的变化幅度不大。

表 6.11　　　　　　　　　　宁夏变量描述性统计

变量	样本量	最大值	最小值	平均值	中位数
lnINN	17	8.950	5.366	7.066	6.986
$\ln S^{ofdi}$	17	12.450	3.311	8.355	9.360
$\ln S^{ifdi}$	17	8.029	5.016	6.693	6.962
$\ln S^{im}$	17	9.184	7.367	8.292	8.266
lnOpen	17	−3.914	−5.640	−4.838	−4.912
lnRD	17	−4.195	−5.200	−4.707	−4.762
lnGI	17	−0.796	−1.441	−1.041	−0.983

资料来源：笔者根据公式测算得出。

10. 内蒙古

表 6.12 的描述性统计结果显示，（1）内蒙古地区的企业自主创新能力（lnINN）的最大值与最小值分别为 9.796、6.723，表明内蒙古地区的企业自主创新能力在不同年份呈现一定的差异性；平均值与中位数相接近，表明在样本期内内蒙古地区的企业自主创新能力数据分布较为集中。OFDI 逆向技术溢出（$\ln S^{ofdi}$）的最大值远高于最小值，表明在样本期内有部分年份的 OFDI 逆向技术溢出水平较高；且中位数高于平均值，意味着在样本期内有较多年份的 OFDI 逆向技术溢出位于较高的水平。（2）IFDI 技术溢出（$\ln S^{ifdi}$）与进口贸易技术溢出（$\ln S^{im}$）的最大值与最小值均有一定差距；且中位数和平均

值均较大，这说明在样本期内内蒙古地区的 IFDI 技术溢出与进口贸易技术溢出发展水平较高。（3）对外开放程度（lnOpen）、研发强度（lnRD）以及财政支出强度（lnGI）3 个变量具有相似的特点，即最大值与最小值之间具有一定差距，但差距较小，且 3 个变量的中位数和平均值相接近，这意味着在不同年份内蒙古地区的对外开放程度、研发强度及财政支出强度在存在差异性的同时，其发展也趋于稳定。

表 6.12 内蒙古变量描述性统计

变量	观测值	最大值	最小值	平均值	中位数
lnINN	17	9.796	6.723	8.018	8.034
lnS^{ofdi}	17	12.651	5.632	9.800	11.194
lnS^{ifdi}	17	10.407	7.941	9.730	9.953
lnS^{im}	17	11.156	9.589	10.540	10.727
lnOpen	17	−3.278	−4.922	−3.845	−3.680
lnRD	17	−4.538	−5.933	−4.949	−4.758
lnGI	17	−1.113	−1.652	−1.300	−1.206

资料来源：笔者根据公式测算得出。

11. 广西

表 6.13 的描述性统计结果显示，（1）广西的企业自主创新能力（lnINN）最大值和最小值分别为 10.448 和 7.111，表明企业自主创新能力在样本期内存在一定差异。平均值为 8.664，接近中位数 8.683，且中位数和平均值接近最大值，意味着数据分布相对均匀，没有显著偏态，而广西地区的企业自主创新能力整体位于较高的水平。OFDI 逆向技术溢出（lnS^{ofdi}）的最大值和最小值分别为 12.883 和 4.391，表明 OFDI 逆向技术溢出数据在样本期内存在显著差异。平均值为 9.323，中位数为 10.264，表明数据分布可能偏向较大值，且较多年份中 OFDI 逆向技术溢出水平较高，但也存在较大的波动性。（2）IFDI 技术溢出（lnS^{ifdi}）的最大值和最小值分别为 9.780 和 7.189，表明 IFDI 技术溢出在样本期内较为集中。平均值与中位数相接近，意味着数据分布较为对称，且波动程度非常小。进口贸易技术溢出（lnS^{im}）的最大值和最小值的差距较大，表明进口贸易技术溢出在样本期内存在较大差异。平均值为 11.076，中位数为 11.295，数据分布偏向较大值，表明较多年份的进口贸易技术溢出位于较高水平，且发展的波动程度较小。（3）对外开放程度（lnOpen）的最大

值与最小值存在一定差距，且平均值和中位数相接近，意味着数据分布较为均匀，广西地区对外开放程度在样本期内存在差异性。研发强度（lnRD）以及财政支出强度（lnGI）的最大值和最小值的差距均较小，且平均值和中位数相接近，表明数据分布较为均匀，广西地区的研发强度和财政支出强度在样本期内的差异性较小。

表6.13   广西变量描述性统计

变量	观测值	最大值	最小值	平均值	中位数
lnINN	17	10.448	7.111	8.664	8.683
$\ln S^{ofdi}$	17	12.883	4.391	9.323	10.264
$\ln S^{ifdi}$	17	9.780	7.189	8.545	8.641
$\ln S^{im}$	17	12.277	9.365	11.076	11.295
lnOpen	17	−4.307	−6.374	−5.181	−5.058
lnRD	17	−4.750	−5.627	−5.049	−4.912
lnGI	17	−1.275	−1.874	−1.466	−1.362

资料来源：笔者根据公式测算得出。

6.2.3.2 平稳性分析

在基准回归之前，要先对各个变量进行平稳性检验，以确保模型及其回归结果的可靠性和准确性。基于此，本章选择了LLC检验、ADF检验以及IPS检验三种检验方法，检验结果如表6.14所示。从变量的原始序列来看，仅有$\ln S^{ofdi}$通过了三种检验，其余变量均未完全通过单位根检验，可以看出本章所选取的原始数据并非同阶单整，因此需要对原始数据进行一阶差分再继续进行单位根检验。变量一阶差分后的单位根检验显示，所有变量均通过了LLC检验、ADF检验以及IPS检验，且在1%的水平上显著，这表明所有的变量均为一阶单整，能够满足后续实证分析的需求。

表6.14   平稳性分析结果

变量	LLC 检验		ADF 检验		IPS 检验	
	统计量	P 值	统计量	P 值	统计量	P 值
lnINN	−1.5974	0.0551	−3.473	0.0000	0.2689	0.6060
DlnINN	−10.6709	0.0000	−10.203	0.0000	−8.204	0.0000
$\ln S^{ofdi}$	−5.0416	0.0000	−4.072	0.0010	−5.7662	0.0000

变量	LLC 检验		ADF 检验		IPS 检验	
	统计量	P 值	统计量	P 值	统计量	P 值
$DlnS^{ofdi}$	− 18. 7514	0. 0000	− 10. 029	0. 0000	− 12. 9198	0. 0000
lnS^{ifdi}	0. 8541	0. 8035	− 2. 524	0. 1100	− 1. 5743	0. 0577
$DlnS^{ifdi}$	− 11. 0335	0. 0000	− 9. 622	0. 0000	− 7. 5434	0. 0000
lnS^{im}	− 1. 4675	0. 0711	− 3. 319	0. 0140	1. 7326	0. 9584
$DlnS^{im}$	− 11. 2585	0. 0000	− 10. 243	0. 0000	− 7. 0004	0. 0000
lnOpen	− 2. 2996	0. 0107	− 1. 786	0. 3870	− 1. 2133	0. 1125
DlnOpen	− 12. 6385	0. 0000	− 5. 605	0. 0000	− 6. 4542	0. 0000
lnGI	− 4. 3403	0. 0000	− 2. 593	0. 0940	− 3. 3697	0. 0004
DlnGI	− 17. 8354	0. 0000	− 10. 181	0. 0000	− 10. 7409	0. 0000
lnRD	− 3. 8223	0. 0001	− 2. 790	0. 0600	0. 7575	0. 7756
DlnRD	− 14. 3054	0. 0000	− 14. 434	0. 0000	− 12. 3626	0. 0000

6.2.3.3　基准回归模型检验

基准回归分析结果如表 6.15 所示。其中列（1）中只纳入了核心解释变量 OFDI 逆向技术溢出，且未控制省份固定效应和年份固定效应；列（2）进一步控制了省份固定效应与年份—省份交互固定效应；列（3）同时纳入了核心解释变量、控制变量，且同时控制了省份固定效应与时间—省份交互固定效应。

表 6. 15　　　　　　　　　　　　基准回归分析结果

解释变量	被解释变量 lnINN		
	（1）	（2）	（3）
lnS^{ofdi}	0. 345 *** （0. 013）	0. 527 *** （26. 32）	0. 389 *** （7. 44）
lnS^{ifdi}	—	—	0. 181 （1. 31）
lnS^{im}	—	—	0. 133 （1. 22）
lnOpen	—	—	− 0. 672 *** （− 5. 44）

解释变量	被解释变量 lnINN		
	（1）	（2）	（3）
lnRD	—	—	-0.025 （-0.15）
lnGI	—	—	-1.250** （-1.98）
Constant	5.263*** （0.128）	5.572*** （34.45）	-1.912 （-0.81）
Observations	187	187	187
Number of Id	11	11	11
省份固定	否	是	是
年份—省份固定	否	是	是

注：***、**、*分别表示在1%、5%、10%水平上显著。

基准回归结果显示，在同时控制省份固定效应与时间—省份交互固定效应后，核心解释变量的显著性并未改变。OFDI 逆向技术溢出对企业自主创新能力的弹性系数在 1% 的水平上显著为正，这说明 OFDI 逆向技术溢出对企业自主创新能力提升具有正向的促进作用。这与朴英爱和于鸿（2023）、周经（2020）、吴海涛（2019），以及章志华、李雨佳和孙林（2021）的结论一致。对外开放程度对企业自主创新能力的弹性系数为负，且在 1% 的水平上显著，这说明引入外资所带来有限的技术效应以及对本土企业生存空间的挤占可能会阻碍本土企业的创新积极性，并延滞其自主创新的步伐。财政支出强度对企业自主创新具有负作用，且在 5% 的水平上显著，产生这种现象的原因可能在以下几点：（1）资源挤出效应。从理论上来看，政府部门增加公共支出可以为企业的创新活动提供研发资金支持、完善基础设施建设等，从而激励企业创新。然而，在实践中，政府扩大支出可能会通过提高税收或增加债务融资来实现，这将减少私人部门可获得的资金，即产生"挤出效应"。私人部门资金成本上升，企业用于自主研发的资金就会减少，进而抑制其创新动力。（2）资源配置效率差异。政府在决定资金分配时，可能不如市场高效。财政支出可能更多地基于政策目标而非市场需求导向，从而导致资源错配，即资金没有被有效地投入到最具创新潜力的企业或项目中。而相比之下，市场驱动的资源配置通常更能准确反映技术创新的需求和潜力。因此，尽管理论上财政支出强度能促进企业自主创新，但实际效果可能会受到资源挤出效应以及资源配置效率等因素的影响，这些因素的共同作用可能导致了财政支出强度对企业自主创新的负面影响。

在同时控制省份固定效应与年份—省份交互固定效应后，将有助于进一步考察不同省份随时间变化的动态性对其企业创新能力的影响结果。通过 IFDI 渠道获取的国际研发技术溢出对企业自主创新的弹性系数为 0.181，但统计结果不显著，即 IFDI 的技术溢出效应对企业自主创新能力提升的影响不显著。这与沈映春和方玉竹（2023）、赵爽（2018）、赵培阳（2022）的研究结论不一致。那为何在西部地区层面，IFDI 的技术溢出效应不明显呢？究其原因，西部地区 IFDI 可能存在一定的挤出效应：（1）有限制的技术转让。外商直接投资并不总是具有完全性的技术转让，出于竞争优势的考虑以及对技术流失的担忧，外商直接投资者可能不愿与当地企业进行技术分享。（2）门槛限制。IFDI 活动带来的技术溢出能够帮助本土企业提升创新能力，但这种技术溢出受制于双边因素的影响，本土企业吸收能力越强，创新能力提升越有效。而西部地区企业综合实力较弱，导致其对知识的吸收能力较差，因而未能有效提升自身的创新能力（张秀峰，2023；Moralles H F，2020）。（3）人才资源流失。高新技术人才是企业创新的主体，跨国企业凭借其优越的人才待遇以及较强的综合实力吸引了本土大量高新技术人才，致使部分本土企业高新技术人才匮乏，对企业的创新能力产生了弱化作用。综上所述，虽然大量研究已经证实 IFDI 活动能够带来技术溢出，但有限的技术溢出、门槛限制以及人才资源流失等因素带来的挤出效应部分抵消了 IFDI 技术溢出的优势，最终导致 IFDI 技术溢出未能显著促进西部地区企业自主创新能力的提升。

进口贸易技术溢出对企业自主创新的弹性系数为 0.133，但统计结果不显著，即进口贸易技术溢出未能有效提升企业自主创新能力。原因可能在于以下几点：（1）技术依赖性。本土企业进口海外先进的制成品或中间品能够增强其产品的技术含量，相较于自主研发，在通过进口高新技术产品来提升自身产品技术水平的过程中，其所耗费的时间和成本投入会更少。因此，为了在瞬息万变的国际市场中保持优势地位，减少时间和成本的投入，部分企业会更倾向于采购海外已有的技术和产品，而不是自主创新研发。（2）进口技术壁垒。进口产品的提供方为了维持自身产品的竞争力和获取知识产权收益，可能会采取例如技术转让限制、高额的知识产权费用等一系列技术保护措施，这些措施可能会阻碍本土企业对海外先进技术的获取与吸收。（3）市场竞争。高技术进口产品在带来技术溢出的同时，也会对本土企业生产产品的销量形成威胁，致使本土企业的创新收益减少，继而不足以支撑其继续创新（楚明钦，2013；刑孝兵，2018）。

研发强度对企业自主创新的弹性系数为 −0.025，且统计结果不显著，这表明地区研发强度对企业自主创新能力影响不明显。西部地区平均研发投入强度从 2004 年的 0.0079 增长至 2020 年的 0.0129，增长率约为 1.29%，由此可以看出尽管西部地区的研发投入强度呈现逐年增加的态势，但地区整体研发投入占地区生产总值比重仍然较低。另外，研发活动具有周期长、风险高的特点，因而当期研发投入对企业自主创新提升效应可能具有一定的时滞性，随着时间的推移，这一结果可能会发生变化。

6.2.4　模型内生性与稳健性检验

为了进一步考察 OFDI 逆向技术溢出对企业自主创新能力提升机制回归结果的可靠性，本章拟采用工具变量回归、替换被解释变量、缩尾处理、滞后一期以及剔除异常值五种方法，以对 OFDI 逆向技术溢出对企业自主创新能力提升机制的稳健性进行实证检验。

6.2.4.1　工具变量回归

根据前面的基准回归分析证实了 OFDI 逆向技术溢出对企业自主创新能力具有显著的正向作用，但企业自主创新能力越强，其对外直接投资的意愿也可能越高，因此，假设模型可能存在内生性问题。那么，为了验证模型是否存在内生性问题，本章将采用杜宾—吴—豪斯曼（Durbin – Wu – Hausman）检验方法来对模型进行验证。该检验的原假设是企业自主创新能力（lnINN）与 OFDI 逆向技术溢出（lnS^{ofdi}）及各干扰项不相关，即模型不存在显著的内生性偏误。Durbin – Wu – Hausman 检验统计量为 7.99684，对应的 P 值为 0.0053（如表 6.16 所示），P 值小于 0.05，拒绝原假设，即模型存在内生性偏误，这一结论与最初的假设一致。因此，为了尽可能克服模型的内生性偏误，本章参照李梅和柳士昌（2012）、宋跃刚和杜江（2015）、尹东东（2016）的做法，将 OFDI 逆向技术溢出分别滞后一期（L. lnS^{ofdi}）和二期（L2. lnS^{ofdi}）

作为工具变量，并采用两阶段最小二乘法（2SLS）对模型进行内生性检验。检验结果如表 6.16 所示，$L. lnS^{ofdi}$ 与 $L2. lnS^{ofdi}$ 均通过了过度识别检验与弱工具变量检验，满足后续分析的要求。从列（2）的 2SLS 回归结果可以看出，OFDI 逆向技术溢出对企业自主创新能力的影响仍然显著，这说明在控制模型内生性问题后，本章的基本结论仍然成立。

表 6.16	工具变量回归结果	
解释变量	2SLS 第一阶段	2SLS 第二阶段
	（1）	（2）
	lnS^{ofdi}	lnINN
lnS^{ofdi}	—	0.1562 *** （3.68）
$L. lnS^{ofdi}$	0.5577 *** （7.32）	—
$L2. lnS^{ofdi}$	0.1510 ** （2.07）	—
lnS^{ifdi}	0.0441 （0.46）	0.3091 *** （5.56）
lnOpen	0.0057 （0.05）	- 0.4522 *** （- 6.99）
lnRD	0.0040 （0.02）	0.9353 *** （8.18）
lnS^{im}	0.4298 *** （3.25）	0.2032 ** （2.31）
lnGI	0.8420 ** （2.49）	- 0.6113 *** （- 2.83）
Constant	- 0.4786 （- 0.36）	3.8894 *** （5.07）
Durbin – Wu – Hausman	7.99684	0.0053
LM statistic	89.375	0.000 恰好识别
Cragg – Donald Wald F statistic	92.773	
Observations	165	165
R^2		0.826

注：*** 、** 、* 分别表示在 1%、5%、10% 水平上显著。

6.2.4.2 替换被解释变量

本章借鉴李末芝和张兰霞（2022）的做法，以专利申请量作为企业自主创新能力的衡量指标，结合前面章节的相关模型与方法，替换被解释变量专利授权量（lnINN），得到新被解释变量专利申请量（INN1）。

替换被解释变量的回归结果如表 6.17 所示，列（2）回归结果显示，核心解释变量 S^{ofdi} 以及其他控制变量，虽然估计系数和显著性水平显示出一定的变化，但基本与原估计结果保持一致，统计结果仍能支撑 OFDI 逆向技术溢出对企业自主创新能力正向促进的结论。

表 6.17 替换被解释变量的稳健性分析结果

解释变量	（1）	（2）
	lnINN	lnINN1
lnS^{ofdi}	0.389 ***	0.464 ***
	(0.052)	(0.159)
lnS^{ifdi}	0.181	0.581
	(0.138)	(0.419)
lnS^{im}	0.133	− 0.294
	(0.109)	(0.33)
lnOpen	− 0.672 ***	− 1.000 ***
	(0.123)	(0.375)
lnRD	− 0.025	− 0.393
	(0.168)	(0.509)
lnGI	− 1.250 **	− 3.169 *
	(0.63)	(1.911)
_cons	− 1.912	− 7.641
	(2.362)	(7.166)
N	187	187
Number of Id	11	11
省份固定	是	是
年份—省份固定	是	是

注：*** 、 ** 、 * 分别表示在 1% 、5% 、10% 水平上显著。

6.2.4.3　缩尾、异常值处理

考虑到样本数据中可能存在的极端值问题会对基准回归结果造成一定的偏误，本章将进一步检验实证结果的稳健性。这里将采用其他方法重新验证实证结果。表 6.18 中列（1）~ 列（3）分别为数据缩尾处理、剔除异常值以及加入更多的控制变量后，再对模型进行实证检验。列（1）缩尾处理后的回归结果显示，OFDI 逆向技术溢出对企业自主创新能力的弹性系数为 0.377，且在 1% 的水平上显著，与前面基准回归的结果一致。列（2）为剔除异常值后的回归结果，考虑到 2008 年全球金融危机会对全球对外直接投资产生严重的影响，为了避免金融危机期间样本数据波动对回归结果造成的干扰，本章将从样本数据中剔除 2008 ~ 2010 年的数据再次进行回归检验（余珮和陈澊澜，2023）。实证结果显示，OFDI 逆向技术溢出对企业自主创新能力提升的弹性系数为 0.389，且在 1% 的水平上显著，与前面的基准回归结果相吻合。列（3）为加入更多控制变量后的回归结果，为了避免由于遗漏变量而产生的模型内生性问题，本章在参考相关文献（刘志东、惠诗濛和荆中博，2024；朱洁西和李俊江，2022；朱洁西和李俊江，2022；章志华、李雨佳和孙林，2021；冉启英和张晋宁，2021）的基础上进一步纳入了金融发展水平、贸易依存度以及城镇化率 3 个控制变量。实证结果显示，在加入更多控制变量后，OFDI 逆向技术溢出对企业自主创新能力提升效应的显著性水平与估计系数虽然表现出一定的变化，但仍在 5% 的水平上显著为正，再次印证了 OFDI 逆向技术溢出对企业自主创新能力的正向影响。

表 6.18　　　　缩尾、剔除异常值与加入遗漏变量的稳健性检验

解释变量	缩尾处理	剔除异常值	加入遗漏变量
	（1）	（2）	（3）
$\ln S^{ofdi}$	0.377 ***	0.389 ***	0.664 **
	(0.054)	(0.052)	(0.321)
控制变量	是	是	是
_cons	− 2.08	− 1.912	− 10.264 **
	(2.559)	(2.362)	(4.387)

解释变量	缩尾处理	剔除异常值	加入遗漏变量
	（1）	（2）	（3）
N	187	154	187
省份固定	是	是	是
时间—省份固定	是	是	是

注：***、**、*分别表示在1%、5%、10%水平上显著。

6.2.4.4 滞后效应

海外企业在OFDI活动中所汲取的海外先进技术、知识与管理经验，通过一系列溢出机制传回母国企业后，母国企业仍需要经历吸收、消化的过程，即OFDI逆向技术溢出对企业自主创新能力提升具有一定的时滞性，因此本章拟将变量OFDI逆向技术溢出进行滞后，实证结果如表6.19所示，其中列（1）和列（2）分别为滞后1期、滞后2期的OFDI逆向技术溢出。列（1）和列（2）的OFDI逆向技术溢出的回归系数均显著为正，这表明OFDI逆向技术溢出对企业自主创新能力的积极影响具备持续性，换言之，OFDI逆向技术溢出对企业自主创新能力的影响不仅存在较强的即时性，并且在OFDI活动的后续几年中，这种影响效应仍然存在。然而，值得注意的是，这种持续影响效应在OFDI投资后的第二年开始呈现衰减趋势。

表6.19   **滞后期的稳健性检验**

解释变量	（1）	（2）
$\ln S^{ofdi}$	0.319 *** (0.021)	0.262 * (0.157)
$\ln S^{ifdi}$	0.032 (0.039)	0.162 (0.218)
$\ln S^{im}$	0.535 *** (0.035)	0.622 *** (0.192)
$\ln Open$	− 0.616 *** (0.036)	− 1.021 *** (0.212)
$\ln RD$	− 0.059 (0.078)	0.233 (0.491)

解释变量	（1）	（2）
lnGI	− 1. 217 ***	− 3. 365 ***
	(0. 214)	(1. 12)
_cons	− 4. 043 ***	− 9. 717 **
	(0. 82)	(4. 039)
N	176	165
省份固定	是	是
年份—省份固定	是	是

注：*** 、 ** 、 * 分别表示在 1% 、5% 、10% 水平上显著。

6.2.5　异质性分析

6.2.5.1　金融发展程度的异质性分析

地区金融发展对企业自主创新能力提升存在异质性。从金融产业规模效应来看，地区金融发展规模的扩大，也意味着当地金融网点和金融就业人员的增加，网点和就业人员的增加将进一步提升金融业的区域服务能力和服务辐射范围（谢巧燕，2022），这更意味着金融业能为当地企业学习、吸收海外先进技术和知识提供更多的金融服务工具以及资金支持，帮助企业缓解知识学习以及研发创新过程中的资金短缺，提升创新效率。另外，金融发展程度提升也意味着金融业能够提供更多元化的融资渠道和融资工具，企业可以根据自身需求选择最适合的融资方式来获取创新所需的资金，这种多样性有助于降低融资成本、提高融资效率，从而增强企业的创新动力。同理，当企业从 OFDI 活动中获取先进的技术和知识时，金融发展程度提升所带来的融资低成本和高效率，能减轻企业海外知识学习和创新过程中的财务负担，使得企业能够更加高效地吸收和转化海外先进技术，加速创新成果的产出和应用，进而显著提升其创新能力与市场竞争力。

从信息传递效应来看，成熟的金融市场提高了信息的透明度和流通效率，使企业能够及时捕捉到海外市场的最新变化，包括技术革新、政策调整、市场需求波动等关键信息。这种信息传递机制不仅可以帮助企业精准识别潜在的 OFDI 机遇，还能促进技术知识在国际的交流与扩散，进而极大提高获取海外新技术、新知识的可能性,通过学习和转化这些海外新知识,企业的研发能力和创新能力也得以不断增强。因此,从上述分析可以推断出,金融发展程度高的地区的 OFDI 逆向技术溢出对企业自主创新能力的积极效应强于金融发展程度低的地区。

首先,以样本中金融发展的中位数为分组依据,将其构造为虚拟变量金融发展程度(FIN)。若金融发展程度大于样本中位数的年份取值为 1,而金融发展程度小于或等于中位数的年份取值为 0;其次,在前面基准回归的基础上进行分组回归实验。分组回归结果如表 6.20 所示,由列(1)、列(2)可知,在金融发展程度较高的地区中,OFDI 逆向技术溢出对企业自主创新的系数为 0.142,且在 1% 的水平上显著;在金融发展程度较低的地区中,OFDI 逆向技术溢出对企业自主创新的系数为 0.045,但统计结果不显著。由此可见,与金融发展程度较高的地区相比,金融发展程度较低的地区的 OFDI 逆向技术溢出未能完全促进当地企业的自主创新。由此可以判断,金融发展程度的提升不仅能为企业 OFDI 活动提供资金支持,还能在知识吸收向研发转化的过程中缓解企业的资金压力,进而提升企业的创新能力;而金融发展程度较低的地区由于资金融通成本较高,且无法为企业 OFDI 活动各个阶段提供充足的资金支持,进而阻碍了企业的创新动力。简而言之,与金融发展程度较低的地区相比,金融发展程度较高的地区的企业 OFDI 逆向技术溢出对企业自主创新的提升效应更优。

表 6.20　　　　　　　　　　金融发展程度异质性回归结果

解释变量	被解释变量	
	FIN – Abundance	FIN – Less
	(1)	(2)
$\ln S^{ofdi}$	0.142 ***	0.045
	(0.031)	(0.034)
$\ln S^{ifdi}$	0.459 ***	0.446 ***
	(0.076)	(0.092)
$\ln S^{im}$	0.128	0.549 ***
	(0.100)	(0.084)
lnOpen	− 0.565 ***	− 0.572 ***
	(0.057)	(0.086)

续表

解释变量	被解释变量	
	FIN – Abundance	FIN – Less
	（1）	（2）
lnRD	0.308 （0.241）	− 0.168 （0.207）
lnGI	0.039 （0.240）	− 0.137 （0.454）
_cons	0.83 （1.356）	− 5.202*** （1.42）
N	102	85
adj. R – sq	0.867	0.924

注：***、**、*分别表示在1%、5%、10%水平上显著。

6.2.5.2　地区异质性分析

自改革开放以来，东南部沿海地区凭借着开放性的地理位置、既有发展基础率先崛起，而中西部内陆地区由于地理位置远离沿海和国际市场、交通基础设施较落后、技术和资金相对短缺以及教育和人力资源存在短板等问题，其发展相对缓慢，致使东部、中西部地区差异愈发明显。除了地区之间差异明显外，区域内部之间的差异也逐渐显现，而这种地区内部差异在西部地区表现得尤为突出。自2000年以来，西部板块中的北部地区与南部地区的经济分化逐渐明显。造成西部地区发展不平衡与不充分的原因可能在于以下几点：（1）地理环境和资源分布差异。西部地区地形复杂，从高山、高原到盆地、沙漠，地理环境差异极大，这种地理环境的差异直接影响了区域的资源禀赋和产业发展可能性。例如，四川和云南都拥有较为丰富的水资源和肥沃的土地，使其能更好地支持当地农业和工业用水需求。而新疆和内蒙古由于水资源短缺、干旱和风沙侵蚀等问题，需面对水资源管理的挑战，如节约用水技术所带来的高昂成本，这影响了其经济发展的潜力。同时，西部地区存在资源分布差异的问题。例如，新疆和内蒙古拥有丰富的矿产资源，但水资源匮乏；而西南地区拥有丰富的水资源，但能源型矿产资源较少，这种资源分布不均导致了区域间经济发展的不平衡。（2）经济结构差异。不同地区原有的产业基础和产业结构也会影响其发展速度。一些地区可能已经建立了较为完善的产业链，或者专注于高附加值的产业，如高新技术产业，而其他地区可能仍停留在资源型或低附加值产业阶段。例如，贵州近年来大力发展大数据产业，成为全国重要的数据中心和云计算基地，带动了经济快速增长。而宁夏虽然也有一定的工业基础，但经济仍以农业和传统工业为主，发展速度和结构升级面临更多挑战。（3）基础设施建设差异。交通、通信、能源等基础设施的建设水平直接影响了不同地区的经济活动和吸引投资的能力。西部地区内部的交通、通信等基础设施建设水平不均衡，不仅影响了物流效率和信息流通，还影响了不同地区商务经济发展和市场开拓能力。例如，云南昆明作为区域交通枢纽，拥有连接东南亚的铁路和航空网络，这不仅促进了当地与国际市场的经济交流，还带动了当地的旅游业发展；而新疆尽管在"一带一路"倡议下加大了基础设施建设力度，但其广袤的地域和复杂的地形条件使得基础设施建设成本高昂，进展相对缓慢。

鉴于西部地区内部板块在地理环境与资源分布、经济结构以及基础设施建设等方面存在显著差异，这种差异同样可能会影响 OFDI 逆向技术溢出对企业自主创新能力的作用机制。那么，在西部地区内部板块，OFDI 逆向技术溢出对企业自主创新能力的提升效应是否存在明显的南北差异呢？为了厘清上述问题，本章拟对西部地区进行地区分组回归以考察不同区域的 OFDI 逆向技术溢出对企业自主创新产生的差异性影响。

首先，构造地区虚拟变量，参考张可云和王洋志（2021）的划分方法，将内蒙古、陕西、甘肃、青海、宁夏以及新疆划分为西北地区，而将广西、重庆、四川、贵州以及云南划分为西南地区。若某省份为西北地区则取值为 1；否则取值为 0。其次，在前述基准回归的基础上进行分组回归实验。分组回归结果如表 6.21 所示，由列（1）、列（2）可知，在西南地区与西北地区，OFDI 逆向技术溢出对企业自主创新的系数均在 1% 的水平上显著为正。但值得注意的是，西南地区的回归系数仍大于西北地区，这意味着在西南地区 OFDI 逆向技术溢出每增加 1%，企业自主创新能力就会提升 0.134%，而西北地区 OFDI 逆向技术溢出每增加 1%，企业自主创新能力仅能提升 0.08%。由此可见，西北地区的 OFDI 逆向技术溢出对企业自主创新的提升效应弱于西南地区。

表 6.21　　　　　　　　　　　　　地区异质性回归结果

解释变量	被解释变量	
	西南地区	非西南地区
	（1）	（2）
$\ln S^{ofdi}$	0.134 ***	0.080 ***
	（0.037）	（0.028）
$\ln S^{ifdi}$	0.424 ***	0.627 ***
	（0.083）	（0.077）
$\ln S^{im}$	0.247 **	0.191 **
	（0.102）	（0.092）
$\ln Open$	− 0.328 ***	− 0.815 ***
	（0.080）	（0.068）
$\ln RD$	0.539 **	0.009
	（0.245）	（0.194）
$\ln GI$	− 0.368	− 0.617 *
	（0.289）	（0.321）
_cons	1.897	− 4.193 ***
	（1.402）	（1.334）
N	85	102
adj. R − sq	0.917	0.905

注：*** 、** 、* 分别表示在 1% 、5% 、10% 水平上显著。

6.2.6　调节效应分析

产业结构在 OFDI 逆向技术溢出对企业自主创新的影响效应中所起的调节作用是具有正负双重性的，目前关于产业结构优化所起作用的结论主要包括促进作用与挤出效应。从产业结构的促进效应来看，当一国或地区的产业结构向高端方向发展时，原先的部分产业可能会失去竞争优势。边际产业扩张理论认为，一个国家（地区）应优先从自身即将失去竞争优势的产业（边际产业）开始进行对外直接投资，这些边际产业虽然在母国已经逐渐丧失竞争优势，但在东道国仍具有一定的比较优势，那么，东道国承接这些产业能有助于母国产业升级和东道国经济发展，实现双赢。也就是说，这些已经逐渐丧失竞争优势的产业在其他国家（地区）可能仍然具有比较优势，企业通过 OFDI 活动将这些产业转移到东道国，可以利用当地的成本优势或市场机会让这些产业继续发挥优势，同时母国也能将更多资源用于高附加值产业的发展。另外，母国产业结构升级也会改变企业现有产品中所蕴含的要素禀赋、成本结构以及外部营商环境等，进而减弱或强化企业的 OFDI 意愿（韩沈超，2019）。另外一些代表性的观点认为产业结构升级会产生挤出效应。一方面，母国产业结构的升级通常意味着营商环境的改善，营商环境的改善会进一步提高企业的营业能力与营业收入，进而减少对 OFDI 活动的需求（徐姗，2019）。同时，母国产业结构优化程度的提高意味着国内企业具备较好的技术基础，这反而会减少以技术为寻求动机的 OFDI 活动和规模，继而在 OFDI 活动中获得的国际技术溢出就会更少（韩沈超，2017）。另一方面，产业结构优化初期可能需要大量的资本投入，这可能会导致国内储蓄率升高，而国内对资本需求的增加则会暂时减少用于 OFDI 活动的资金，那么企业从 OFDI 活动中获取的技术溢出也会相应减少。从上述理论分析中可知，产业结构优化的调节作用并不是绝对的。那么在 OFDI 对企业自主创新的提升效应中，产业结构的调节作用究竟如何？为了厘清上述问题，本章将构造产业结构高级化与产业结构合理化两个指标，以考察不同维度的产业结构在 OFDI 逆向技术溢出的提升效应中的作用，分析结果如表 6.22 所示。

表 6.22　　　　　　　　　产业结构调节效应分析结果

解释变量	产业结构高级化	产业结构合理化
	（1）	（2）
lnS^{ofdi}	0.383 ***	0.549 ***
	（3.42）	（0.191）
$S^{ofdi} \times Ind-advance$	1.147 **	—
	（2.03）	
$S^{ofdi} \times Ind-rational$	—	-2.493
		（1.864）
控制变量	是	是
Constant	-22.420 ***	-9.834 *
	（-2.80）	（5.640）

续表

解释变量	产业结构高级化	产业结构合理化
	（1）	（2）
Observations	187	187
Number of Id	11	11
省份固定	是	是
年份—省份交互固定	是	是

注：***、**、* 分别表示在 1%、5%、10% 水平上显著。

从列（1）、列（2）中可以看出，交互项（$S^{ofdi} \times Ind - advance$）对企业自主创新能力的回归系数为 1.147，且在 5% 的水平上显著，这表明产业结构高级化在 OFDI 逆向技术溢出对企业自主创新能力的提升效应中起正向调节作用，即西部地区产业结构越高级，OFDI 逆向技术溢出对企业自主创新的提升效应就越强。交互项（$S^{ofdi} \times Ind - rational$）对企业自主创新能力的回归系数为 - 2.493，但统计结果不显著，这意味着产业结构合理化在 OFDI 逆向技术溢出对企业自主创新的提升效应中调节作用不明显。

6.3　本章小结

本章得出以下主要结论：第一，在中国西部地区中，OFDI 逆向技术溢出对企业自主创新的提升效应越发明显；而 IFDI 技术溢出、进口贸易技术溢出与研发强度对企业自主创新无显著影响；对外开放程度与财政支出强度对企业自主创新具有显著的负向影响。第二，与金融发展程度较低的地区相比，金融发展程度较高的地区的企业 OFDI 逆向技术溢出对企业自主创新的提升效应更优。第三，西南地区的 OFDI 逆向技术溢出对企业自主创新的提升效应较西北地区更强。第四，西部地区产业结构高级化能正向影响 OFDI 逆向技术溢出对企业自主创新能力的提升，换言之，西部地区产业结构越高级，对外直接投资所带来的技术溢出就越能促进企业自主创新；但西部地区产业结构合理化的调节效应不明显。

第7章　中国对西部陆海新通道沿线国家（地区）直接投资的创新效应研究：门槛检验

　　第6章显示参与西部陆海新通道的省份的 OFDI 逆向技术溢出对企业自主创新能力具有显著的促进作用。同时，也发现 OFDI 逆向技术溢出对企业自主创新能力的影响效果在西部地区细分的区域存在显著差异，这提示出各省份对 OFDI 逆向技术溢出的吸收能力可能存在差异，而且 OFDI 逆向技术溢出的效果可能是非线性的，很可能受到了多种因素的调节和制约。有研究表明，若地区宏观经济指标达到一定的门槛值，也就意味着该地区的经济基础、基础设施水平以及研发能力均处于较高的水平，能够为企业学习活动提供较好的物质支持，地区企业能够较快地接受、吸收海外先进知识并转化为自身独特的竞争力；若地区宏观经济指标未达到门槛值，意味着这类地区的经济基础、基础设施水平较差，对高新技术人员吸引力较弱，为企业学习活动提供的物质支持有限，这类地区企业也就无法完全或部分吸收海外先进知识，更无法将其及时转化为自身创新能力，甚至由于资源和产业外流进一步引发"挤出效应"和"产业空心化"，进而削弱地区企业的创新动力，阻碍其创新能力升级。

　　因此，本章在第6章研究结果基础上，选取经济发展程度、研发强度、对外开放程度、金融发展水平、人力资本存量、政府干预以及贸易依存度7个指标来衡量地区的吸收能力，构建非线性面板门槛模型，以检验这些代表吸收能力的指标对 OFDI 逆向技术溢出的企业自主创新影响的门槛效应。

7.1　面板门槛模型

7.1.1　门槛回归模型的定义

门槛回归模型是由汤家豪（Tong）于 1978 年提出的门限回归模型（threshold regressive model，简称 TR 模型或 TRM）发展而来的，而后，格罗斯曼和赫尔普曼（Grossman and Helpman，1991）在研究进出口贸易的国际技术溢出时，发现了国际经济中的门槛效应，他们认为某一国家（地区）的宏观经济发展水平未达到门槛值时，进出口贸易未必能显著促进经济发展，该国家（地区）的宏观经济发展水平跨越门槛值时，贸易才能有效促进经济发展。从理论上来看，门槛回归模型主要用于分析具体个体特征的非动态面板数据，在实际回归分析中，通常采用对样本整体以及将样本划分为多个子样本进行回归以检测解释变量与被解释变量之间的显著性和系数是否稳定，即两者之间是否存在稳定的线性关系。但在现实经济环境中，经济变量之间的关联极有可能是非线性的，在这种情况下，需要进一步探明解释变量和被解释变量之间是否存在拐点，是否以分段函数形式出现。在考察过程中，通常会采用分组回归、纳入高次项以及虚拟变量的方式进行回归估计，但这些方法极有可能会导致模型存在共线性，且难以准确衡量分组指标，进而可能会导致估计结果的偏误从而失去研究意义。而门槛回归模型能较好地解决这一问题，门槛回归模型不需要设定具体的非线性模型，它可以指定个体观测并根据某类观测变量的值进行分类，以避免分组回归与忽略结构变化所带来的估计偏误。

7.1.2　门槛回归模型的数学原理

根据布鲁斯·汉森（Bruce E. Hansen）在 1999 年发表的《非线性面板的门槛效应：估计、实验与推导》，其数学公式推导过程如下所示。

设定一组面板数据 $\{Y_{it}, q_{it}, X_{it}, 1 \leqslant i \leqslant n, 1 \leqslant t \leqslant T\}$，基于此，构建单一门槛模型：

$$Y_{it} = u_i + \beta_1' X_{it} I(q_{it} \leqslant \gamma) + \beta_2' X_{it} I(q_{it} > \gamma) + e_{it} \tag{7.1}$$

其中，将 e_{it} 假设为同分布函数，则式（7.1）可进一步变形为分段函数：

$$Y_{it} = \begin{cases} u_i + \beta_1'X_{it} + e_{it}, & q_{it} \leqslant \gamma \\ u_i + \beta_2'X_{it} + e_{it}, & q_{it} > \gamma \end{cases} \tag{7.2}$$

将式（7.2）进行简化，得到式（7.3）：

$$Y_{it} = u_i + \beta'X_{it}(\gamma) + e_{it} \tag{7.3}$$

式（7.1）、式（7.2）及式（7.3）中的下标 it 为 t 时期的样本个体 i，Y_{it} 为模型被解释变量，X_{it} 为被解释变量，q_{it} 为门槛变量，γ 为待估计的门槛值，$I(\cdot)$ 为示性函数，u_i 为个体函数。另外，式（7.3）中的 $X_{it}(\gamma) = \begin{cases} X_{it}I(q_{it} \leqslant \gamma) \\ X_{it}I(q_{it} > \gamma) \end{cases}$，$\beta = (\beta_1', \beta_2')$。

为了进一步消除个体效应，可将简化后的式（7.3）除以时间 T，得到：

$$\overline{Y}_t = u_i + \beta'\overline{X}_t(\gamma) + \overline{e}_t \tag{7.4}$$

其中，$\overline{Y}_t = \dfrac{\sum\limits_{t-1}^{T} Y_{it}}{T}$，$\overline{e}_t = \dfrac{\sum\limits_{t-1}^{T} e_{it}}{T}$，$\overline{X}_t(\gamma) = \dfrac{\sum\limits_{t-1}^{T} X_{it}(\gamma)}{T}$。

此时，

$$Y_{it} - \overline{Y}_t = u_i + \dot{\beta}X_{it}(\gamma) + e_{it} - (u_i + \dot{\beta}\overline{X}_t(\gamma)) + \overline{e}_t$$

$$= \dot{\beta}(X_{it}(\gamma) - \overline{X}_t(\gamma)) + (e_{it} - \overline{e}_t) \tag{7.5}$$

设：$Y_{it}^* = Y_{it} - \overline{Y}_t$，$X_{it}^*(\gamma) = X_{it}(\gamma) - \overline{X}_t(\gamma)$，$e_{it}^* = e_{it} - \overline{e}_t$，进而得到：

$$Y_{it}^* = \dot{\beta}X_{it}^*(\gamma) + e_{it}^* \tag{7.6}$$

首先，对式（7.6）进行最小二乘法估计。对 γ 与 β 均使用最小二乘法估计，即可得到模型残差值 $\hat{\beta}(\gamma) = \dfrac{x^*(\gamma)'\gamma^*}{x^*(\gamma)x^*(\gamma)'}$ 与误差平方和 $SSR(\gamma) = \hat{e}^*(\gamma)^T\hat{e}^*(\gamma)$，进而可获得 γ 最小二乘法的估计量，该估计量也就是使 $S_1(\gamma)$ 最小的 $\hat{\gamma}$：

$$\hat{\gamma} = \arg\min S_1(\gamma) \tag{7.7}$$

　　处理误差平方和函数来简化寻找最优参数 γ。由于误差平方和 $S_1(\gamma)$ 是一个跳跃函数，其跳跃点由门槛变量 q_{it} 的取值所决定。这表明误差平方和的变化与 γ 的值有关，而这种关系可以通过门槛函数来体现。因此，原本复杂的最小化问题可以转化为在样本中寻找与不同 q_{it} 值所对应的 γ 值，这极大简化了问题的求解过程。为了实施这一最小化过程，需要对门槛变量 q_{it} 的观测值进行排序和筛选，去除极端值后，利用剩余的 γ 值作为可能取值。然而，当样本量 N 较大时，直接进行搜索可能会涉及大量的计算，为了提高效率，可以选取一个较小的 γ 值集合进行搜索。这意味着将搜索范围限定在特定的整数值的分位数内可以减少回归的次数，这种方法在提高计算效率的同时还能提高估计的精确度。

　　其次，检验模型是否存在门槛值。检验模型是否存在门槛效应需要进行两项计算：一是零假设 H_0：$\beta_1 = \beta_2$；二是构造 LM 统计量。LM 统计量计算公式如下：

$$L = n \times \frac{S_0 - S_n(\hat{\gamma})}{S_n(\hat{\gamma})} \tag{7.8}$$

　　式（7.8）中的 S_0 则是零假设条件下的残差平方和。

　　如果模型①满足原假设 H_0：$\beta_1 = \beta_2$，则说明不存在门槛效应；反之，若未满足原假设，则说明模型存在门槛效应，将进一步检验备择选项 H_0：$\beta_1 \neq \beta_2$ 以估计出具体、有效的门槛值。这一过程的基本思想是：第一，根据给定的解释变量和门槛值模拟生成一组因变量序列，假设这些序列满足正态分布，即 $N(0, \hat{e}^2)$。第二，计算出 Bootstrap 样本所对应的模拟 LM 统计量。将这个过程重复多次以得到足够多的模拟 LM 统计量。第三，统计这些模拟 LM 统计量中大于某个特定临界值的次数占总模拟次数的百分比，就是 Bootstrap 估计得到的 P 值。当 P 值小于 0.01 时，意味着观测到的 LM 统计量在零假设下出现的概率很小，因此可以拒绝零假设，则模型通过 LM 检验。

　　最后，测算模型的置信区间。当模型存在门槛效应时，则需要进一步测算出门槛值的置信区间。汉森（1993）认为置信区间的测算过程就是对 γ 进

---

　　①　这里的"模型"指的是不含门槛效应的标准线性面板数据模型，即式（7.3）中的 $Y_{it} = u_i + \beta'X_{it}(\gamma) + e_{it}$，该模型假定解释变量与被解释变量之间的关系在整个样本期内保持不变，不因任何门槛变量的变化而改变。

行似然估计得到非拒绝域，这个非拒绝域实际上就是置信区间。即判断模型是否满足零假设：H_0：$\hat{\gamma} = \gamma$。其计算公式如下：

$$LR_n(\gamma) = n \times \frac{S_n(\gamma) - S_n(\hat{\gamma})}{S_n(\hat{\gamma})} \tag{7.9}$$

其中，当 $LR_n(\gamma) \leqslant -2\ln^{(1-\sqrt{\alpha})}$ 时，即表明模型通过零假设，继而可以计算出临界值。

7.1.3　面板门槛回归模型的构建

基于 OFDI 逆向技术溢出对企业自主创新能力的影响效应，为进一步考察各吸收能力因素对这种影响效应的作用程度，本节将借鉴汉森（Hansen，1999）的研究方法设定模型。同时，考虑到本节代表吸收能力的相关变量可能存在多门槛效应，因此本节拟在构建单一门槛回归模型的基础上，继续构建双重门槛回归模型。单一门槛回归模型与双重门槛回归模型分别如式（7.10）与式（7.11）所示：

$$\ln INN_{it} = \alpha_i^0 + \alpha_1 \ln S_{it}^{ifdi} + \alpha_2 \ln S_{it}^{im} + \alpha_3 \ln TRA + \alpha_4 \ln Open + \alpha_5 \ln GI$$
$$+ \beta_1 \ln S_{it}^{ofdi} \cdot I(q_{it} \leqslant \gamma_1) + \beta_3 \ln S_{it}^{ofdi} \cdot I(q_{it} > \gamma_2) + \varepsilon_{it} \tag{7.10}$$

$$\ln INN_{it} = \alpha_i^0 + \alpha_1 \ln S_{it}^{ifdi} + \alpha_2 \ln S_{it}^{im} + \alpha_3 \ln TRA + \alpha_4 \ln Open + \alpha_5 \ln GI$$
$$+ \beta_1 \ln S_{it}^{ofdi} \cdot I(q_{it} \leqslant \gamma_1) + \beta_2 \ln S_{it}^{ofdi} \cdot I(\gamma_1 < q_{it} \leqslant \gamma_2)$$
$$+ \beta_3 \ln S_{it}^{ofdi} \cdot I(q_{it} > \gamma_2) + \varepsilon_{it} \tag{7.11}$$

其中，INN_{it} 表示 t 时期 i 省份的企业自主创新能力，S_{it}^{ofdi} 表示 t 时期 i 省份通过 OFDI 获取的国际研发技术溢出，S_{it}^{ifdi} 与 S_{it}^{im} 为模型控制变量，分别表示 t 时期 i 省从 IFDI、进口贸易渠道获取的国际研发技术溢出；q_{it} 表示门槛变量，γ_1 与 γ_2 均表示待估门槛值；$I(\cdot)$ 表示示性函数，若括号内的值为真则取值为 1，若为假则取值为 0。α_1、α_2、α_3、α_4、α_5 分别表示 IFDI 技术溢出、进口贸易技术溢出、贸易依存度、对外开放程度以及财政支出强度的弹性系数，而 $\beta_1 \sim \beta_3$ 分别表示各门槛变量在 $q_{it} \leqslant \gamma_1$、$\gamma_1 < q_{it} \leqslant \gamma_2$、$q_{it} > \gamma_2$ 时，OFDI 逆向技术溢出对企业自主创新能力提升效应的弹性系数，ε_{it} 表示误差项。

7.2　变量选取与数据来源

面板门槛回归模型中的被解释变量、核心解释变量的设定方法与 6.2.1 节一致。但本章的控制变量与第 6 章有所差异，汉森认为门槛变量既可以是其中一个解释变量，也可以作为一个独立的门槛变量，因此 IFDI 技术溢出与进口贸易技术溢出仍然作为控制变量，而对外开放程度、财政支出强度与研发强度作为门槛变量。在选择一个变量作为门槛变量时，另外两个变量则作为控制变量，例如，当对外开放程度为门槛变量时，IFDI 技术溢出、进口贸易技术溢出、研发强度、财政支出强度则为控制变量；当财政支出强度为门槛变量时，IFDI 技术溢出、进口贸易技术溢出、研发强度、对外开放程度则为控制变量；当研发强度为门槛变量时，IFDI 技术溢出、进口贸易技术溢出、对外开放程度、财政支出强度则为控制变量。本节拟选择经济发展程度、金融发展水平、对外开放程度、贸易依存度、财政支出强度、人力资本存量、研发强度 7 个门槛变量来衡量地区吸收能力。

1. 经济发展程度

经济发展程度的不同从总体上反映了各个经济体在资源配置与吸收能力上的差异。发达经济体通常具备更完善的产业链与基础设施，更高质量的人力资本与技术基础，共同形成了一个有利于知识吸收与创新的生态系统。在这样的环境中，企业不仅拥有强大的研发能力和技术底蕴，还具备高效的管理机制，这使得它们在 OFDI 活动中能够迅速识别、吸纳并融合来自海外的先进技术和管理经验。相比之下，经济发展程度较低的经济体由于欠缺优质资源与技术基础，形成了吸收能力门槛，这些不利条件限制了企业对海外知识的获取和吸收。具体而言，缺乏完善的研发设施和优质的技术人才，使得企业难以将获取的海外新知识转化为创新成果；同时，落后的管理实践，又进一步阻碍了知识转化的效率和效果。因此，即使这类经济体的企业通过 OFDI 获得了潜在的创新资源，但由于吸收能力的限制，其实际获益往往大打折扣。对地区经济发展程度的衡量指标通常包括地区生产总值与人均生产总值。与地区生产总值指标相比，人均生产总值指标更能反映某一经济体普通民众的平均经济状况与生活水平，因此本节拟选用 2004 ~ 2020 年的人均生产总值指标来衡量不同地区的经济发展程度,人均生产总值的数据选自国家统计局。

2. 金融发展水平

金融发展水平能够通过以下几个方面来影响 OFDI 逆向技术溢出的自主创新提升效应。一方面,一个成熟的金融市场能够以高效率和低成本的方式为企业提供融资支持,这进一步降低了企业吸收和消化 OFDI 逆向技术溢出的资金门槛。这意味着,企业能够以较低的成本获取所需资金,并用于技术研发、人才培养和设备更新,从而加速技术知识的转化与创新应用。另一方面,较高的金融发展水平能为初创企业创造充满机遇的成长环境。在这样的环境中,初创企业不仅能够更容易获得启动资金,还能在竞争与合作中不断学习和提升自身的技术水平与创新能力。这种成长过程本身就是一种吸收能力的培养,使得企业能够更好地对接和运用来自 OFDI 活动的海外新知识,促进技术的本土化与再创新。关于地区金融发展水平的衡量方法,张军(2005)采用非国有部门贷款比重对其进行衡量,而梁文化(2017)和李婵娟(2022)采用了金融机构存贷款余额占 GDP 的比重来衡量金融发展水平。考虑到衡量方法的改进以及数据的可及性,本节将用金融机构存贷款余额来衡量金融资产价值,用国内生产总值来衡量国民财富,即用金融机构年末存贷款余额占地区生产总值的比重来衡量各省份的金融发展水平,其中金融机构年末存贷款余额与地区生产总值数据均来自各省份的统计年鉴。

3. 对外开放程度

对外开放程度能够通过以下几个方面来影响 OFDI 逆向技术溢出的自主创新提升效应。首先,当经济的开放程度达到一定程度时,能够吸引更多的外商直接投资,海外资本流入的同时也带来了技术与管理方面的知识溢出,这些知识的溢出为本地企业提供了学习和模仿的机会,促进了技术的吸收和本地化发展。其次,更高的对外开放程度意味着可能会有更多的外国企业进入当地市场,当地市场的竞争程度也会随之提升,这将倒逼本地企业不断提升自身技术水平与研发能力。最后,开放的市场环境促进了企业间的国际合作与知识交流。跨国公司与当地企业之间的合作,不仅有助于技术的溢出,还能通过示范效应、培训和技术支持等方式,提升当地企业对知识的吸收能力。关于对外开放程度的衡量指标,本节将参考张可(2019)与周经(2020)的做法,选取实际利用外资额占地区生产总值比重,其中各省份的实际利用外资额选自各省份的统计年鉴。

4. 贸易依存度

贸易依存度反映了地区与国际经济相关联的程度，对 OFDI 逆向技术溢出的自主创新提升效应的影响存在于以下几个方面。首先，贸易依存度越高的地区，其地区企业通常对国际市场的变化越敏感，这促使企业密切关注全球技术趋势和市场需求。为了在国际市场竞争中保持优势，企业会有更强的动力去吸收和利用来自海外的新知识和新技术，以此提升自身的技术水平和创新能力。其次，对外贸易依存度较高的地区，其企业的产品和服务会更加依赖国际市场，那么其产品和服务也会更容易受到全球消费者反馈建议的影响，通过这种快速的市场反馈机制，企业能够根据消费者需求对产品进行具有针对性的改良和创新以满足多样化和快速变化的市场需求，而在对产品进行改良和创新的过程中，企业自身的研发能力和吸收能力也在不断增强，会更易吸收从不同渠道获取的国际技术溢出。就贸易依存度的衡量方式来看，本节将依照惯例以进出口贸易额占地区生产总值的比重来衡量地区贸易依存度，各省份的进出口总额选自国家统计局。

5. 财政支出强度

财政支出强度反映了政府部门在经济活动中的作用以及对经济的干预程度。一个地区的财政支出可以通过教育、政策和基础设施等多个层面，为当地企业知识学习和创新活动提供有利的外部条件。首先，较高的财政支出强度往往意味着政府对教育体系的重视，包括在基础教育、高等教育及职业培训等方面的投入，教育体系的发展不仅提升了地区劳动力的整体素质，还培育了具有创新精神和专业技能的人才队伍。这些高质量的人才储备是企业吸收和转化 OFDI 逆向技术溢出的关键，为企业学习和吸收海外技术知识提供了坚实的人力资源基础。其次，政府部门可以通过增加科研经费、设立创新基金、提供税收优惠等方式，直接或间接地支持企业创新活动，这些财政激励措施降低了企业研发成本与创新风险，提高了企业学习、吸收海外新技术的意愿和能力，进而加速 OFDI 技术溢出的转化过程。最后，财政支出强度较高的地区，政府倾向于加大对交通、通信、能源等基础设施的投资。完善的基础设施能够降低企业的运营成本，提高物流效率和信息流通速度，为跨境技术流动和合作创造便利的条件。而在便利的跨境技术流动与合作过程中，企业更易接触、模仿和吸收海外技术，并进行技术的再创新。关于财政支出强度的衡量指标，本节拟参照刘英基（2018）与陈治（2023）的方法，以地方财政支出占地方生产总值的比重来进行衡量，其中各地区的地方财政支出数据选自国家统计局。

6. 人力资本

人力资本代表着地区的研发能力，对于企业吸收和理解外部技术至关重要。大量的研究已经相继证实人力资本对企业创新能力升级的关键作用。若某一国家（地区）具备大量高素质的研发人员与管理人员，这些高素质人才能够迅速识别并吸纳这些逆向技术溢出知识，缩短知识吸收消化的周期并提升企业创新研发的效率，从而从整体上促进企业的自主创新。而人力资本结构较差的国家（地区）将耗费更多的时间接受、吸收海外新知识，甚至挤占其余研发活动所需的资源，这反而会阻滞企业的创新速度。就人力资本水平的衡量指标来看，由于企业研发创新活动更多依靠高素质的研发人员，因此本节拟选用 R&D 人员全时当量来衡量地区的人力资本水平，R&D 人员全时当量数据选自《中国科技统计年鉴》。

7. 研发强度

研发强度直接反映了国家（地区）在技术研发和创新活动上的资源投入程度。研发强度较高的国家（地区）通常具备较好的技术基础，这意味着这类国家（地区）能够加速技术溢出的过程，更有效地将海外技术与知识转化为独特的竞争力。此外，这类国家（地区）能够构建包括企业内部研发团队、研发合作伙伴以及科研机构在内的完善的创新生态系统，这种创新生态系统能够促进知识、技术的流动与应用，进一步推动当地企业的自主创新。而研发强度的衡量指标的处理方式与第 6 章一致，这里不再赘述。

通过上述分析，可以看出当经济发展程度、金融发展水平、对外开放程度、贸易依存度、财政支出强度以及人力资本等方面存在地区异质性时，不同地区的 OFDI 逆向技术溢出效应也会有所不同。具体而言，若一个地区的经济发展程度、金融发展水平、对外开放程度、贸易依存度、财政支出强度等因素达到一定程度时，就能为地区企业提供较优质的创新环境基础，企业的学习能力和研发能力会进一步增强，也就意味着其对从不同渠道获取的国际技术溢出的吸收能力也会随之增强。反之，若一个地区的经济发展程度、金融发展水平以及对外开放水平等因素的发展较差，且未达到需求水平，也就无法为地区企业提供优质的创新环境基础，企业的吸收能力就会受到创新基础的限制，其对从 OFDI 渠道获取的技术溢出的吸收能力就会大打折扣，也就无法完全发挥出逆向技术溢出对企业自主创新能力的提升效应。因此，通过分析这些门槛变量对 OFDI 逆向技术溢出提升效应的影响，可以更详细地揭示地区吸收能力的构成要素，以及它们如何共同作用于企业的创新过程。接下来将深入考察这些门槛变量在描述性统计上的具体表现，以及为这些门槛变量影响 OFDI 逆向技术溢出的提升效应提供实证依据。

本章门槛回归模型采用了 2004 ~ 2020 年 11 个省份的面板数据，在进行实证分析之前，需要对各个变量进行描述性统计分析，以了解变量数据的分布情况。同时，为了减少极端值的影响并提升数据的平稳性，将对部分变量进行取对数处理，由此可得到各变量的描述性统计结果，如表 7.1 所示。企业自主创新能力（lnINN）、OFDI 逆向技术溢出（lnS^{ofdi}）、IFDI 技术溢出（lnS^{ifdi}）、进口贸易技术溢出（lnS^{im}）以及 7 个门槛变量的最大值和最小值均表现出较大的差距，这表明西部地区的自主创新能力、OFDI 逆向技术溢出、IFDI 技术溢出、进口贸易技术溢出及门槛变量在样本期内均存在显著差异。同时，lnINN、lnS^{ofdi}、lnS^{ifdi}、lnS^{im}、TRA、PGDP、RD 这 7 个变量的中位数和平均值之间的差距范围较大，意味着数据分布偏右，这也进一步说明在样本期内，部分年份存在较大的观测值从而拉高了整体的平均水平；而 H、FIN、Open、GI 这四个变量的中位数和平均值之间的差距范围较小，进一步表明数据分布的对称程度和均匀程度较高。

表 7.1　　　　　　　　　　　　变量描述性统计

变量	变量定义	观测值	平均值	中位数	最小值	最大值
lnINN	企业自主创新能力的对数值	187	8.429	1.521	4.248	11.59
lnS^{ofdi}	OFDI 逆向技术溢出的对数值	187	9.181	3.033	1.995	14.00
lnS^{ifdi}	IFDI 技术溢出的对数值	187	8.335	1.773	3.705	11.46
lnS^{im}	进口贸易技术溢出的对数值	187	9.968	1.445	6.237	12.74
H	研发人员全时当量	187	36 631	35 261	2 501	189 829
FIN	金融机构存贷款余额占地区生产总值的比重	187	3.084	1.622	1.637	23.23
TRA	进出口贸易额占地区生产总值的比重	187	0.116	0.0665	0.00763	0.401
Open	实际利用外资额占地区生产总值的比重	187	0.0134	0.0125	0.000107	0.0672

续表

变量	变量定义	观测值	平均值	中位数	最小值	最大值
PGDP	人均生产总值	187	30 048	17 190	4 244	78 294
GI	地方财政支出占地区生产总值的比重	187	0.320	0.195	0.129	2.378
RD	R&D经费投入占地区生产总值的比重	187	0.0103	0.00588	0.00254	0.0410

7.3　门槛效应检验与结果分析

7.3.1　门槛效应检验

本节将运用Stata软件检验模型（7.10）与模型（7.11）是否通过原假设，即是否存在门槛效应。若存在门槛效应，本节将进一步检测是否存在单一门槛、双重门槛或三重门槛。此次分析自体抽样设置为300次，最后本节将就门槛估计结果进行分析，门槛效应分析结果如表7.2所示。

表7.2　　　　　　　　　　门槛效应检验结果

门槛变量	类型	F值	P值	Bootstrap
PGDP	单一门槛	36.37	0.0167 *	300
	双重门槛	13.93	0.1200	300
	三重门槛	15.24	0.4600	300
FIN	单一门槛	53.63	0.0000 ***	300
	双重门槛	22.25	0.0933 *	300
	三重门槛	9.03	0.7800	300
Open	单一门槛	70.63	0.0067 **	300
	双重门槛	21.48	0.0367 *	300
	三重门槛	23.11	0.5733	300
TRA	单一门槛	79.97	0.0000 ***	300
	双重门槛	19.67	0.0200 *	300
	三重门槛	17.59	0.5367	300
GI	单一门槛	23.10	0.0600 *	300
	双重门槛	34.62	0.0000 ***	300
	三重门槛	10.71	0.5600	300

续表

门槛变量	类型	F 值	P 值	Bootstrap
H	单一门槛	12.15	0.4333	300
	双重门槛	7.81	0.7000	300
	三重门槛	8.43	0.6767	300
RD	单一门槛	32.16	0.0367 *	300
	双重门槛	7.51	0.6933	300
	三重门槛	6.51	0.5767	300

注：***、**、* 分别表示在 1%、5%、10% 水平上显著。

如表 7.2 所示，经济发展程度与研发强度的 P 值分别为 0.0167、0.0367，且均在 10% 的水平上通过单一门槛检验，但未通过双重门槛和三重门槛检验。金融发展水平、对外开放程度、贸易依存度以及财政支出强度的 P 值分别为 0.0000、0.0067、0.0000、0.06，分别在 1%、5%、1% 和 10% 的水平上通过单一门槛检验；就双重门槛检验所对应的 P 值分别为 0.0933、0.0367、0.0200 和 0.0000，分别在 10%、10%、10% 和 1% 的水平上通过显著性检验；但均未通过三重门槛检验。人力资本存量在单一门槛、双重门槛和三重门槛的检验上均不显著。就上述分析来看，经济发展程度与研发强度存在单一门槛，这说明当经济发展程度和研发强度超过某一特定的水平时，OFDI 逆向技术溢出会对企业自主创新能力产生显著影响。金融发展水平、对外开放程度、贸易依存度与财政支出强度存在双重门槛，这意味着当金融发展水平、对外开放程度、贸易依存度以及财政支出强度处于较低水平时，OFDI 逆向技术溢出并不会显著促进企业的自主创新能力；当金融发展水平、对外开放程度、贸易依存度以及财政支出强度达到第一个门槛值时，OFDI 逆向技术溢出对企业自主创新能力的影响效应就会发生变化；当这些门槛变量达到第二个门槛值时，OFDI 逆向技术溢出对企业自主创新能力的影响效应再次发生变化。人力资本存量未达到门槛值，这表明在当前的范围和水平内，人力资本存量未能显著影响 OFDI 逆向技术溢出的提升效应。

7.3.2　门槛值估计结果与置信区间

在确定各个门槛变量是否存在门槛效应后，将继续检验门槛变量的门槛值与置信区间，以验证本次门槛效应结果的准确性，检验结果如表 7.3 所示。通过表 7.3 可以看出，经济发展程度的单一门槛值为 6 103，研发强度的单一门槛值为 0.0095。金融发展水平、对外开放程度、贸易依存度与政府干预程度的双重门槛值分别为 2.7532、0.0011、0.0311、0.3724。为了更清晰地展现各个门槛变量的门槛值与置信区间，下面将继续构造似然比函数图（LR 图形），具体如图 7.1 ~ 图 7.5 所示。图中水平虚线代表 5% 置信区间，黑色曲线则代表似然比估计量，黑色曲线的最低点为峰值。通过似然比图来判断门槛检验是否有效的方法是观察似然比估计量的峰值是否位于 5% 的置信区间以下，即寻找黑色曲线的最低点（峰值）是否在水平虚线之下，是否与水平虚线形成交点。图 7.1 ~ 图 7.5 显示，各个门槛变量的单一门槛与双重门槛的似然比估计量均与水平虚线有交点，除人力资本变量外，其余门槛变量的门槛值均位于水平虚线之下，即小于其拒绝域，这也就说明了该门槛检验与门槛效应是有效的。

表 7.3　　　　　　　　　　　　门槛值估计结果与置信区间

变量	门槛值 γ_1		门槛值 γ_2	
	估计值	95% 的置信区间	估计值	95% 的置信区间
PGDP	6 103	[4244, 9035]	—	—
FIN	2.7532	[2.6276, 2.7568]	3.3849	[3.3849, 3.1524]
Open	0.0011	[0.0006, 0.0011]	0.003	[0.0029, 0.0031]
TRA	0.0311	[0.0173, 0.0737]	0.0491	[0.0454, 0.0533]
GI	0.3724	[0.3650, 0.3742]	0.4512	[0.4400, 0.4560]
RD	0.118	[0.0111, 0.0119]	—	—

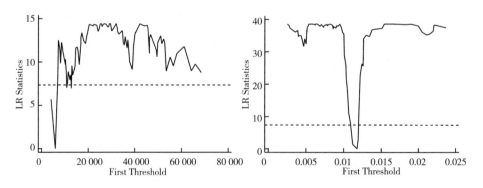

图 7.1　经济发展程度（PGDP）与研发强度（RD）的门槛估计值与置信区间

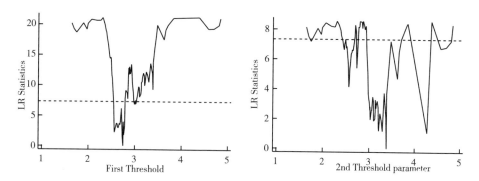

图 7.2　金额发展水平（**FIN**）的门槛估计值与置信区间

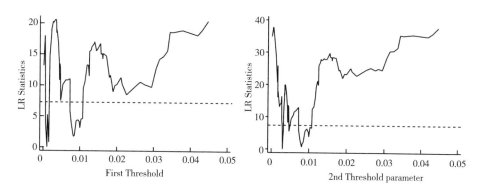

图 7.3　对外开放程度（**Open**）的门槛估计值与置信区间

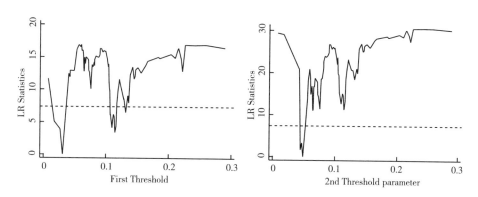

图 7.4　贸易依存度（**TRA**）的门槛估计值与置信区间

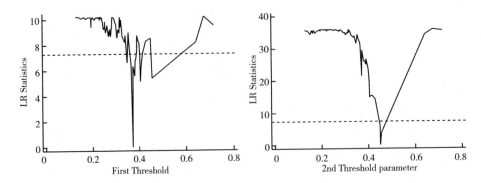

图 7.5　政府干预程度（GI）的门槛估计值与置信区间

面板门槛效应与置信区间的估计结果能再次证实，经济发展程度与研发强度具有单一门槛，金融发展水平、对外开放程度、贸易依存度与政府干预均具有双重门槛，而人力资本存量未达到门槛值。

7.3.3　门槛回归与结果分析

为了进一步探析各个门槛变量对 OFDI 逆向技术溢出的自主创新提升效应的影响，本节将基于上述的门槛效应检验结果，继续对面板门槛模型进行回归检验，检验结果如表 7.4 所示。

表7.4　　　　　　　　　　门槛回归检验结果

变量	PGDP	FIN	Open	TRA	GI	RD	H
lnS^{ifdi}	0.345 *** (0.033)	0.253 * (0.092)	0.190 * (0.092)	0.151 * (0.067)	0.227 * (−24.359)	0.171 (0.120)	0.313 ** (0.113)
Open	−0.461 *** (0.057)	−22.294 *** (4.306)	—	−13.991 * (4.801)	−24.359 ** (6.789)	−33.942 *** (4.893)	−34.441 *** (9.189)
RD	−0.220 (0.166)	34.682 (25.409)	27.030 (20.491)	6.639 (10.681)	27.486 * (11.615)	—	19.134 (24.298)
GI	0.428 ** (0.117)	−0.952 * (0.427)	−0.127 (0.359)	0.468 * (0.189)	—	0.240 (0.178)	0.163 (0.418)
lnS^{im}	0.120 (0.082)	0.317 * (0.101)	0.389 ** (0.079)	0.053 ** (0.116)	0.456 ** (0.117)	0.278 * (0.126)	0.332 *** (0.103)

续表

变量	PGDP	FIN	Open	TRA	GI	RD	H
$\ln S_{it}^{ofdi} \cdot I$ $(q_{it} \leqslant \gamma_1)$	0.064 * (0.025)	0.147 ** (0.042)	0.229 *** (0.031)	0.231 *** (0.036)	0.160 ** (0.047)	0.172 * (0.057)	0.267 *** (0.036)
$\ln S_{it}^{ofdi} \cdot I$ $(\gamma_1 < q_{it} \leqslant \gamma_2)$	0.104 ** (0.030)	0.178 ** (0.043)	0.176 *** (0.029)	0.160 ** (0.035)	0.265 ** (0.054)	0.262 ** (0.061)	0.044 (0.039)
$\ln S_{it}^{ofdi} \cdot I$ $(q_{it} > \gamma_2)$	0.147 ** (0.032)	0.273 *** (0.038)	0.134 ** (0.032)	0.128 ** (0.035)	0.116 * (0.025)	0.230 ** (0.065)	0.158 *** (0.036)
C	0.659 (1.241)	2.029 (1.118)	1.196 (0.682)	0.431 (0.860)	0.770 (1.025)	2.645 * (1.450)	1.271 (0.711)
R^2	0.917	0.725	0.741	0.785	0.731	0.726	0.867
N	187	187	187	187	187	187	187

注：***、**、* 分别表示在1%、5%、10%水平上显著。

从经济发展程度来看，由于经济发展程度具有单一门槛效应，因此需要关注经济发展程度未达到门槛值（$q_{it} \leqslant \gamma_1$）与跨越门槛值（$\gamma_1 < q_{it} \leqslant \gamma_2$）下的差异情况。当经济发展程度未达到门槛值时，$\ln S_{it}^{ofdi} \cdot I(q_{it} \leqslant \gamma_1)$ 的系数为 0.064，在10%的水平上显著，即人均生产总值低于6 103元时，OFDI 逆向技术溢出每增加10%，企业自主创新能力仅增加0.064%；当经济发展程度跨越门槛值时，$\ln S_{it}^{ofdi} \cdot I(\gamma_1 < q_{it} \leqslant \gamma_2)$ 的系数提升至0.104，且在5%的水平上显著，说明人均生产总值超过6 103元时，OFDI 逆向技术溢出每增加5%，企业自主创新能力就提升0.104%。由此可见，当经济发展到一定程度时，从 OFDI 渠道获取的国际研发技术溢出对企业创新能力的提升效应越发强烈。其主要原因可能在于，第一，西部地区地域辽阔、资源丰富，但其经济发展长期受到基础设施不足、人才外流、产业结构单一等问题的制约。然而，近年来随着西部大开发战略的深入推进，西部地区的基础设施建设得以不断完善，产业结构日益多元化，这为企业跨越技术吸收门槛奠定了一定的基础，使得地区企业能够更有效地吸收技术溢出并不断提升自身研发能力。第二，经济发展水平提升的同时国内消费者对多元化和高质量产品的购买能力与需求更加强烈，为了满足市场需求，企业需要不断夯实自身的技术基础，而良好的技术基础也增强了企业的吸收能力，企业可以更快地吸收来自海外的先进知识，并进行本土化创新。

从研发强度来看,当研发强度低于门槛值时,$\ln S_{it}^{ofdi} \cdot I(q_{it} \leq \gamma_1)$ 的系数为 0.172,且在 10% 的水平上显著,即地区研发强度低于 0.3724 时,OFDI 逆向技术溢出每增加 10%,企业自主创新能力仅提升 0.172%;当研发强度跨越门槛值时,$\ln S_{it}^{ofdi} \cdot I(\gamma_1 < q_{it} \leq \gamma_2)$ 的系数提升至 0.262,且在 5% 的水平上显著,这说明地区研发强度超过 0.3724 时,OFDI 逆向技术溢出每增加 5%,企业自主创新能力就提升 0.262%。这意味着当研发强度达到一定水平时,地区企业对海外知识的吸收能力就会更强。究其原因可能有以下两点,第一,在"十四五"时期,西部陆海新通道合作省份充分重视研发创新活动,2004~2020 年的研发经费投入从 27.66 亿美元增长至 388.79 亿美元,各地区的科研机构、企业以及高等院校的创新实力不断增强,社会整体的研发基础在一定程度上得以改善,因而能够通过引进、消化吸收海外先进技术与产品来提升地区企业研发能力。第二,西部地区各省份具有不同的要素禀赋和产业优势,这些地区在合理利用自身优势的同时积极探索出差异化的创新道路,这种因地制宜的创新模式赋予了各个地区在某一方面的创新优势,不同地区企业对这些差异性的知识的吸收能力会更强。

从金融发展水平来看,由于门槛变量金融发展水平具有双重门槛效应,因此需要关注金融发展水平在 $(q_{it} \leq \gamma_1)$、$(\gamma_1 < q_{it} \leq \gamma_2)$ 以及 $(q_{it} > \gamma_2)$ 下的差异情况。在 $\ln S_{it}^{ofdi} \cdot I(q_{it} \leq \gamma_1)$、$\ln S_{it}^{ofdi} \cdot I(\gamma_1 < q_{it} \leq \gamma_2)$ 以及 $\ln S_{it}^{ofdi} \cdot I(q_{it} > \gamma_2)$ 下的系数分别为 0.147、0.178 与 0.273,且分别在 5%、5% 和 1% 的水平上显著。这意味着当金融发展水平低于 2.7532 时,OFDI 逆向技术溢出每增加 5%,企业自主创新能力就增加 0.147%;处于 2.7532~3.3849 时,OFDI 逆向技术溢出每增加 5%,企业自主创新能力就会增加 0.178%;跨越 3.3849 时,OFDI 逆向技术溢出每增加 1%,企业自主创新能力就会增加 0.273%。这意味着金融发展水平达到一定程度时,地区企业对海外知识的吸收能力也会更强。得益于金融供给侧结构性改革工作的持续推进,截至 2022 年末西部地区贷款余额较 2020 年增长约 23 倍,约占全国整体的 20%。西部地区金融生态环境不断优化,企业融资成本逐渐降低,企业还贷压力的减小有效加速了企业对新知识的吸收能力,并激发了企业的创新动力。

从对外开放程度来看,在 $\ln S_{it}^{ofdi} \cdot I(q_{it} \leq \gamma_1)$、$\ln S_{it}^{ofdi} \cdot I(\gamma_1 < q_{it} \leq \gamma_2)$ 以及 $\ln S_{it}^{ofdi} \cdot I(q_{it} > \gamma_2)$ 下的系数分别为 0.229、0.176、0.134,且分别在 1%、1% 与 5% 的水平上显著。这说明当对外开放程度未达到 0.0011 时,OFDI 逆

向技术溢出每增加 1%，企业自主创新能力就会提升 0.229；处于 0.0011 ~ 0.003 时，OFDI 逆向技术溢出每增加 1%，企业自主创新能力仅提升 0.176；跨越 0.003 时，OFDI 逆向技术溢出每提升 5%，企业自主创新能力仅增加 0.134。由此可见，对外开放程度达到一定水平时，OFDI 逆向技术溢出对企业创新能力的提升效应逐渐衰减。自改革开放以来，"引进来"的外资政策在增加就业岗位、引进先进技术以及增加税收等方面作出了较大的贡献，得益于引入外资所带来的先进管理经验与技术知识，部分地区企业基于原有的经济技术基础取得了较大的进步，尤其是东部沿海地区企业。相较于东部地区企业，西部地区企业由于发展起步晚且综合实力较弱，实力雄厚的跨国企业反而会对当地企业造成挤出效应，进一步削弱了西部地区企业对海外知识的吸收能力。

从贸易依存度来看，在 $\ln S_{it}^{ofdi} \cdot I(q_{it} \leq \gamma_1)$、$\ln S_{it}^{ofdi} \cdot I(\gamma_1 < q_{it} \leq \gamma_2)$ 以及 $\ln S_{it}^{ofdi} \cdot I(q_{it} > \gamma_2)$ 下的系数分别为 0.231、0.16 与 0.128，且分别在 1%、5%、5% 的水平上显著。这表明当贸易依存度低于 0.0311 时，OFDI 逆向技术溢出每增加 1%，企业自主创新能力会提升 0.231；处于 0.0311 ~ 0.0491 时，OFDI 逆向技术溢出每增加 5%，企业自主创新能力仅提升 0.16；跨越 0.0491 时，OFDI 逆向技术溢出每增加 5%，企业自主创新能力仅提升 0.128。由此可见，对贸易的依赖程度越高，OFDI 逆向技术溢出对企业自主创新能力的提升效应呈消极态势。若企业对贸易的依赖程度较高，可能会投入更多的资源用于国际市场竞争，这反而会减少企业在技术创新方面的投入，进而减缓企业对海外技术溢出的吸收速度。另外，国际市场在带来市场机会的同时也会带来激烈的竞争，为了制衡竞争对手企业可能更加重视短期竞争优势而忽视了长期的创新投入，进而削弱企业在技术创新方面的意愿和能力。

从财政支出强度来看，在 $\ln S_{it}^{ofdi} \cdot I(q_{it} \leq \gamma_1)$、$\ln S_{it}^{ofdi} \cdot I(\gamma_1 < q_{it} \leq \gamma_2)$ 以及 $\ln S_{it}^{ofdi} \cdot I(q_{it} > \gamma_2)$ 下的系数分别为 0.16、0.265、0.116，且分别在 5%、5%、10% 的水平上显著。这表明当财政支出强度低于 0.3724 时，OFDI 逆向技术溢出每增加 5%，企业自主创新能力就提升 0.16；处于 0.3724 ~ 0.4512 时，OFDI 逆向技术溢出每增加 5%，企业自主创新能力就提升 0.265%；跨越 0.4512 时，OFDI 逆向技术溢出每增加 10%，企业自主创新能力就会提升 0.116%。可以发现，地区财政支出强度越高，通过 OFDI 渠道获取的国际研发技术溢出对企业自主创新能力的提升效应呈现先升后降的趋势。

地区政府实施的政策措施倾向于保护并扶持当地企业的发展。在政策出台的初始阶段，这些举措有助于创造良好的创新环境，包括税收优惠、创新孵化平台、知识产权保护等，这些政策激发了企业创新的积极性。在企业创新研发过程中，其吸收能力也相应增强，企业对 OFDI 技术溢出的吸收能力也不断提高。然而，当财政支出强度达到较高水平时，政策的边际效益开始递减，甚至可能出现资源错配，导致部分企业形成产业惰性而忽视市场导向的创新，降低了企业自主创新能力的持续提升空间。

7.4　本章小结

本章研究得出以下主要结论：（1）经济发展程度与研发强度存在单一门槛；金融发展程度、对外开放程度与政府干预存在双重门槛；人力资本存量未达到门槛值。（2）当人均生产总值超过 6 103 元时，OFDI 逆向技术溢出对企业创新能力的提升效应越发明显；当 R&D 经费投入占地区生产总值的比值超过 0.118 时，地区企业对海外知识的吸收能力就会更强；当金融机构年末存贷款余额比值超过 2.7532 时，地区企业对海外知识的吸收能力会有所增强，但当其超过 3.3849 时，地区企业对海外知识的吸收能力反而会弱化；当实际利用外资额占地区生产总值比值超过 0.0011 时，OFDI 逆向技术溢出对企业创新能力的提升效应会减弱，当其超过 0.003 时，OFDI 逆向技术溢出对企业创新能力的提升效应会进一步减弱；当进出口贸易额占地区生产总值比值超过 0.0311 时，OFDI 逆向技术溢出对企业自主创新能力的提升效应会减弱，当其超过 0.0491 时，OFDI 逆向技术溢出对企业自主创新能力的提升效应也会进一步减弱；当政府公共财政支出占地区生产总值比值超过 0.3724 和 0.0491 时，OFDI 逆向技术溢出对企业自主创新能力的提升效应呈现先升后降的趋势。

第8章 中国企业对西部陆海新通道沿线国家（地区）直接投资的案例分析

8.1 A 股份有限公司

8.1.1 案例背景

北部湾港北靠重庆、云南、贵州，东邻广东、海南、香港、澳门，西接越南，南濒海南岛，地处华南经济圈、西南经济圈与东盟经济圈的接合部，是国家发展"一带一路""海上丝绸之路"的重要节点港口。北部湾港包括防城港、钦州港、北海港3个港区，它是我国西部地区唯一一个与东盟国家既有海上通道又有陆地相邻的区域，是西南地区最便捷的出海通道，区位优势明显，独特的地理区位优势让北部湾港成为西南地区和东盟国家最便捷的海陆连接节点。

北部湾港承载着国家构建面向东盟的国际大通道、打造西南中南地区开放发展新的战略支点、建设"21世纪海上丝绸之路"与"丝绸之路经济带"有机衔接的重要门户等战略任务。随着"一带一路"建设深入推进和西部陆海新通道建设获得国家高度重视与支持，地方政府正在加大对港口物流发展的政策扶持力度。RCEP生效实施，西部地区与东南亚等国家及地区物资贸易量越来越大，为北部湾港发挥区位优势、推动高水平对外开放、加快融入新发展格局带来重大发展机遇。A 股份有限公司（以下简称 A 公司）是广西北部湾地区的国有公共码头运营商，主要从事集装箱和散杂货的港口装卸、堆存及港口增值服务。公司地处泛北部湾经济圈、泛珠三角区域经济圈和中国—东盟经济圈的交汇处。

2021年2月，中共中央、国务院印发了《国家综合立体交通网规划纲要》，明确将北部湾港与上海港、广州港等港口一并列为国际枢纽海港，为北部湾港的发展带来了新的机会，描绘了新的蓝图。2023年12月28日，北部湾港北海铁山东港区正式开港。近年来，A公司强化经营管理，深化改革创新，推动港口转型升级，紧抓"一带一路"和西部陆海新通道建设机遇，主动服务和融入"双循环"新发展格局，加快打造北部湾国际门户港和国际枢纽海港。

北部湾港作为西部陆海新通道建设的主要推动者、建设者和运营者，主要承担北部湾港—重庆、北部湾港—香港、北部湾港—新加坡三个方向公共班列、班轮的运营，同时积极推动西部陆海新通道沿线海铁联运班列常态化开行。西部陆海新通道陆路可以通过目前已开通的覆盖10省份39市76站的班列将货物快速便捷地运抵重庆、云南、四川、贵州、甘肃等西部内陆及湖南等中部地区。海路可以通过北部湾港—香港、北部湾港—新加坡方向的班轮中转接驳上远洋航线母船，最终可以实现全球航线主要网点的全覆盖。

8.1.2　公司概况与发展现状

1. 基本信息

A公司是大型国有企业控股上市公司。公司成立于1989年，1995年成功上市，成为中国港口行业及广西最早的上市公司之一。2013年，A公司成为全国率先完成区域港口一体化的企业，是广西北部湾地区国有公共码头的唯一运营商，也是西南地区最大的港口运营商。近年来，A公司强化经营管理，深化改革创新，推动港口转型升级，紧抓"一带一路"、西部陆海新通道、北部湾国际门户港、国际枢纽海港等发展机遇，全力构建"向海经济"新格局。

2. 主营业务与经营模式

A公司是一家专注于提供全方位港口服务的企业，其业务范围广泛，包括货物装卸、港口仓储、港口拖轮服务、外轮理货以及无船承运等。公司的核心运营模式涵盖了港口装卸堆存业务、拖轮及港务管理、物流代理业务和理货业务四大板块。

港口装卸堆存业务：这一板块专注于处理集装箱和散杂货的装卸工作。对于集装箱，A 公司不仅提供靠泊和装卸服务，还为船舶公司及货主提供集装箱的存储服务，同时也向拖车公司提供吊箱支持。此外，公司还开展集装箱的拆拼箱、租赁和维修等增值服务。至于散杂货装卸，A 公司主要负责粮食、钢材、金属矿石和煤炭等货物的搬运和堆场存放。

拖轮及港务管理：这部分业务旨在通过拖轮服务保障船舶的安全进出港，并进行有效的港务管理，确保港口运作的高效有序。

物流代理业务：A 公司通过提供货运代理、船舶代理、场站操作和仓储服务，构建起一条完整的物流链，满足客户从运输到仓储的多样化需求。

理货业务：为了确保货物交接的准确性，A 公司提供专业的理货服务，细致核对货物的数量和状况，为客户提供无忧的货物管理体验。

3. 港口设施与航线布局

截至 2024 年初，A 公司在我国沿海地区掌控着一个庞大的港口网络，旗下拥有一系列高规格的生产性泊位，其中包括了大量万吨级以上乃至更高等级的泊位，这些泊位能够处理各类大型船舶，展现出企业强大的港口运营能力。年吞吐量惊人，足以支撑海量的货物运输，特别是集装箱运输，其能力更是突出，确保了国内外贸易的畅通无阻。A 公司的航线布局覆盖全球，与世界各地的主要港口建立了紧密的联系，形成了一个四通八达的海运网络。无论是远渡重洋还是国内航线，A 公司都拥有丰富的航线资源，连接着众多国家（地区），触及全球各大经济区域。国际航线深入东南亚、日韩、北美、南美、南非和太平洋岛国，而国内航线则遍布中国沿海重要港口，如营口、天津、青岛、上海、宁波、广州、深圳和厦门等，构建起了一个无缝对接的物流体系。

北部湾港形成"一港三域"协同发展格局，明确港口相对差异化分工推动资源集中。其中，钦州港区重点打造国际集装箱干线港和油品运输中转基地，兼顾临港企业散杂货；防城港市打造大宗散货集散枢纽，兼顾配套临港集装箱功能；北海港铁山港区重点服务临港企业、桂东南区域企业。三港通过海上"穿梭巴士"，促进三港域班轮共享、运力衔接、功能组合。

8.1.3 企业对外投资及海外发展

在跨境合作方面，A公司主动寻求与沿线国家（地区）的合作机会，通过参与跨境基础设施建设、贸易便利化、投资自由化等多方面的合作项目，努力打破地域界限，促进资金、技术、人才等生产要素的自由流动。在推动区域经济一体化方面，A公司不仅倡导和参与制定了一系列区域合作机制和规则，还通过实际行动，如促进贸易和投资自由化、推动人员往来便利化等，为区域经济一体化贡献了实质性力量。A公司的这些努力，极大地促进了沿线国家（地区）间的经济交流和合作，为区域经济的繁荣和发展注入了新的动力。A公司在跨境合作方面的积极参与和推动，不仅有助于实现自身的国际化发展战略，更为区域经济一体化进程和经济交流合作的深化作出了重要贡献。

1. 投资领域

A公司作为广西北部湾地区的重要港口运营企业，其对外投资战略经过了深思熟虑且布局广泛。该公司在多个领域均有涉及，不仅限于物流、贸易，还涵盖了金融、工业以及农业等多元化业务领域。其核心目标是通过构建多元化的业务布局，与全球各地的合作伙伴建立稳固的关系，从而推动海外市场的持续、稳定发展，实现多方共赢。

在物流基础设施建设方面，A公司积极实施"走出去"战略，沿着西部陆海新通道在多个国家（地区）进行了深入的投资与布局。这些投资主要集中在码头、堆场以及仓储等关键物流基础设施的建设上。通过引进先进的技术与管理经验，A公司在这些国家（地区）打造了一系列高效、现代化的物流枢纽。这些新建的物流基础设施不仅具备了先进的海上运输能力，还配备了高效的装卸搬运设备和完善的仓储管理系统。这些设施为当地及周边地区的企业提供了全方位的物流服务，大幅提升了物流效率和降低了物流成本。值得一提的是，这些物流基础设施的建设不仅为当地企业带来了便捷的物流支持，更是为整个区域经济的发展注入了新的活力。通过这些基础设施，当地的商品能够更加顺畅地流通，进而促进了贸易的繁荣和市场的活跃。同时，这些设施也吸引了更多的外来投资，进一步推动了区域经济的快速增长和发展。总的来说，企业在物流基础设施建设方面的投资与布局，不仅提升了自身的物流服务能力，也为当地企业和整个区域经济带来了实实在在的利益。

在贸易方面，A 公司积极拓展与西部陆海新通道沿线国家（地区）企业的合作空间。通过深入了解各国（地区）市场需求和资源禀赋，A 公司与这些国家（地区）的企业建立了紧密的贸易伙伴关系，共同致力于开拓广阔的国际市场。为了实现这一目标，该公司不仅提供了高质量的商品和服务，还通过举办各类贸易洽谈会、展览会等活动，为双方企业搭建了一个展示产品、交流信息的平台。这些活动有效促进了商品的流通，使得各国（地区）的特色产品能够更广泛地进入国际市场，满足不同消费者的需求。此外，该公司还积极参与国际贸易规则的制定和谈判，努力为合作企业争取更加公平、合理的贸易环境。通过这些努力，A 公司与沿线国家（地区）企业的贸易合作不断深化，贸易额持续增长，为双方带来了显著的经济效益。

在金融方面，A 公司不仅与西部陆海新通道沿线国家（地区）的金融机构建立了稳固的合作关系，还共同探索了一系列创新的金融服务模式。这些合作旨在为公司提供全方位的金融支持，从而推动当地经济的持续增长和发展。该公司与沿线国家（地区）的金融机构紧密合作，针对当地企业的实际需求，提供了包括融资、保险以及结算在内的综合性金融服务。通过这些服务，当地企业能够获得稳定、低成本的资金来源，为其业务拓展和项目投资提供有力的资金支持。同时，保险服务则为企业提供了风险保障，降低了其在经营过程中可能面临的各种风险。而高效的结算服务则大幅提升了企业的资金周转率，降低了资金成本。此外，A 公司还积极与沿线国家（地区）的金融机构开展金融创新和跨境金融业务合作。这些合作不仅丰富了金融服务的内容，还提高了金融服务的便利性和可及性，使得更多的当地企业能够享受到优质的金融服务。通过这些金融合作，该公司为当地企业的发展提供了有力的金融支持，推动了当地经济的繁荣和发展。这些合作也进一步加深了 A 公司与沿线国家（地区）金融机构的合作关系，为未来的金融合作奠定了坚实的基础。

在工业方面，A 公司积极与西部陆海新通道沿线国家（地区）的企业携手，共同开展深层次的工业合作项目。这些合作项目不仅涵盖了传统的工业生产领域，还扩展到了新兴技术和创新产业。为了推动产业升级和转型，A 公司与合作伙伴共同投资建设了多个现代化的工业园区。这些园区不仅提供了先进的生产设施和完善的基础设施，还引入了高端制造业、高新技术产业等，通过技术创新和产业升级，这些工业园区正逐步成为区域经济发展的新引擎。致力于打造具有全球竞争力的产业集群。A 公司与合作伙伴共同规划、建设和管理，致力于打造现代化、高效能的产业集聚区。这些园区吸引了众多企业入驻，形成了完善的产业链条，推动了相关产业的升级和转型。同时，通过与沿线国家（地区）企业的紧密合作，A 公司还推动了技术创新和产业升级，为工业园区的可持续发展注入了新的动力。除了工业园区，该公司还与沿线国家（地区）的企业在农业基地等其他领域开展了广泛的合作。

在农业方面，A 公司积极寻求与西部陆海新通道沿线国家（地区）的农业企业进行深度合作。这种合作不仅仅停留在农产品的简单贸易上，而是深入农业资源的共同开发和农业现代化的推动中。为了充分利用各国的农业资源，A 企业与沿线国家（地区）的农业企业进行了紧密的沟通与协作，共同制定了农业资源开发的策略和规划。通过这种合作，双方能够更有效地利用土地、水源和气候等资源，实现优势互补，提高农业生产效率。在推动农业现代化方面，该公司不仅为合作伙伴提供了先进的农业技术和设备，还引入了现代化的农业管理理念。这些举措极大地提升了农业生产的专业化、集约化水平，推动了农业产业的升级和转型。同时，A 公司还非常注重农业的可持续发展。在与沿线国家（地区）农业企业的合作中，双方共同探讨了生态农业、有机农业等可持续农业发展模式，并积极推动这些模式的实践。这些合作项目不仅有助于提升当地农业生产效率，还推动了农业现代化和产业升级。通过这些努力，该公司与合作伙伴共同为农业的绿色发展、循环发展和低碳发展作出了积极贡献。

2. 投资策略

A 公司在对外投资及海外发展方面表现出了积极的态势，通过投资建设码头设施和物流园区、扩大海外业务范围、积极引进外资和技术、海外投资项目逐渐增多以及海外投资风险控制，不断扩大业务范围，引进外资和技术，提高自身的技术水平和运营能力。

投资建设码头设施和物流园区：A 公司在国内外投资建设了多个码头设施和物流园区，包括北部湾港钦州港东航道二期工程、北海港私家作业区多用途码头工程等，这些项目有助于提升公司的港口运营能力和物流效率。

扩大海外业务范围：A 公司在海外市场不断扩大业务范围，包括开展海上运输、装卸搬运、仓储管理、货运代理、船舶代理等物流业务，以及贸易业务如水泥、建材、煤炭等大宗散装货物和机械设备、电子产品等。此外，公司还积极拓展海外市场，与多家国际物流企业合作，提升公司在国际市场的竞争力。A 公司在海外业务方面不断多元化，不仅开展海上运输、装卸搬运、仓储管理等物流业务，还积极拓展贸易、金融、保险等多元化业务，以满足不同客户的需求。

积极引进外资和技术：A 公司积极引进外资和技术，与多家国际企业合作，共同开发港口物流市场。通过引进外资和技术，公司不断提升自身的技术水平和运营能力，提高公司的核心竞争力。

海外投资项目逐渐增多：近年来，A 公司的海外投资项目逐渐增多，如越南胡志明集装箱码头公司、泰国 SCA 公司等。这些海外投资项目有助于公司扩大市场份额，提高公司的国际影响力。该公司积极拓展海外市场，不断扩大公司在海外市场的份额。A 公司通过与当地政府和企业合作，共同开发港口物流市场，提高公司在国际市场的竞争力。

海外投资风险控制：A 公司在海外投资方面注重风险控制，通过加强与当地政府和企业的合作，了解当地市场环境和法律法规，确保海外投资项目的合规性和稳定性。

3. 投资成效

货物吞吐量和集装箱吞吐量：自 2017 年以来，A 公司显著提升了其货物和集装箱处理能力，展现出超越行业平均的增长速度。公司不仅增强了货物吞吐量，还在集装箱业务上取得了重大突破，稳固了其在全国沿海港口中的前十排名，彰显了公司在高价值货物运输领域的实力。这一系列成就反映了 A 公司服务质量、航线网络及综合物流服务的全面提升。通过持续优化航线布局和增加国内外直达航线，A 公司扩大了服务版图，连接了国内主要港口与全球众多目的地，深化了与"一带一路"共建国家（地区），特别是东盟国家的经贸合作。这不仅巩固了 A 公司在北部湾港的领导地位，也进一步确立了其作为国际物流和贸易枢纽的重要角色。总之，A 公司通过提高物流效率、拓宽市场覆盖和加强国际合作，实现了货物和集装箱业务的双丰收，体现了其在物流行业的竞争力和战略价值。

资产和利润总额：2017～2023 年，A 公司经历了显著的财务增长，其总资产实现了翻倍，彰显了公司在投资扩展与资产管理方面的成功。同时，公司利润总额也近乎翻番，证实了其经营策略的高效性及盈利能力的稳步提升。此外，作为开放前沿的北部湾港，A 公司在促进和服务国家新的发展格局中扮演了积极角色，作出了重要贡献，进一步推动了公司的成长。A公司通过抓住国家战略机遇，结合自身的有效运营，实现了财务健康与业务规模的双重增长。

现代化水平和综合服务能力：A公司不断提升北部湾国际门户港的现代化水平和综合服务能力，积极融入和服务构建新发展格局，服务建设中国—东盟命运共同体，深度融入共建"一带一路"，助力打造国内国际双循环市场经营便利地和粤港澳大湾区重要战略腹地。公司投资于港口基础设施的更新换代，包括深水泊位的建设、自动化装卸系统的引入，以及智能化信息系统升级。并且公司积极推进数字化转型，通过建设智慧港口平台，集成大数据、云计算、物联网等技术，实现了港口作业的智能化管理，提升了作业效率，减少了人为错误，增强了客户服务体验。这包括生产作业的自动化、客户服务的在线化，以及安全环保的智能化监控。物流链方面也得到优化，通过构建多式联运体系，公司加强了海铁联运、公水联运的能力，提升了货物集疏运效率，降低了物流成本。同时，A公司深化了与"一带一路"共建国家（地区）的合作，拓展了国际航线网络，提升了港口的国际竞争力和辐射力，使港口成为连接中国与东盟乃至更广阔市场的桥梁。

航线网络和覆盖范围：A公司致力于航线网络的优化与加密，构建了一个广泛的海运连接体系。通过其全面的航线布局，A公司能够触及全球众多的集装箱港口，服务范围遍布世界各地，强化了与东盟及其他国家的贸易纽带，并深度嵌入全球物流链条，彰显其国际物流中心的角色。公司不仅深耕外贸航线，确保与东南亚、日韩、北美、南美、南非及太平洋岛国的直接连通，促进全球商品流动，同时也重视内贸航线的建设，覆盖了中国沿海多个关键港口，如北方的营口、天津，东部的青岛、上海，南部的广州、深圳等，为国内客户提供了多样化和灵活的物流解决方案，进一步巩固了其在国内市场的物流服务网络。

这些成效表明A公司的海外投资取得了显著的成果，不仅实现了自身的快速发展，也为投资者带来了可观的回报，更在推动区域经济发展、促进国际贸易便利化等方面发挥了不可小觑的作用。

4. 投资风险与挑战

（1）投资风险。

政治和法律风险：在进行海外投资时，不同国家（地区）的政治环境可能发生变化，包括政府政策的调整、领导层变更、政治不稳定等。这些因素可能导致投资项目受到东道国（地区）政策限制、政策调整或国际政治风险的影响，增加了投资的不确定性。此外，国外法律法规的变化也是海外投资面临的风险之一。不同国家（地区）的法律体系和法规环境可能存在差异，法律法规的变化可能对投资项目产生重大影响。例如，政府可能修改相关法律法规，限制外国投资或调整投资条件，这可能对投资项目的运营和回报产生负面影响。此外，政治和法律环境的不确定性还可能导致投资项目面临合规风险。不同国家（地区）的合规要求和监管机构可能存在差异，A 公司需要更加详细、全面地了解当地法律法规和合规要求，否则可能面临罚款、诉讼或其他法律后果。因此，A 公司需要对目标国家（地区）的政治和法律环境进行更详细的熟悉和掌握，进行充分的尽职调查和风险评估，制定相应的风险管理策略，以降低政治和法律风险对投资项目的影响。同时，与当地政府、律师和专业顾问合作，确保投资项目的合规性和稳定性。

经济风险：在进行海外投资时，目标国家（地区）的经济波动是一个重要的影响因素。货币汇率波动可能对投资项目的回报率产生直接影响。如果目标国家（地区）的货币贬值，投资回报将受到影响，因为将本地货币转换为投资国家（地区）的货币时，可能会得到更少的本国（本地区）货币。相反，如果目标国家（地区）的货币升值，投资回报可能会增加。通货膨胀也是一个重要的经济波动因素。如果目标国家（地区）的通货膨胀率较高，投资项目的实际价值可能会下降。因为投资回报的实际购买力会受到通货膨胀的侵蚀。投资者需要考虑通货膨胀对投资回报的影响，并采取相应的风险管理措施。此外，经济衰退也可能对海外投资产生负面影响。经济衰退时，目标国家（地区）的经济活动减缓，市场需求下降，企业盈利能力受到压制。这可能导致投资项目的回报率下降，资产价值减少。投资者需要评估目标国家（地区）的经济前景和潜在的经济衰退风险，并制定相应的投资策略。因此，需要密切关注目标国家（地区）的经济状况和经济波动，了解货币汇率、通货膨胀和经济衰退等因素对投资项目的影响。同时，采取适当的风险管理措施，如多元化投资组合、避免过度依赖单一市场等，以降低经济波动对投资回报的风险。

市场风险：不同国家（地区）的市场环境和竞争格局可能与 A 公司在国内市场不同，包括市场需求、市场规模、竞争对手等。全球经济波动、贸易保护主义抬头、市场需求变化等宏观经济因素会影响港口业务量，进而影响投资回报。例如，国际贸易紧张局势可能导致货运量下降，影响吞吐量和收益。并且随着全球港口竞争加剧，尤其是在东南亚等地区，其他港口的快速扩张和技术创新可能侵蚀该公司的市场份额。A公司需要适应和应对不同市场的挑战，确保投资项目的可持续发展。不同国家（地区）的经济发展水平、产业结构、消费习惯等方面存在差异，这可能导致投资项目的市场表现与预期产生偏差，在进入不同国家（地区）市场之前，A公司可以进行全面的市场调研和分析，了解该市场的需求、规模、竞争对手等因素。这有助于公司制定具有适应性的市场策略。

运营风险：海外项目管理复杂，文化差异、语言障碍、人才短缺等都可能影响运营效率。不同国家（地区）有着独特的商业文化和管理方式，包括价值观、沟通方式、决策方式等。这些差异可能导致误解、摩擦和冲突，影响投资项目的运营和成功。适应当地商业文化和管理方式可以帮助A公司建立良好的合作关系，增加与当地合作伙伴和员工的沟通与理解，提高项目的执行效率和成功率。不同国家（地区）有着不同的管理方式和商业习惯。企业需要了解并适应当地的管理方式，包括组织结构、决策流程、工作方式等。另外，自然灾害、技术故障也可能对港口设施造成损害，影响正常运营。

社会与环境风险：社会与环境风险是公司在进行对外投资时必须审慎考虑的关键因素，尤其是在当前全球范围内环保意识日益增强、可持续发展目标被广泛采纳的背景下，这些风险的管理显得尤为重要。例如港口建设往往需要大量土地，涉及征地拆迁，若补偿方案不合理或沟通不畅，易引发土地权益纠纷，影响项目进度。并且当地居民可能担心外来投资会破坏原有生计方式，如渔业资源受损，或者项目带来的经济利益分配不均，从而产生抵触情绪。随着全球环保标准的提高，港口建设前需进行严格的环境影响评估（EIA），包括对海洋生态、水质、空气质量、生物多样性的影响分析。评估过程复杂，若未达标，可能需调整设计方案，增加环保投入。在运营期间，港口必须遵守严格的废水、废气排放标准，固体废物处理要求，以及噪声、光污染控制等。不合规可能导致高额罚款、运营许可撤销，甚至项目停摆。全球变暖引发的极端天气事件，如海平面上升、风暴潮等，对港口设施构成威胁。投资方需考虑长期的气候适应性规划和减排措施，如建设防波堤、采用低碳技术等，这无疑会增加成本。

（2）投资挑战。

风险管理挑战：海外投资涉及更复杂的风险管理，包括政治风险、市场风险、合规风险等。作为一项涉及多元文化和经济环境的复杂活动，其风险管理的难度往往远超国内投资。这是因为不同的国家（地区）有着不同的政治体制、法律体系、市场环境和社会文化背景，这些差异给海外投资带来了极大的不确定性和风险。正因如此，公司在进行海外投资时，必须建立起一套全面而有效的风险管理体系。这一体系不仅能及时发现并识别潜在的风险因素，还能对这些风险进行科学的评估和量化，以便公司能够制定出具有针对性的风险应对策略。

资金和融资挑战：海外投资需要大量的资金支持，包括资本投入、融资和资金流动等。资本投入是海外投资的基础。公司需要为投资项目提供充足的初始资金，以支持项目的启动和初期运营。这通常要求公司具备强大的资金实力和稳健的财务状况，以确保能够承担得起海外投资所带来的资金压力。公司需要寻找合适的融资渠道，确保项目的资金需求得到满足。然而，仅仅依靠自有资金往往难以满足海外投资的全部资金需求。因此，融资成了一个不可或缺的环节。公司需要积极寻找合适的融资渠道，如银行贷款、股权融资、债券发行等，以筹集所需的资金。在选择融资渠道时，公司需要综合考虑融资成本、融资期限、融资条件等因素，确保融资方案既能够满足项目的资金需求，又能够保持公司的财务稳健。除了资本投入和融资安排外，资金流动的管理也是海外投资中不可忽视的一环。由于海外投资涉及多个国家（地区）的金融市场，资金流动往往受到多种因素的影响，如汇率波动、跨境支付限制等。因此，公司需要建立完善的资金管理体系，确保资金能够及时、安全地流动，以满足项目的运营需求。

海外投资对公司来说既带来了机遇，也使其面临着一系列的风险和挑战。公司需要进行充分的尽职调查和风险评估，制定合适的投资策略，并建立有效的风险管理体系，以确保海外投资的成功和可持续发展。

8.1.4　A 公司对西部陆海新通道沿线国家（地区）投资分析

1. 投资概况

A 公司作为西部陆海新通道的关键节点和重要参与者，其对沿线国家

（地区）的投资活动更多体现在促进物流基础设施建设、提升港口服务能力以及加强与沿线国家（地区）的贸易合作上，旨在支持和促进西部陆海新通道的顺畅运行，而非直接进行大量的海外实体投资。A公司在西部陆海新通道沿线国家（地区）的投资主要集中在东盟国家、太平洋经济圈，通过提升港口基础设施和服务能力，为这些地区的贸易和物流活动提供了支持，推动了区域经济的发展。

东盟国家投资：作为连接中国西部和东盟国家的重要枢纽港口，A公司积极开展与东盟国家的合作与投资。通过加强港口建设和提升服务水平，A公司为东盟国家提供了便捷的贸易通道和物流服务，促进了双方的经济合作和发展。A公司在多个东盟国家开展了多个投资项目，例如，在泰国投资了港口和物流项目，具体投资项目包括港口设施的建设和升级，以及物流基础设施的发展和改善；在越南开展了多个投资项目，主要集中在港口和物流领域，投资项目涵盖了港口设施的建设、物流园区的开发以及物流服务的提升；在马来西亚进行了一些港口和物流项目的投资，这些项目包括港口设施的建设和升级，以及物流服务的提升和改善；在印度尼西亚进行了一些港口和物流项目的投资，投资项目主要涉及港口设施的建设和升级，以及物流基础设施的发展和改善，旨在开发班达亚齐港口的集装箱码头和散货码头，提高港口的货物处理能力和效率。

太平洋经济圈投资：A公司面向太平洋经济圈，积极参与该地区的投资项目。通过提升港口基础设施和服务能力，该公司为太平洋经济圈的贸易和物流活动提供了支持，推动了区域经济的发展。目前来看，A公司在太平洋经济圈的投资并非直接的资本输出或海外项目收购，而是通过自身港口功能的优化、服务能力的提升以及国际物流网络的构建，间接促进了与太平洋经济圈的深度互动和融合，在支持国家战略目标的同时，也带动了区域经济发展和国际贸易的繁荣。

2. 投资特点

A公司对西部陆海新通道沿线国家（地区）的投资项目具有多元化、可持续性和合作共赢的特点，有助于该公司在海外市场取得更好的发展业绩，并成为一家具有国际影响力的港口物流企业。同时，这些投资项目也将为当地经济的发展和转型提供支持，促进区域经济一体化进程。

多元化业务布局：A公司为了在海外市场上获得更强的竞争力，精心构建了多元化的业务布局。这一布局不仅覆盖了物流领域，还包括贸易、金融等多个重要领域。在物流领域，该公司提供了全方位的物流服务，确保货物的高效、安全运输。在贸易领域，该公司积极参与国际贸易活动，与众多国家（地区）的企业建立了稳固的贸易关系。而在金融领域，该公司通过提供融资、结算等金融服务，为海外业务提供了强大的金融支持。这种多元化业务布局使得 A 公司能够在海外市场上灵活应对各种挑战，抓住更多商机，从而大幅提升了其在国际舞台上的竞争力。

合作伙伴关系：A 公司深知，要在海外市场取得成功，单靠自身的力量是不够的。因此，A 公司积极与西部陆海新通道沿线国家（地区）的政府、企业以及金融机构等建立紧密的合作伙伴关系。这种合作不仅限于业务层面，还包括政策沟通、信息共享等多个方面。通过与各国或地区政府机构的合作，该公司能够更好地了解当地的政策环境和市场需求；与当地企业的合作，则有助于双方实现资源共享和优势互补；而与金融机构的合作，则为企业提供了稳定的资金来源和金融支持。这些合作伙伴关系的建立，为 A 公司在海外市场的拓展提供了有力的支持，共同推动了区域经济合作和贸易的繁荣发展。

可持续性发展：在积极开拓海外市场的同时，A 公司始终注重海外投资和业务发展的可持续性。A 公司深知，只有确保业务的稳健性和可持续性，才能在竞争激烈的国际市场中立于不败之地。因此，A 公司在海外投资和业务拓展过程中，始终加强风险控制和管理。这不仅包括对投资项目进行严格的风险评估和审查，还包括建立完善的风险管理体系和应急预案。通过这些措施，A 公司确保了海外投资和业务发展的稳健性，为该公司的长远发展奠定了坚实的基础。

8.1.5　A 公司发展宏观环境分析——PEST 分析

本部分从四个方面对 A 公司发展的宏观环境进行 PEST 分析，从而制定更有效的策略。以下是基于政治、经济、社会和技术四个维度的分析，如图 8.1 所示。

政治因素：我国对"一带一路"倡议、西部大开发、北部湾经济区建设的持续政策支持，为 A 公司的国际化发展提供了坚实的发展基础和环境。政策导向鼓励企业"走出去"，参与国际合作与竞争，在基础设施建设、港口

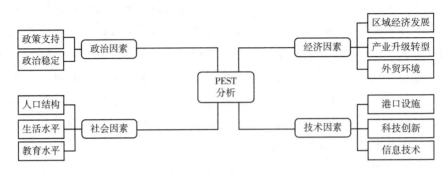

图 8.1　A 公司 PEST 分析

建设、国际物流运输、简化审批流程、提供外交与法律援助等多方面给予支持。同时，政府也在积极推动区域经济一体化和对外开放，为企业的发展提供了良好的营商环境和大市场环境。

经济因素：北部湾地区的经济发展迅速，对外贸易不断增长，为 A 公司的发展提供了广阔的市场和机遇。北部湾地区也在积极推进产业升级和转型，为港口的发展提供了新的动力。同时，国际贸易的发展对港口的运营和发展至关重要，全球经济形势和贸易政策的变化会对港口的运营产生影响。全球经济虽面临不确定性，但中国经济持续增长以及"一带一路"倡议的推进为北部湾港带来了新的经济增长点。作为西南地区重要的出海口，A 公司受益于西部大开发和东盟自由贸易区的深入合作，经济腹地广阔，经贸活动频繁。此外，《区域全面经济伙伴关系协定》（RCEP）的生效，进一步促进了区域内贸易自由化，为 A 公司的对外贸易与投资活动创造了更多机会。然而，全球经济波动、国际贸易摩擦对其国际贸易量和投资回报带来诸多不确定因素进而产生严重威胁。

社会因素：北部湾地区的人口众多，消费市场广阔，为港口的发展提供了巨大的潜力。同时，随着人们生活水平的提高，其对物流服务的需求也在不断增长，这为 A 公司的发展提供了新的机遇。高素质的劳动力对港口的发展和运营至关重要，教育水平的提高有助于提升劳动力素质。随着社会对可持续发展的重视加深，A 公司在对外投资时需高度关注绿色低碳和环境保护，确保投资项目符合国内外的环保标准和公众期待。同时，提升服务水平、满足客户多样化需求，以及促进与当地社区的和谐共处，也是提升企业形象和降低社会风险的关键。

技术因素：A 公司在技术方面不断进步，应用了先进的物流技术、信息技术和智能化技术等，提高了港口的运营效率和服务水平。同时，政府也在积极推动科技创新和数字化转型，为公司的发展提供了有力的技术支持。信息技术的应用可以提升港口的管理和运营效率，提供更好的物流服务。全球港口行业正经历技术革新，自动化、智能化技术的应用成为提升竞争力的核心要素。A 公司在对外投资时应评估目标港口的技术现代化水平，考虑投资于高科技设备和数字平台，以提升运营效率和服务质量。同时，利用大数据、云计算等信息技术优化物流链路，实现供应链的透明化和高效管理，是应对未来挑战、抓住发展机遇的重要途径。

综上所述，A 公司发展面临的宏观环境较为有利，但也存在严峻挑战。需要港口企业不断加强自身实力，提高运营效率和服务水平，积极应对市场变化和竞争压力，实现可持续发展。A 公司在进行对外投资时，需综合考虑这些 PEST 因素，制定灵活多变且具有前瞻性的策略，以充分利用有利条件，妥善应对挑战，实现海外投资项目的顺利开展与长期收益。

除了 PEST 分析，还可以考虑其他因素，例如法律环境、竞争环境和市场需求等。A 公司的发展需要遵守相关法律法规，包括贸易、税收、环保等方面的法律法规。该公司需要了解并遵守相关法律法规，避免违法违规行为的发生。港口的竞争激烈，该公司需要关注竞争对手的发展情况，及时调整自身的战略和策略，保持竞争优势。A 公司的发展需要满足市场需求，包括国内外客户的需求和供应链的需求。该公司需要深入了解市场需求，提高服务质量，增强客户满意度。A 公司发展面临的宏观环境复杂多变，需要该公司加强自身实力，积极应对市场变化和竞争压力，实现可持续发展。同时，A 公司也需要关注和应对各种挑战和机遇，制定科学合理的战略和策略，不断提高自身的竞争力和市场适应能力。

8.1.6　A 公司对外直接投资分析——SWOT 分析

本部分针对 A 公司对外直接投资的情况进行 SWOT 分析，将从优势、劣势、机会与威胁四个方面全面审视其国际投资的现状与潜力，如图 8.2 所示。

1. 优势（strength）

A 公司位于广西北部湾港，拥有优越的地理位置和良好的基础设施，具

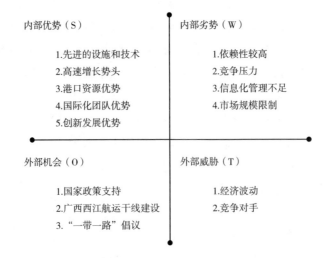

内部优势（S）

1.先进的设施和技术
2.高速增长势头
3.港口资源优势
4.国际化团队优势
5.创新发展优势

内部劣势（W）

1.依赖性较高
2.竞争压力
3.信息化管理不足
4.市场规模限制

外部机会（O）

1.国家政策支持
2.广西西江航运干线建设
3."一带一路"倡议

外部威胁（T）

1.经济波动
2.竞争对手

图8.2　A公司SWOT分析

备丰富的港口运营经验和高效的运营能力。此外，A公司与多个国家（地区）建立了良好的合作关系，为对外直接投资提供了良好的基础。

先进的设施和技术：A公司不断提升现代化水平和综合服务能力，拥有一流的设施、技术、管理和服务水平。A公司不断引进和更新先进的装卸设备，以提高港口的货物吞吐能力和效率。这些装卸设备包括起重机、门机、堆高机等，能够高效地进行货物装卸作业。A公司采用智能化系统来提升港口的管理和运营效率。这些智能化系统包括自动化集装箱码头、智能化物流管理系统等，能够实现自动化操作和精确的货物追踪。A公司拥有高效的物流管理系统，能够实现货物快速、准确、安全地运输和分配。这些物流管理系统包括货物跟踪系统、仓储管理系统等，能够提供全程可视化的物流服务。

高速增长势头：北部湾港展现出了强劲的增长势头，其货物与集装箱吞吐量在全国沿海港口中始终保持领先位置。自2017年以来，A公司显著提升了其货物处理能力，实现了货物吞吐量的大幅跃升，这一成就凸显了其作为国内关键物流节点和货物转运中心的日益增强的重要性。与此同时，A公司在集装箱业务方面也取得了显著进展，集装箱吞吐量的激增反映了其在这一领域日益增长的竞争力和市场份额。这些成果不仅巩固了A公司在行业内的地位，也标志着其在高附加值货物运输方面的能力得到了显著增强，进一步确立了北部湾港作为国际贸易和物流中心的战略地位。

港口资源优势：A 公司依托北部湾国际港这一重要的港口资源，拥有得天独厚的地理优势和物流优势。北部湾港位于中国西南地区，靠近东盟十国，是连接西南地区和东盟国家的重要出海通道。西部陆海新通道的骨干工程——平陆运河正在施工建设，运河衔接北部湾港和广西西江航运干线，建成后将成为我国西南地区运距最短、最经济、最便捷的出海通道。北部湾港作为连接江与海的重要枢纽，平陆运河的建成将为港口带来巨大的货源增量。这使得 A 公司在海外发展过程中能够更好地满足客户需求，提高物流效率，降低运营成木。

国际化团队优势：A 公司拥有一支具有国际化背景的团队，能够与不同国家（地区）的客户、合作伙伴进行有效的沟通和合作。这有助于该公司在海外市场拓展过程中，更好地了解当地市场环境和客户需求，制定合适的战略和方案。

创新发展优势：A 公司注重创新发展，不断探索新的商业模式和运营方式，以满足市场和客户不断变化的需求。在海外发展过程中，该公司能够根据当地市场的特点，灵活调整战略和方案，提高该公司的竞争力和市场占有率。

综上所述，A 公司在海外发展方面具有港口资源优势、国际化团队优势和不断创新的发展优势。这些优势有助于该公司在海外市场取得更好的业绩和发展前景。

2. 劣势（weakness）

依赖性较高：A 公司作为一个港口运营商，其业务主要依赖于货物吞吐量和集装箱吞吐量的增长，存在一定的市场风险。

竞争压力：随着中国港口行业的竞争加剧，A 公司需要不断提升自身的竞争力，以保持市场份额。

信息化管理不足：信息化水平有待提高。随着物流行业的数字化转型，A 公司需要进一步提升信息化管理水平，包括物流信息系统的建设和运营，以提高运输效率和服务质量。随着信息化管理的发展，A 公司需要加强数据安全和隐私保护措施，确保客户和合作伙伴的数据得到妥善保护。

市场规模限制：尽管 A 公司是中国内陆腹地进入中南半岛东盟国家最便捷的出海门户，但相较于一些大型港口，其市场规模可能较小，限制了对外直接投资的发展。

3. 机会（opportunity）

国家政策支持：中国政府提出了一系列支持港口发展的政策，为 A 公司提供了良好的发展机遇。同时，随着国际贸易和区域经济一体化的不断推进，A 公司的对外直接投资也将不断增长。

广西西江航运干线建设：平陆运河的建成将为 A 公司带来巨大的货源增量，进一步提升其地位和发展前景。

"一带一路"倡议：A 公司积极融入和服务构建新发展格局，深度融入共建"一带一路"倡议，可以通过与共建国家（地区）的合作，拓展市场和业务，助力打造国内国际双循环市场经营便利地和粤港澳大湾区重要战略腹地。北部湾港是广西构建以"南向"为龙头的全方位开放格局、推进北部湾城市群建设、打造"向海经济"重大产业的核心依托。

4. 威胁（threat）

经济波动：全球经济的不确定性和波动可能对 A 公司的运营与发展产生负面影响。由于国际政治、经济等因素的影响，A 公司的对外直接投资也面临着一定的风险和挑战。

竞争对手：其他港口运营商的竞争压力可能对 A 公司的市场份额和盈利能力造成威胁，A 公司面临着国内外竞争对手的激烈竞争，需要不断提高自身的竞争力和市场适应能力。

综上所述，A 公司对外直接投资的优势和机会较为明显，但也存在一定的劣势和威胁。该公司需要加强自身实力，提高运营效率和服务水平，积极应对市场变化和竞争压力，制定科学合理的战略和策略，实现可持续发展。同时，企业也需要关注和应对各种挑战和机遇，不断提高自身的竞争力和市场适应能力。

8.1.7　小结与策略建议

A 公司作为广西北部湾地区的龙头港口运营商，充分利用其在"一带一路"和西部陆海新通道中的核心地位，积极拓展国际业务，特别是在东盟国家、太平洋经济圈和中国西部省份的投资，致力于物流基础设施建设、港口服务升级及国际贸易合作。该公司在海外投资中展现出了多元化、可持续性和合作导向的特点，通过提升港口能力、加强物流服务、引入外资技术等手段，有效促进了区域经济发展和国际贸易便利化。然而，海外投资也伴随着政治、经济、市场、运营、社会与环境等多方面的风险和挑战，要求该公司建立健全的风险管理体系，灵活应对复杂多变的国际市场环境，同时在资金筹集、风险管理、合规运营等方面采取有效措施，确保投资项目的顺利进行和长远发展。A 公司的海外投资策略和成效彰显了其在全球供应链中的重要角色，不仅推动了自身的快速增长，也为股东创造了价值，并对促进区域经济一体化和提升国际竞争力作出了积极贡献。

关于 A 公司对外投资以及海外发展，本章提出以下策略建议。

（1）强化风险管理机制：鉴于对外投资中面临的政治、市场、合规等风险，A 公司应继续加强风险评估和管理机制。这包括密切跟踪投资目标国家（地区）的政治动态和法律变更，建立灵活的应对机制以适应环境变化；利用金融衍生工具对冲货币汇率波动风险；多元化投资组合以分散市场风险；并严格遵循当地法律法规，加强合规审查和培训，确保所有项目合法合规运行。

（2）加大技术创新与数字化转型：考虑到信息化管理的不足，A 公司应加速推进港口的数字化和智能化转型，如进一步优化智能化港口系统、物流信息平台和大数据分析能力，提高运营效率和服务质量。同时，加强网络安全和数据保护，确保客户信息安全。

（3）深化国际合作与伙伴关系：基于现有的国际合作基础，A 公司应深化与"一带一路"共建国家、"西部陆海新通道"沿线国家（地区）、东盟国家及太平洋经济圈伙伴的合作，通过签署战略协议、联合投资等方式，增强国际影响力，降低市场进入壁垒，共享资源和市场信息。

（4）拓展多元化业务与市场：鉴于市场规模限制，A 公司应探索新的业务模式，如发展绿色港口服务、供应链金融、港口增值服务等，以增加收入来源并提升市场竞争力。同时，积极开拓新兴市场，特别是与"西部陆海新通道"沿线国家（地区）以及中欧班列沿线国家（地区），以分散市场风险。

（5）强化国内物流网络与基础设施：利用国家政策支持，如西部陆海新通道建设，加大对广西西江航运干线和平陆运河等国内基础设施的投资，提升多式联运能力，增强与内陆腹地的连接，扩大服务覆盖范围，降低物流成本，吸引更多的货源。

（6）优化资本结构与融资策略：鉴于海外投资的资本密集特性，A公司应优化资本结构，探索多元化的融资渠道，降低融资成本。同时，加强与国内外金融机构的合作，确保海外项目的资金需求得到及时满足。

（7）加强社会责任与环境保护：在海外投资过程中，重视环境保护和社会责任，积极参与当地社区发展，解决土地权益、就业和环境保护等问题，树立良好企业形象，降低社会风险，促进可持续发展。

总之，A公司应在保持其竞争优势的同时，通过持续创新、强化合作、多元化布局以及强化风险控制等策略，以应对挑战，把握机遇，实现长期可持续发展。同时，该公司也需要关注和应对各种挑战与机遇，积极寻求合作机会，实现共同发展。

8.2　B集团股份有限公司

8.2.1　公司概况与发展现状

1. 基本信息

B集团股份有限公司（以下简称B公司）是中国西部地区领先的建筑和工程服务提供商。B公司是西部地区拥有房屋建筑、公路工程施工总承包"双特级"资质的国有大型建筑企业集团。B公司现拥有超高层建筑、高速公路、超大跨度桥梁及隧道施工、商品混凝土生产、建筑机械制造等核心技术、专利和标准，业务遍及全国大部分省份和世界20多个国家及地区。近年来，B公司积极拓展对外投资，努力实现从国内市场向国际市场的转型，以提升企业的全球竞争力。B公司作为中国建筑行业的领军企业，不仅在国内市场获得了影响力，也在国际市场上逐渐崭露头角。该公司通过积极股份有限公司的对外投资策略和海外发展布局，致力于成为全球竞争的建筑集团。

2. 主营业务与经营模式

B公司是以房屋建筑工程、基础设施建设与投资等业务为主业，集工程设计、机械制造、建筑材料生产、特许经营、物流配送等服务于一体的国有控股上市公司，主要从事的业务包括：公共与民用房屋建筑施工、机电安装工程施工、建筑装修装饰等；高等级公路及公路路基、路面、桥梁、水利、港口、隧道等的施工、建设与投资；建筑机械设备、器材、构件、钢结构、建筑材料的生产、销售、物流、工程设计、技术咨询、技术服务等。

该公司实施的工程项目经营模式主要分为施工合同模式和融资合同模式两个类别。其中，施工合同模式主要用于房屋建设、基建工程、专业工程、建筑装饰等业务，主要的施工合同模式有工程总承包、设计采购施工总承包（EPC）、施工总承包和专业承包等；融资合同模式主要用于部分基建工程业务，主要的融资合同模式有政府和社会资本合作（PPP）、建设—运营—移交（BOT）、建设—拥有—运营（BOO）投资模式等。

3. 发展现状

2022 年，B 公司主动融入国家发展战略，加快布局成渝地区双城经济圈，加大重大工程项目和投融建项目的承接，营销工作实现提质增量的新突破。首次涉足重大工程项目的投资与建设，这标志着 B 公司在业务拓展上的新突破。积极参与建设西部地区标志性的项目，不仅限于传统的施工承包，而是以投资、建设、运营的综合模式参与其中，展现了该公司在大型项目管理上的实力与前瞻性。持续深化战略营销策略，加大与各级政府、国有投资平台以及专业勘察设计咨询机构的合作力度，显著增加了来自政府和国有投资领域的项目份额。在业务布局上，B 公司主动调整方向，优化了订单结构，更加聚焦于基础设施建设工程，这一举措有效提升了该公司在基建领域的市场份额。同时，将业务触角延伸至粤港澳大湾区和长三角等经济活跃区域，实施了"走出去"的市场扩张计划。这一战略取得了显著成效，B 公司的项目承接量实现了大幅增长，进一步巩固了其在全国范围内的业务影响力。

2023 年，B 公司积极应对各种挑战和影响。一是积极跟踪重点项目信息，整合资源加大重点项目承接力度，先后承接了一批重大工程。二是积极融入成渝地区双城经济圈、西部陆海新通道建设、粤港澳大湾区、长三角一体化发展等国家发展战略，大力拓展市场。三是积极调整产品结构，加大基础设施项目和公共建筑的承接力度，承接了市政、公路、水利等基础设施项目上百个。四是持续加强资质体系优化和完善，多家所属子公司积极开展特级资质和专业承包资质的申报工作。

进入 2023 年，B 公司的营业收入继续下滑，同时净利润出现了更大幅度的下滑，这表明该公司在过去两年面临着一定的经营压力和挑战。B 公司在2023 年面临着营业收入整体下滑的挑战，特别是在房屋建设与基建工程两个主要业务领域。尽管如此，通过有效的成本控制，该公司部分业务板块的毛利率有所提高。专业工程板块虽然成本与收入同步增长，但仍保持了正向增长。面对这样的经营环境，该公司需要继续关注成本优化，同时探索新的增长点，以应对行业内的挑战并寻找新的发展机遇。整体来看，B 公司在 2023年的业绩表现反映出经营环境的严峻性及内部管理或市场策略可能需要调整以应对当前的市场环境。

8.2.2　B 公司对外投资分析

B 公司在海外市场表现出积极的拓展态势。其海外投资主要集中在参与各类基础设施建设，如公路、港口、码头、医疗中心、酒店、体育场等。这些项目的地理位置遍布全球。B 公司的海外业务主要集中在与"一带一路"共建国家（地区）的合作，例如在东南亚国家进行的港口和物流项目投资，以及在其他国际项目中的建设工作。这些项目不仅展现了 B 公司在海外市场的广泛布局，也反映了其在不同领域和地区的综合实力。

1. 投资环境

国内经济环境：我国作为世界第二大经济体，持续的经济增长为建工企业提供了坚实的基础。我国经济增长速度较快，城镇化进程不断加快，这为B 公司的对外投资提供了广阔的市场前景。通过"一带一路"倡议、西部大开发等，为 B 公司提供了参与国内外大型基础设施建设的契机，也为 B 公司的对外投资提供了良好的政策环境。同时，我国正推动建筑行业的数字化转型，鼓励绿色建筑和智慧城市建设。B 公司在数字化、智能化领域的投入和经验，可以在对外投资中转化为竞争优势，尤其是在对技术要求较高的海外市场。

国际经济环境：国际经济形势的变化可能会影响该公司的对外投资，如贸易战、汇率波动等。需要密切关注全球政治经济动态，灵活调整投资策略。随着全球经济一体化的不断推进，B 公司可以寻找与国外企业的合作机会，共同开拓国际市场，如"一带一路"倡议下的项目，为 B 公司开辟了海外市场，特别是在东南亚、南亚、中东欧等区域，这些地区基础设施建设需求旺盛，为 B 公司对外投资提供了广阔的舞台。

政策环境：B 公司在进行对外投资时需要遵守我国的法律法规，同时还需要关注投资所在地的法律法规，确保投资行为的合法性。该公司在进行对外投资时需要遵守当地的监管政策，确保投资行为的合规性，确保投资活动符合国家政策导向和海外投资安全审查要求。在海外投资时，B 公司还需熟悉并遵守目的国家和地区的法律法规，包括环保法规、劳动法、税务规定等，避免法律风险。

市场环境：B 公司在进行对外投资时，需要关注当地市场的竞争状况，包括竞争对手的数量、竞争激烈程度、市场份额等，国际市场上的竞争对手众多，包括本地建筑企业和国际建筑巨头。B 公司需要通过差异化竞争策略，比如提供高性价比服务、利用先进技术等，同时寻求与当地企业合作，共同开发市场。投资所在地的市场需求可能会影响企业的投资决策，根据不同国家（地区）的经济发展水平、城镇化进程，市场需求各异。例如，新兴市场国家对基础设施建设的需求较高，而发达国家则可能更侧重于建筑改造和绿色建筑。

综上所述，B 公司的对外投资环境具有一定的优势和挑战，需要其根据自身情况和市场变化作出相应的决策与应对措施。同时，该公司还需要关注国际经济形势和政策调整等因素，以便更好地适应市场环境的变化。

2. 投资策略

B 公司的对外投资策略主要集中在两个方面：一是通过海外并购和合作，获取先进的建筑技术和管理经验；二是在"一带一路"共建国家（地区）开展基础设施建设项目，以实现市场的地理多元化。通过与国际先进建筑企业的合作，引进建筑技术和管理经验，提升企业在高端建筑市场的竞争力。该公司在对外投资时，注重与合作伙伴建立长期稳定的合作关系，通过合作实现互利共赢，提高企业的竞争力和市场影响力。同时，注重品牌建设和企业文化建设，以提高企业的知名度和美誉度，增强企业的竞争力和市场影响力。

注重市场调研和风险评估，B 公司在对外投资前，会进行充分的市场调研和风险评估，了解投资所在地的经济环境、政策环境、市场环境等，以确保投资决策的科学性和合理性。并且，注重投资领域的多元化，不仅涉及基础设施建设、房地产等领域，还积极拓展新能源、新材料等新兴产业领域，以实现投资领域的多元化和分散化，减少投资风险，通过在不同国家（地区）的投资，分散市场，实现业务的多元化布局。

3. 投资领域

B 公司的投资领域广泛，既包含传统的建筑施工和房地产开发，也涉及数字化转型、环保领域投资运营，以及国际化拓展等多个方面，展现出集团多元化和综合性的投资发展战略。该公司的对外投资主要集中在基础设施建设领域，尤其是交通、能源和市政工程。该公司通过参与海外项目，不仅扩大了业务范围，还提升了自身的国际影响力。基础设施包括公路、桥梁、隧道、港口等交通基础设施，以及供水、供电等市政工程。建筑安装与路桥施工是 B 公司的传统强项，其在超高层建筑、高速公路、轨道交通、大跨度桥梁等大型基础设施建设方面拥有丰富经验和核心技术。能源项目涉及电力、石油、天然气等能源领域的工程建设，该公司投资建设了一批太阳能、风能、生物质能等新能源项目，以及新型建筑材料项目，以实现投资领域的多元化和拓展公司业务范围。在房地产领域，该公司也积极拓展市场，在海外市场进行住宅、商业和工业地产的投资开发，实现多元化经营。

除此之外，B 公司积极响应数字化转型趋势，与地方政府合作共建数字建工示范城市，致力于成为数字化标杆企业。重点发展"5G + 智慧建工"，推动信息技术与建筑行业的深度融合。在工程设计与咨询方面，涵盖从工程设计到建造、运营的全产业链服务，提升项目全周期价值创造能力。并涉及建筑机械制造和工程项目的监理服务，进一步完善产业链布局。

4. 投资成效

B 公司的对外投资取得了一定的成效。通过海外项目，公司积累了丰富的国际项目管理经验，提升了技术水平和服务质量，通过对外投资，公司掌握了国际先进的建筑技术和管理方法，提高了工程质量和效率。此外，海外投资也为公司带来了稳定的收入来源，有助于分散国内市场的风险。

B 公司在市场拓展与营销能力提升方面展现出了显著的进步。面对全球经济发展的压力，公司采取了灵活的市场策略，实现了业务的稳定增长。通过精准分析市场趋势，公司积极调整营销策略，加大了对潜力市场和重点项目的投入力度，这不仅体现在新签合同额的显著增加上，也反映在市场占有率的稳步提升上。公司还通过整合内外部资源，优化项目组合，集中力量突破大型、复杂项目的承接，进一步推动了营业收入的持续增长，彰显了其在建筑市场中的竞争力。

在盈利能力与财务状况方面，尽管近期财务数据显示净利润有所波动，但该公司在成本控制和资源配置上的努力值得肯定。公司通过精细化管理，尤其是在房屋建设和基础设施建设两大核心业务板块，通过优化施工方案、提高材料采购效率、加强项目成本监控等措施，有效提升了毛利率，这在逆境中展示了其强大的适应性和较高的内部管理效率。这不仅有助于缓解外部环境变化带来的负面影响，也为公司长期稳健发展打下了坚实基础。

数字化转型是 B 公司取得的另外一项重要成就。公司深入实施数字化建设战略，通过技术创新和大数据、人工智能等前沿技术的深度融合，不仅优化了项目管理流程，提高了工程效率，还推动了建筑行业的整体数字化升级。这一系列的数字化举措不仅为公司带来了运营效率的飞跃，还开辟了全新的业务领域，如建筑信息模型（BIM）、智能建造解决方案等，成为公司新的利润增长点，为构建高质量发展模式提供了有力支撑。

在战略目标推进方面，该公司始终坚持创新驱动发展战略，深化体制改革，优化内部管理机制，不断拓展业务边界，公司不仅巩固了在传统建筑领域的领先地位，还积极探索建筑数字经济、工程技术咨询服务、软件开发等新兴领域，形成多元化的业务布局，增强了该公司的综合竞争力和可持续发展能力。

巡视整改工作的积极响应和有效执行，进一步强化了 B 公司的内部治理结构，提升了企业管理水平。通过对巡视反馈问题的深刻剖析和全面整改，公司不仅解决了存在的问题，还将其转化为推动公司健康发展的动力，提升了整体运营的规范性和透明度，为重庆乃至全国的经济社会发展作出了积极贡献。

在国际与国内市场布局方面，B 公司积极参与国内外重大基础设施建设项目，不仅在国内市场巩固了市场地位，也在海外市场逐步扩大了影响力。虽然海外直接投资的细节没有详尽公开，但从其发展战略来看，B 公司在海外侧重于通过参与标志性项目，提升自身品牌的国际知名度和影响力，同时学习国际先进技术和管理经验，为公司的全球化战略奠定基础。这种国内外市场的均衡发展策略，为公司的长远发展开辟了更加广阔的空间。

5. 投资风险与挑战

尽管 B 公司在海外市场取得了一定的成绩，但仍面临诸多风险和挑战，公司需要不断优化管理策略，提高风险应对能力，以确保海外业务的可持续发展。

投资环境的不确定性：全球政治经济格局的频繁变动，如地缘政治冲突、贸易保护主义抬头，以及突发性公共卫生事件等，都可能对投资目的地的经济环境造成冲击，从而影响 B 公司的海外项目。政策环境的不稳定性，如东道国政府的政策变动、法律法规的修订，也可能增加项目的执行难度和成本。市场环境的快速变化，包括市场需求的波动、消费者偏好的转变，要求 B 公司具备高度的灵活性和适应性。

市场竞争和风险：海外市场竞争激烈，不仅来自本土企业的固有优势，还包括其他国际竞争对手的强有力挑战。B 公司需在技术创新、服务质量、成本控制等方面持续提升，以保持竞争力。此外，政治风险如政权更迭、政策逆转，以及经济风险如经济衰退、通货膨胀等，都可能对海外项目收益构成威胁。跨文化管理也是不容忽视的一环，需妥善处理文化差异带来的沟通障碍和管理难题。

管理和运营风险：海外项目的成功很大程度上依赖于高效的管理和精细的运营。B 公司需要建立国际化的人才队伍，提高跨国管理和项目执行的能力，包括供应链管理、人力资源配置、质量控制等。语言、文化差异以及远程管理的挑战，都要求该公司有更加完善的管理制度和更强的执行力。

汇率和利率风险：国际金融市场波动，尤其是汇率和利率的不稳定，直接影响该公司的财务成本和收益。该公司必须采用金融工具对冲风险，如远期合约、期权等，同时加强对国际金融市场动态的监控，灵活调整融资策略和资产配置，以减轻外汇风险。

法律和合规风险：遵守各国（地区）法律法规是进行海外投资的前提，不同国家（地区）的法律体系差异大，合规成本高。B 公司需建立健全的合规体系，加强对当地法律的学习和研究，与当地法律顾问紧密合作，预防和及时应对法律风险，维护其声誉。

合作伙伴的风险：选择合适的合作伙伴是海外投资成功的关键。B 公司在选择合作伙伴时，需进行全面的尽职调查，评估对方的财务健康状况、市场信誉、技术实力及管理能力，建立风险共担机制，确保双方利益一致，有效降低合作风险。

总之，B 公司对外投资需要充分考虑投资环境的不确定性、市场竞争和风险、管理和运营风险、汇率和利率风险等因素，在海外扩张的过程中，必须采取主动的风险管理策略，强化内部管理，提高对国际环境的适应性和预见性，同时，加强与当地政府、行业协会以及国际组织的合作，共同应对挑战，实现海外业务的可持续发展。

8.2.3　B 公司在西部陆海新通道沿线国家（地区）的投资与发展分析

1. 市场布局

多元化区域策略：B 公司在西部陆海新通道沿线国家（地区）的市场布局呈现出明显的多元化特征，涵盖了东南亚、南亚等多个区域。通过参与如中老铁路等关键基础设施项目，B 公司不仅巩固了其在传统建筑领域的地位，也拓展到了新兴市场，如越南、缅甸、菲律宾等国家，覆盖了从交通基础设施到城市综合开发的广泛领域。

产业链条延伸：B 公司在海外市场的布局不仅仅局限于施工建设，而是向产业链上下游延伸。例如，通过参与综合开发区和新城建设，该公司会涉足房地产开发、产业园区运营等领域，形成从基础设施建设到产业导入的完整链条。

2. 合作模式

在海外发展过程中，B 公司采取了多种合作模式，包括与当地政府和企业合作、股权合作与直接投资、与国际知名建筑公司联合投标等。这些合作模式有助于公司更好地适应当地市场环境，降低投资风险。

公私合营（PPP）与合作开发：B 公司可能采用公私合营模式参与一些大型基础设施项目，与当地政府或其他私营企业合作，共享风险与收益。与当地政府合作，通过与当地政府的合作，参与公共项目的建设和运营。与国际企业联合，与国际知名的建筑和工程公司联合投标，共同承担大型项目。与金融机构合作，与国际金融机构合作，获取项目融资支持。这种模式有利于减少资金压力，同时利用合作伙伴的本地资源和经验。

直接投资：在一些重点和有潜力的项目中，B 公司可能采取直接投资的方式，直接投资更加凸显了 B 公司的独立运营能力和对项目的全面掌控。直接设立全资子公司或控股公司，使该公司能够在项目规划、设计、建设乃至后期运营维护等各个环节，充分贯彻自己的管理理念和技术标准，确保项目质量与效率。这种模式在一些标志性的大型项目或是在战略意义重大的投资中尤为适用，它有助于提升 B 公司的品牌影响力，为其在全球范围内树立行业标杆。

灵活融资与风险管理：面对海外市场复杂多变的环境，B 公司可能运用多种金融工具进行风险管理和融资，以达到最优的资金配置和风险控制。例如，"一单制"数字提单融资模式，通过区块链等技术手段，提高了贸易融资的透明度和效率，降低了欺诈风险，同时也加快了资金流转速度，减轻了因汇率波动和利率变动带来的财务压力。此外，该公司还会与国内外多家银行和金融机构建立紧密的合作关系，通过银团贷款、债券发行、项目融资等多种方式，实现融资渠道的多元化，从而有效分散融资风险，保障海外项目的顺利实施和公司的稳健发展。总之，B 公司在海外投资的融资与风险管理策略，体现了其国际化战略的高度灵活性和前瞻性。

3. 投资困难

投资周期长、风险高：在参与西部陆海新通道沿线国家（地区）的大型基础设施建设项目时，B 公司需面对的是一个典型的长期投资环境。由于基础设施项目往往涉及复杂的设计、审批流程和施工周期，整个投资过程可能跨越数年甚至十年以上。在此期间，该公司需承受市场波动、原材料价格变化、政策导向调整等多重市场风险。此外，政治稳定性、外交关系的不确定性也是不容忽视的风险因素，一旦发生政策变动或地缘政治紧张，项目进展和投资回报均可能受到影响。自然灾害，如洪水、地震等，也是必须考虑的风险因素，特别是在地质条件复杂或气候多变的地区。因此，该公司需要建立一套全面的风险评估和应对机制，包括政治风险保险、多元化融资渠道、灵活的项目管理策略等，以保障投资安全。

文化差异和语言障碍：每个国家（地区）都有其独特的文化背景和商业习俗，这对于海外投资者来说既是挑战也是机遇。B 公司在推进项目时，必须深入了解当地的文化习惯和商业礼仪，尊重当地社区的传统和价值观。语言障碍可能影响沟通效率和准确性，因此，该公司可能需要配备多语种团队或利用专业翻译服务，确保与当地政府、合作伙伴以及社区的顺畅交流。此外，加强跨文化交流培训，提升员工的跨文化交际能力，也是提升合作效果的关键。

法律和监管环境：西部陆海新通道沿线国家（地区）的法律体系和监管框架多样，可能与中国的法律环境大相径庭。B 公司必须了解当地法律法规，包括环境保护法、劳动法、税收政策、土地使用权规定等，避免因法律不熟悉而产生的违规风险。该公司还应考虑聘请当地法律顾问，以便及时获得专业的法律咨询和指导，确保项目运作合法合规。

基础设施落后：在基础设施不足的地区开展项目，B 公司可能需要预先投资改善当地的交通、电力、通信等基础设施，这无疑会增加初期投资成本和项目管理的复杂度。为应对这一挑战，B 公司可以探索公私合作模式，与当地政府共同投资基础设施建设，或采取自建自用、后期转让等方式，既解决即时需求又为当地留下长期资产。同时，提高项目规划的灵活性和适应性，确保在有限的基础设施条件下也能高效推进项目。

技术与人才挑战：海外项目实施往往需要高度定制化的技术和专业人才。B 公司需评估项目所需的技术适应性和转移难度，可能涉及技术创新、设备进口、技术培训等环节。跨国团队的管理要求高效的信息系统支持和明确的团队协作机制，以克服时差、文化差异带来的挑战。同时，B 公司应重视本地人才的培养和使用，结合我国技术和管理经验，促进技术与知识的双向流动，建立一支国际化、高素质的人才队伍，为项目的顺利实施和持续运营打下坚实基础。

4. 投资成效

促进了当地经济的发展：B 公司在沿线国家（地区）开展的基础设施建设，如新建或升级公路网络、桥梁、港口等，直接推动了当地物流效率的提升，加速了商品和服务的流通，为农业、制造业、旅游业等多个行业的发展提供了强有力的支撑。这些基础设施作为经济发展的"基石"，不仅缩短了城乡差距，还促进了区域经济一体化发展，为当地创造了更多商业机会，带动了整个产业链的升级和扩张。

增加了税收收入：大型基础设施项目的建设和运营，为当地政府带来了稳定的税收来源。从项目启动初期的土地出让，建设过程中的材料采购、劳动力雇佣，到项目完成后的运营阶段，每一个环节都会产生相应的税收贡献。

此外，这些项目往往能吸引更多的外部投资，带动周边产业的发展，进一步拓宽税基，为地方政府提供了重要的财政支持，有助于提升公共服务水平和基础设施的自我完善能力。

提高了企业的市场竞争力：B公司通过在海外市场的实践，积累了丰富的国际项目管理经验，掌握了先进的工程技术，熟悉了国际建筑规范和标准，这不仅提升了其在西部陆海新通道沿线国家（地区）的竞争力，也为公司在国内市场的表现注入了新的活力。国际经验的积累，让企业在面对全球化竞争时更加从容，能够更有效地整合国内外资源，参与更高层次的国际竞争与合作。

品牌影响力的提升：通过在沿线国家（地区）的多个标志性项目中的成功实施，B公司的品牌知名度和国际影响力得到显著提升，这种品牌效应不仅增强了现有客户的信任，也吸引了潜在合作伙伴和投资者的关注，有助于该公司进一步开拓国际市场、参与更多国际合作。

市场竞争力增强：参与海外高端、复杂建设项目的挑战，促使B公司不断优化管理模式，提升技术创新能力，强化团队的国际视野和跨文化沟通能力。这些进步不仅体现在技术层面，更体现在项目管理的精细化、国际化以及对可持续发展原则的遵循上，使得该公司在全球建筑市场的竞争力显著增强。

经济效益与社会责任并重：B公司在追求经济效益的同时，不忘履行社会责任，通过项目实施创造大量就业机会，优先考虑使用当地劳工和材料，促进当地经济的内循环。此外，该公司还积极参与教育、医疗、环保等社会公益项目，改善当地民生，展现了良好的企业公民形象，赢得了当地政府和民众的广泛好评。

促进区域经济合作：B公司作为西部陆海新通道建设的重要参与者，其在沿线国家（地区）的投资不仅促进了当地的经济发展，还加深了中国与沿线国家（地区）的经济合作和交流，为构建区域经济一体化作出了贡献。

8.2.4　B公司发展宏观环境分析——PEST分析

B公司的宏观环境具有政治稳定、社会需求增加和技术不断创新的特点，为公司的可持续发展提供了有利的条件。以下对B公司发展的宏观环境进行PEST分析，如图8.3所示。

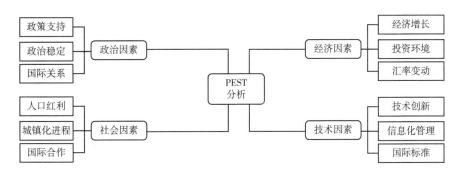

图 8.3　B 公司 PEST 分析

1. 政治（political）

我国积极推动"一带一路"倡议和西部陆海新通道建设，为 B 公司提供了更多的发展机遇，为海外市场的拓展提供了更多的机会和便利。重庆市政府为了支持建筑业的发展，出台了一系列有力的政策，为 B 公司的发展提供了动能，促进了 B 公司在海外市场的业务拓展。同时，该公司也需继续关注政策变化和市场动态，不断调整和优化自身的战略和业务模式，以适应不断变化的国内外市场环境。

2. 经济（economic）

重庆作为中国西部地区的重要城市，其经济发展速度一直非常迅速，近年来更是持续稳定增长，重庆公路、桥梁、港口、隧道等大型基础设施建设项目，为建筑业提供了广阔的市场空间，为 B 公司等建筑企业奠定了发展的良好基础。此外，汇率变动对企业经营的影响也不可忽视。人民币汇率波动可能会影响企业的海外投资成本和收益，因此 B 公司需要密切关注汇率变动情况，制定相应的汇率风险管理策略，以应对可能的风险和挑战。

3. 社会（social）

我国庞大的劳动力市场为建筑业提供了充足的人力资源，这为 B 公司等建筑企业提供了丰富的人才储备。随着城镇化进程的加速和人民生活水平的提高，人们对建筑品质和环境的要求越来越高，这为建筑业提供了更加广阔的市场空间。我国快速的城镇化进程带动了基础设施建设的需求，这也为建筑业提供了更多的发展机遇。

B 公司在设计和施工方面注重绿色环保、节能减排，符合社会对建筑业的要求和期待，并得到了社会的广泛认可。这表明 B 公司在绿色建筑和可持续发展方面已经取得了显著的成果，这为 B 公司在未来的发展提供了良好的基础。同时，社会对于国际合作和交流的开放态度，为该公司提供了更多的机会和便利，有利于企业在海外市场的品牌形象建设。这种开放的态度将有助于提高 B 公司的国际知名度，增强该公司的竞争力，并为该公司拓展海外市场提供更多的机会。

4. 技术（technological）

随着科技的发展，建筑业的技术水平不断提高，这为 B 公司等企业提供了新的增长点。智能建筑和绿色建筑等先进建筑理念的应用，为 B 公司提供了更多的发展机遇。该公司注重技术研发和创新，积极引进和应用先进的技术与设备，以提高生产效率和工程质量。同时，互联网、物联网、人工智能等新技术的广泛应用，正在深刻地改变着建筑业。这些新技术将进一步推动建筑业的转型升级，为 B 公司提供更多的发展机遇。该公司需要积极适应这种变化，不断提升自身的技术和管理水平，以适应不断变化的市场环境。此外，企业信息化管理水平的提升，有助于提高项目管理效率和降低成本。通过引入先进的信息化管理系统，B 公司可以实现信息的高效传递和共享，提高决策的准确性和及时性，从而更好地应对市场变化。

B 公司一直致力于与国际建筑标准接轨，这意味着该公司需要不断提升技术和管理水平，以满足国际市场的要求。这包括引进国际先进的建筑理念和技术、提升工程质量和服务水平，以及培养具有国际视野的管理团队等。只有这样，该公司才能在激烈的国际竞争中立于不败之地。

总的来说，科技的发展为建筑业带来了巨大的机遇和挑战。B 公司需要抓住机遇，积极应对挑战，不断提高自身的技术和管理水平，以实现可持续发展并赢得更加广阔的市场前景。

8.2.5　B 公司对外直接投资分析——SWOT 分析

本部分针对 B 公司对外直接投资的情况进行 SWOT 分析，将从优势、劣势、机遇与威胁四个方面全面审视其对外投资的现状与潜力，如图 8.4 所示。

1. 优势（strengths）

技术能力：B 公司拥有先进的建筑技术和丰富的施工经验，拥有一定的

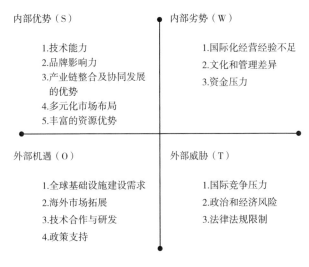

内部优势（S）

1.技术能力
2.品牌影响力
3.产业链整合及协同发展
　的优势
4.多元化市场布局
5.丰富的资源优势

内部劣势（W）

1.国际化经营经验不足
2.文化和管理差异
3.资金压力

外部机遇（O）

1.全球基础设施建设需求
2.海外市场拓展
3.技术合作与研发
4.政策支持

外部威胁（T）

1.国际竞争压力
2.政治和经济风险
3.法律法规限制

图 8.4　B 公司 SWOT 分析

技术创新能力和项目管理能力，B 公司致力于加强科技创新，针对工程关键技术和重大难点，对现有房屋建筑、交通工程、市政公用、建筑工业、机电安装等优势技术进行持续提升。能够满足不同国家（地区）的建筑需求，B公司具有在国内复杂项目中的丰富的成功建设经验，同时强大的工程承包能力。该公司具有丰富的工程承包经验，拥有专业的团队和先进的施工技术，能够提供高质量、高效率的工程承包服务。

　　品牌影响力：B 公司作为国内知名的建筑企业，凭借其卓越的建筑质量和一流的服务水平，在国内外市场上均树立了非常好的品牌形象。这种强大的品牌影响力不仅彰显了该公司的专业实力，更提高了其在全球范围内的知名度和竞争力。每当提及 B 公司，人们总会联想到其承建的一系列标志性工程，这种深入人心的品牌印象无疑为该公司进行对外直接投资提供了极为有利的基础。无论是在国内还是在海外市场，B 公司凭借其品牌优势，获得了合作伙伴和客户的信任与青睐。

　　产业链整合及协同发展的优势：B 公司的业务范围极为广泛，全面涵盖了房屋建筑、路桥施工、市政建设等传统建筑领域，同时还积极向工程设计、钢结构制造、商品混凝土生产等产业链上下游领域延伸。更为值得一提的是，该公司还成功拓展至建设项目投资运营管理、建筑科技、数字建筑、产业链金融、装配式建筑等一系列新业务领域。这些多元化的业务板块并不是孤立存在的，而是紧紧围绕建筑产业链，实现了高效的协同与联动。通过这种全产业链的整合与协同发展，B公司成功打造了一个涵盖投资、建设、运营、维护、服务等各个环节的建筑价值链一体化平台，为客户提供了一揽子解决方案的工程建设总承包集成服务。

多元化市场布局：B公司的海外项目遍布全球各地，这充分展示了其强大的多元化市场布局能力。无论是在发达的欧美市场，还是在蓬勃发展的亚洲、非洲等地，都可以看到该公司承建的精品工程。这种多元化的市场布局不仅有效分散了单一市场可能带来的风险，还使得企业能够紧跟全球建筑市场的脉搏，灵活应对各种市场变化。通过这种全球化的市场布局策略，该公司成功地将自己的业务范围扩展到了世界的每一个角落，为未来的发展奠定了坚实的基础。

丰富的资源优势：在建筑行业中，资源的重要性不言而喻。而B公司恰恰在这方面拥有得天独厚的优势。企业不仅拥有一支经验丰富、技术精湛的专业团队，还掌握了大量的原材料资源和技术资源。这些丰富的资源给该公司进行对外直接投资提供了有力的支持。无论是在人力资源的调配，还是在原材料和技术的采购与应用上，B公司都能够做到游刃有余，轻松应对各种复杂的工程需求。这种强大的资源优势使得该公司在对外直接投资的过程中更加得心应手，为其在全球范围内的业务拓展提供了坚实的保障。

2. 劣势（weaknesses）

国际化经验不足：尽管B公司在国内市场上有着丰富的经验和深厚的实力，但相较于那些已经在国际市场上运营多年的大型建筑企业，其在国际化运营方面的经验还显得相对不足。这种经验的缺乏可能表现在对国际市场动态的理解、跨文化管理、对国际法规的遵守等多个方面。为了在全球市场上获得更有利的竞争地位，B公司需要积极学习和吸收国际先进的管理理念与市场运作经验，逐步加强其在国际市场上的运营能力和影响力。

文化和管理差异：当企业走出国门，进入不同的国家（地区）开展业务时，文化差异和管理模式的不同往往会带来一系列的挑战。每个国家（地区）都有其独特的社会文化背景和企业运营环境，这对于外来企业来说是一个必须面对和适应的问题。B公司在海外市场上也可能会遇到这样的情况，比如员工之间的沟通障碍、管理理念的冲突、工作习惯的差异等。为了更好地融入当地市场，B公司需要深入了解并尊重当地的文化习惯，同时调整自己的管理模式，以实现与当地员工和合作伙伴的有效沟通与协作。

资金压力：承接大型海外项目通常需要巨额的资金投入，这不仅包括项目前期的市场调研、项目策划、资源准备等费用，还包括项目实施过程中的材料采购、人工费用、设备租赁等各项开支。对于 B 公司来说，虽然其在国内市场上有着良好的业绩和稳定的资金来源，但面对大型海外项目时，仍然可能感受到资金方面的压力。特别是在多个项目同时推进或者遇到不可预见的风险因素时，资金链的稳定性和流动性就显得尤为重要。因此，B 公司需要精心规划资金使用，合理调配资源，同时积极寻求外部融资支持，以确保海外项目的顺利进行。

3. 机会（opportunities）

全球基础设施建设需求：随着全球化的深入发展，全球各地，特别是发展中国家的基础设施建设需求呈现出持续增长的趋势。这种需求的增长源于多个方面，包括经济的快速发展、城镇化进程的加速以及人民生活水平的提升等。发展中国家在基础设施建设方面存在巨大的缺口，急需高质量、高效率的建筑企业参与其中。对于 B 公司而言，这无疑是一个千载难逢的机会。通过积极参与全球基础设施建设项目，B 公司不仅能够进一步巩固和提升自己的品牌影响力，还能为企业带来可观的经济效益。

海外市场拓展：伴随着我国经济的蓬勃发展和"一带一路"倡议的深入推进，我国企业"走出去"已经成为一种趋势。在这一大背景下，B 公司可以紧紧抓住这一历史性机遇，积极拓展海外市场，参与更多具有国际影响力的基础设施建设项目。与此同时，随着国际合作项目的日益增多，B 公司也迎来了更多新的合作机会。通过对外投资，B 公司不仅能够进入更为多元化的市场，还能有效地分散经营风险，提升企业的整体竞争力。

技术合作与研发：科技的不断进步为建筑业带来了前所未有的变革。如今，建筑业的技术水平正在日新月异地提高。为了适应这一行业趋势，B 公司可以积极加强与海外企业的技术合作和研发。通过与海外合作伙伴分享技术经验和创新成果，该公司不仅能够提升自身的技术水平，还能共同开发出更多具有创新性和竞争力的工程项目。这种技术合作不仅有助于推动该公司的技术进步，还能为该公司带来更为广阔的发展空间。

政策支持：在全球化的背景下，许多国家（地区）都出台了针对中国企业的优惠政策，以吸引更多的中国投资。这些政策可能包括税收优惠、融资支持、土地租赁优惠等。对于 B 公司而言，这些优惠政策无疑为其海外投资提供了有力的支持。通过充分利用这些政策利好，该公司可以进一步降低海外投资的成本和风险，提高其盈利能力和市场竞争力。同时，这些政策也为该公司与当地政府和企业的合作创造了更为有利的条件。

4. 威胁（threats）

国际竞争压力：在国际市场上，B公司不可避免地会面临来自全球各地竞争对手的激烈挑战。这些竞争对手拥有本土品牌、成本优势、丰富的国际运营经验和深厚的市场资源，且熟悉本地文化和法律。为了在这场全球竞赛中脱颖而出，该公司需要深入了解并分析各个目标市场的竞争格局。通过对竞争对手的战略布局、市场定位、产品特点等进行细致研究，B公司可以制定出更为精准和有效的竞争策略。这些策略可能包括提升服务质量、优化成本结构、加强品牌建设、推出创新产品等，旨在提升自身的核心竞争力，进而在海外市场占据更有利的位置，争取到更大的市场份额。

政治和经济风险：海外投资总是伴随着各种不确定性，其中政治和经济风险尤为突出。投资目标国家（地区）的政治稳定性直接关系到投资项目的安全与回报。政治动荡或政权更迭可能导致项目中断、合同失效，甚至资产被没收。同时，经济状况的波动也会影响项目的盈利能力和市场需求。因此，B公司在进行海外投资时，必须对目标国家（地区）的政治和经济状况进行持续深入的监测和分析。此外，海外投资通常涉及多种货币的兑换问题，汇率的波动可能对项目成本和收益产生显著影响。为了降低这些风险，公司需要采取有效的风险管理措施，如对冲交易、多元化货币配置等，以保障项目的财务稳健性。

法律法规限制：每个国家（地区）都有其独特的法律体系和规定，这些法律法规对外国投资者的权利和义务进行了明确界定。B公司在海外投资过程中，必须严格遵守当地的法律法规，否则可能会面临法律诉讼、罚款，甚至项目被取缔等严重后果。为了避免这些法律风险，该公司在项目初期就应对目标国家（地区）的法律法规进行详尽的研究。这包括但不限于投资法、税法、劳动法、环保法等相关法规。同时，聘请经验丰富的法律顾问团队进行咨询和指导也是至关重要的。他们可以帮助B公司识别潜在的法律风险，提供合规建议，并在必要时协助解决法律纠纷，确保该公司的海外投资活动能够在法治的框架内顺利进行。

8.2.6　小结与策略建议

B 公司通过对外投资和海外发展，不断提升自身的国际竞争力。公司在基础设施建设领域的海外项目成功案例，为其他中国建筑企业提供了宝贵的经验，也为该公司的积极发展奠定了坚实的基础。面对国际市场的挑战，公司需要不断优化管理策略，提高风险管理能力，以确保海外业务的稳健发展。未来，B 公司应继续加大海外市场开拓力度，优化投资策略，以实现可持续发展。同时，该公司还需关注国际市场的风险变化，确保稳健经营。应继续加强与国际合作伙伴的合作，拓展更多的市场机会，实现全球布局的战略目标。

关于 B 公司对外投资以及海外发展，本章提出以下策略建议。

（1）加强风险评估和监控：对于 B 公司而言，在进行海外投资时，全面的风险评估和持续的监控是不可或缺的环节。这包括对投资项目的市场环境、政治稳定性、法律法规、社会文化等多个方面进行深入分析和评估。通过这种全面的风险评估，B 公司可以及时发现并解决潜在的风险和问题，从而确保投资项目的顺利进行。同时，定期的监控和评估还能帮助该公司及时调整投资策略，以应对外部环境的变化，保障投资项目的长期稳健发展。

（2）建立风险应对机制：面对在西部陆海新通道沿线国家（地区）投资中可能遇到的各种风险和挑战，该公司需要建立一套完善的风险应对机制。这套机制应针对不同的风险类型，如市场风险、政治风险、法律风险等，制定相应的应对策略和预案。当风险发生时，该公司能够迅速启动应对机制，采取有效措施来降低风险带来的损失。这种风险应对机制的建立不仅能提高企业的风险抵御能力，还能确保投资决策和实施的合理性与科学性。

（3）优化投资结构：为了实现投资决策和实施的合理性与科学性，需要不断优化其投资结构。这包括调整投资的地域分布、行业领域、项目类型等，以分散投资风险，提高投资回报。同时，该公司还应加强与外部合作伙伴的沟通和协作，寻求更多的投资机会和资源。通过这种对投资结构的优化和外部合作的加强，B 公司可以在全球范围内更好地配置资源，实现投资的多元化和均衡化，进而提升企业的整体竞争力和市场适应能力。

（4）加强区域合作：B 公司应把握西部陆海新通道的战略机遇，积极加强与沿线国家（地区）政府、企业以及各类组织的深度合作。这种合作不仅仅局限于基础设施建设，更应拓展到能源、交通、物流等多个领域。通过与各方共同推进这些领域的发展，B 公司可以实现资源的优化配置，进而达到互利共赢的目标。这种跨区域的深度合作不仅有助于提升该公司在国际市场上的影响力和竞争力，更能够推动沿线国家（地区）的经济社会发展，实现共同繁荣。

（5）重视国际化人才培养：为了适应全球化的发展趋势和海外市场的多元需求，B 公司必须高度重视人才培养工作。该公司应通过多种途径，如内部培训、海外交流、专业进修等，全面提升员工的语言沟通能力、跨文化理解能力以及国际化管理水平。这样的国际化人才队伍将能够更好地适应不同国家（地区）的市场需求和竞争环境，为该公司在海外市场的稳健发展提供有力支撑。

（6）强化创新发展：在激烈的国际竞争中，B 公司必须始终保持创新精神，不断探索和尝试新的发展模式。该公司应聚焦于技术创新和模式创新，深入研究沿线国家（地区）的市场需求和竞争环境，探索出既符合当地实际又具有可持续性的投资模式。同时，B 公司也应积极拓展新的业务领域，如绿色建筑、智能建造等，以适应市场需求和竞争环境的变化。通过这些创新举措，该公司可以不断提升自身的竞争力和市场影响力，实现可持续发展。

（7）推进数字化转型：随着信息技术的飞速发展，数字化转型已经成为企业提升竞争力的重要途径。B 公司应积极拥抱这一趋势，加强数字化技术在企业管理和业务运营中的应用。通过引入先进的信息化管理系统、智能化设备以及大数据分析技术，B 公司可以显著提高工作效率、优化资源配置、降低运营成本，并实现业务的数字化转型和管理升级。这将为该公司在海外市场的发展提供强大的技术支持和竞争优势。

总的来说，B 公司在西部陆海新通道沿线国家（地区）的投资与发展需要综合考虑各种因素，加强风险控制和合作，实现互利共赢，同时也需要不断创新发展，适应市场需求和竞争环境的变化。

第9章 中国对西部陆海新通道沿线 国家（地区）直接投资的 实施路径

9.1 总 结

中国作为重要的新兴经济体自 2002 年起对外直接投资实现高速增长，如今已然位于对外投资大国行列，彰显了对外直接投资的中国特色和优势，但是我国东西部地区发展水平仍存在较大的差异，企业对外直接投资的动力机制也存在一定的特殊性和差异性，西部陆海新通道的实施无疑为我国西部地区对外直接投资带来了新的历史发展机遇。本书通过理论和实证分析得到以下主要结论。

9.1.1 我国对外直接投资大国地位稳固，投资领域和地区广泛

自 2013 年以来，我国对外直接投资的存量规模展现出持续增长的稳健态势，巩固了我国在全球对外直接投资领域的大国地位。在投资领域方面，我国对外直接投资的多元化特征显著，涵盖了国民经济的 18 个行业大类，显示出高度的行业分散性与包容性。从对外直接投资的区位分布来看，我国企业对于"一带一路"倡议共建国家（地区）的投资表现出高度集聚性，近七成投资流向了这些国家（地区），体现了我国与"一带一路"共建国家（地区）经济合作的紧密性与互补性。

9.1.2　西部陆海新通道的建设正处于蓬勃发展阶段

西部陆海新通道建设持续向好的态势与显著成效为西部地区经济发展注入了前所未有的活力与潜力，特别是在对外直接投资领域展现出巨大增长空间。该通道已构建起覆盖我国 18 个省份、72 座城市的国内网络，有效拓宽了企业出海通道，提升了物流运输的便捷性。随着陆运与海运网络的不断拓展和优化，通道现已触及 123 个国家及地区的 514 个港口，物流规模显著扩大，效率显著提升。

9.1.3　经济水平、基础设施与产业结构共同促进对外直接投资

经济水平的提升增强了企业资本、技术和管理实力，提升了其国际竞争力与接受度，使其进行对外直接投资时具有更大的竞争优势；完善的基础设施降低了企业运营成本，促进了区域经济一体化发展，这对于企业来说，不仅意味着更高的竞争力还意味着其进行对外直接投资时有更加广阔的机遇。而产业结构的优化则通过资源配置优化、生产效率提升及创新能力增强，不仅推动了经济健康发展，还增强了经济体系的韧性和抗风险能力，为对外直接投资提供了坚实的支撑。

9.1.4　西部陆海新通道参与省份对外直接投资特性各不相同

每个省份的对外直接投资特性反映了其独特的资源禀赋和战略定位，西部陆海新通道参与省份对外直接投资特性各不相同，这主要由它们的地理位置、经济基础、产业特色以及政策导向等因素决定。因此，优势各不相同的省份之间可以相互学习，优势互补，协同进步，共同发展。

9.1.5　国际技术溢出能有效提升企业自主创新能力

企业通过多种国际技术溢出渠道能接触、学习到先进的海外知识。在这些国际技术溢出渠道中，OFDI 逆向技术溢出能通过 R&D 费用分摊效应、R&D 成果反馈效应、竞争效应以及人才流动效应来提升企业的自主创新能力。然而，

IFDI 技术溢出与进口贸易技术溢出对企业自主创新未表现出显著影响。

9.1.6　西南地区的 OFDI 逆向技术溢出效应较西北地区更强

西部板块中的北部地区与南部地区的经济发展差异明显，我国西南地区 OFDI 逆向技术溢出对企业自主创新的提升效应较西北地区更强。区域发展差异离不开政策基础、产业结构和资本投入三方面的因素，但对于西部板块来说，西北地区和西南地区拥有相似的政策基础，最大的不同在于各自拥有的资源禀赋以及在此基础上形成的产业结构。

9.1.7　金融发展程度较高地区的企业 OFDI 逆向技术溢出效应更优

金融是现代经济的核心，对实体经济至关重要。随着金融发展水平的提高，企业能够通过成熟的金融市场获得资金支持，这能有效缓解对外直接投资过程中的资金压力并促进技术创新。反之，则可能抑制企业的创新动力。因此，金融发展程度较高的地区企业的 OFDI 产生的逆向技术溢出对企业自主创新的积极作用更为显著。

9.1.8　产业结构高级化能正向影响 OFDI 逆向技术溢出的创新效应

产业结构的优化升级一直是我国经济发展的重要目标之一。我国西部地区产业结构高级化能正向影响 OFDI 逆向技术溢出对企业自主创新能力的提升，换言之，西部地区产业结构越高级，对外直接投资所带来的技术溢出就越能促进企业自主创新。

9.1.9　地区吸收能力会影响 OFDI 逆向技术溢出的创新效应

经济发展程度与研发强度存在单一门槛；金融发展水平、对外开放程度与政府干预存在双重门槛；人力资本存量未达到门槛值。经济发展程度越高，

OFDI 逆向技术溢出对企业创新能力的影响就会越发明显；对外开放程度越高，OFDI 逆向技术溢出对企业创新能力的影响则会越小；对贸易的依赖程度越高，OFDI 逆向技术溢出对企业自主创新能力的影响呈消极态势；财政支出强度越高，OFDI 逆向技术溢出对企业自主创新能力的影响呈现先升后降的趋势；研发强度、金融发展水平的提高，均会增强西部地区企业对海外知识的吸收能力，从而促进 OFDI 逆向技术溢出的创新效应。

9.2 中国对西部陆海新通道沿线国家（地区）直接投资的实施路径分析

通过以上理论、实证及案例分析的研究，结合国内外的优秀研究成果和实践经验，本书提出中国对西部陆海新通道沿线国家（地区）直接投资的实施路径，路径框架如图 9.1 所示。

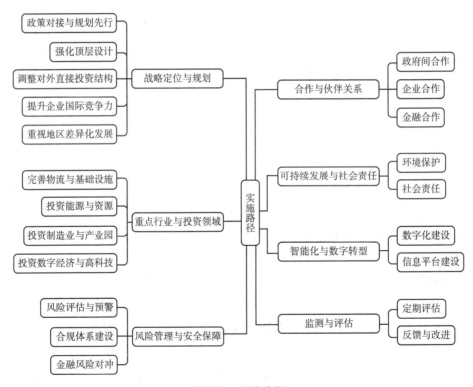

图 9.1 实施路径

9.2.1　战略定位与规划

1. 政策对接与规划先行

西部陆海新通道沿线国家（地区），作为一个充满潜力的投资区域，吸引着众多中国企业的目光。然而，对外直接投资应避免盲目性，需要精心策划和明确方向。为了确定投资的主要领域，企业必须先对西部陆海新通道沿线国家（地区）进行详尽的国别研究，了解其经济发展阶段、资源分布、产业布局及未来发展规划，确保投资方向与当地需求相契合，比如，对于拥有丰富太阳能、风能资源的国家，可重点投资新能源项目；而对于人口密集、城镇化率高的城市，则可探索智慧城市和数字化转型的投资机遇。这一了解的过程并非一蹴而就，而是需要企业投入大量的时间和精力进行深入研究。企业应该仔细研读西部陆海新通道沿线国家（地区）的经济规划文件，洞察其未来的发展方向和重点。同时，企业还需要关注这些国家（地区）的产业政策，以了解哪些行业受到政府的扶持和鼓励，哪些行业可能面临政策限制或挑战。通过高层互访、多边会议等渠道，加强与沿线国家（地区）政府的政策对话，确保投资规划与当地发展战略的精准对接。建立常态化的政策协调与信息交流机制，为投资项目的落地创造良好的政策环境。

除此之外，市场需求也是一个不可忽视的重要因素。企业需要深入分析当地消费者的需求和偏好，以及不同行业在当地市场的发展状况和竞争态势。通过探寻这些国家的经济发展短板和潜在的增长点，企业可以更加准确地把握投资机会。当然，企业在明确投资领域时，也需要清晰认识到自身的核心竞争力和技术优势。只有找到企业自身长处与沿线国家（地区）发展需求的契合点，才能确保投资的成功和可持续发展。企业可以明确投资的主要领域。例如，投资于基础设施项目以促进区域互联互通，这不仅有助于提升当地的交通和通信能力，还能为企业带来稳定的收益。或者，企业可以选择进入能源、矿产领域，利用当地的资源优势进行开发，满足国内外市场的需求。此外，农业等领域也是一个值得考虑的投资方向，特别是对于那些希望助力当地农业现代化进程的企业来说。

2. 强化顶层设计

首先，在顶层规划中，应明确直接投资的总体目标，如促进产业升级、增强区域联通、推动可持续发展等。结合沿线国家（地区）的具体情况，精选具有比较优势和市场潜力的行业，如现代农业、清洁能源、信息技术等，作为投资的重点领域。国家层面发布详细的《陆海新通道沿线国家投资指南》，明确列出鼓励、限制和禁止类投资项目清单，为投资者提供清晰的政策边界。

其次，鼓励更多非国有企业大胆"走出去"。当前，我国对外直接投资仍然是以国有企业为主体，国有企业占比超过其余所有类型企业的总和。国家应该制定更多的优惠政策，鼓励我国民营企业尤其是中小企业积极"出海"，让更多中小企业有机会参与更多的国际竞争，激发出更多的创造力，从而进一步提高我国企业在国际市场的竞争力。设计税收减免、融资支持、保险保障等激励政策，降低企业"走出去"的成本和风险。鼓励地方政府根据国家规划，结合本地产业特色和优势，出台配套政策措施，引导和协助本地企业参与西部陆海新通道沿线国家（地区）的投资项目。

再次，构建有效的国际技术扩散平台。有效的技术扩散平台对于促进海外先进技术向中国西部地区的扩散至关重要。这一过程不仅有助于提升当地企业的技术创新能力和竞争力，还能加速区域经济的发展与转型。一是技术扩散平台应当具有明确的战略定位，旨在搭建起国际技术供给与西部地区技术需求之间的桥梁。通过开展深入的市场调研和技术评估工作，可以准确地识别出适合当地产业发展的关键技术领域，并确保所引进的技术既具有先进性又符合当地的实际情况和发展需求。二是技术扩散平台应提供全方位的技术支持与咨询服务以提高技术转移的成功率。这包括但不限于知识产权管理、技术标准对接、定制化技术改造方案等。通过专业的技术支持，可以帮助企业克服技术吸收过程中可能遇到的各种障碍，确保技术能够顺利地在本土环境中实施与应用。

最后，推进产业结构高级化。西部地区产业结构高级化在促进经济增长方式转变的同时，还有助于实现可持续发展并缩小与东部地区之间的经济差距。为了发挥产业结构高级化对国际先进技术知识吸收的积极作用，应当推动西部地区产业结构向高级化方向转变。一方面，应当鼓励西部地区企业通过 OFDI 引进技术水平较高的项目，推动产业结构向高端化方向发展；另一方面，提高科研经费的投入与科技创新人才的培养力度，同时引进海外高层次人才，为产业结构升级提供智力支持。另外，引导并鼓励企业与高校和研究机构之间建立协同创新机制，共同推进技术创新并提升科研成果的实际应用性。

3. 调整对外直接投资结构

首先，我国应该积极调整企业对外直接投资的区域分布结构。在保证投资风险可控的前提下，尽可能扩大投资区域，而不是仅仅集中在亚洲地区，从而能够帮助企业避免因投资区域过于集中而带来的较大竞争压力。一方面，政府应该有意识地引导企业寻找政治稳定、经济发展潜力大、法律法规完善的国家（地区）进行对外直接投资。积极选择那些具备更加完善的基础设施、更加高效安全的营商环境以及更加成熟和广阔的市场的国家和地区，科学吸收这些国家和地区更加先进的技术与管理经验。另一方面，西部陆海新通道沿线发展中国家众多，对发展中国家的投资也应该继续扩大区域范围，充分利用我国与其他发展中国家的资源和产业互补性，避免资源浪费，提高投资效益，更好实现资源的合理配置。

其次，调整我国企业对外直接投资的产业结构。我国企业对外直接投资普遍集中在资本和劳动密集型产业，充分发挥我国高科技产业优势对目标国家（地区）进行投资，同时优化我国企业对外投资的产业结构，能够更好地提高我国企业在国际市场上的竞争力。优化产业结构，可以从以下三个方面进行：第一，明确产业发展方向和目标，政府应根据地方特色和优势，确定主导产业和战略性新兴产业，设定产业结构调整的短期、中期和长期目标，明确重点发展领域和产业链关键环节。第二，加大科技创新力度，政府可以通过鼓励企业增加研发投入，支持科技创新平台建设。加强与高校、科研机构的合作，推动产学研深度融合。引进和培育高层次人才，打造高素质的创新团队等方式加大科技创新力度。第三，实施重点产业调整升级行动计划，聚焦高端制造业、现代服务业、高技术产业和战略性新兴产业等，特别是数字经济、人工智能、生物医药、新能源等领域，培育新的经济增长点和竞争优势，提升国民经济的技术含量和附加值。此外还应该促进传统产业的转型升级，推动其向智能、绿色、高效方向发展。

4. 提升企业国际竞争力

对于企业来说，要先提升在业务全球条件下的经营管理能力。这一方面要求企业结合自身优势、特点和战略目标选择合适的投资区域，并主动适应东道国当地的社会文化环境，充分了解并尊重当地宗教和风俗习惯，增强风险防范意识，以确保对外投资活动安全、顺利进行。另一方面要求企业加大人力资本的投入，提高人才培养力度，更加注重国际化专业人才的引进和培养，为企业的跨国经营活动大力培养出符合国际化要求的跨国管理人才。

除此之外，企业必须在跨国竞争中重视自身核心创造力的培养，以求在激烈的国际竞争中拥有持续经营的能力。首先，企业应该加大技术上的投入，不断提升自身创新能力，培养出核心技术作为自己在国际市场的战略资产。其次，企业要加强品牌建设，重视品牌效应，通过设计研发、品牌营销等方式打造出国际知名的品牌，从而形成自身的产业优势，建立拥有自主知识产权、品牌声誉的全球化公司。最后，加强企业培训，提升其国际化经营能力和风险防控意识，形成"政府搭台、企业唱戏"的良好局面。

5. 重视地区差异化发展

由于西部地区不同省份在经济发展水平、产业结构和自然资源等方面存在较大差异，这些省份的知识吸收能力也可能具有差异性，进而导致 OFDI 逆向技术溢出效应呈现出地区差距，那么西部地区就更需要因地制宜地采用差异化的策略，避免单一策略导致的错配。考虑到西南地区对国际技术知识的吸收能力较西北地区更强，可以采取以下措施：对于西南地区，政府应重点支持该地区企业进行海外投资和技术引进，尤其是那些能够促进技术引进和创新的项目；对于西北地区，则应通过政策引导和产业扶持，推动该地区产业结构向更高层次转型。

9.2.2 重点行业与领域投资

1. 完善物流与基础设施

针对重庆、广西北部湾等区域，进行港口扩建和现代化改造，提升自动化水平，增强吞吐能力。同时，优化铁路、公路网络布局，建设多式联运物流中心，确保货物高效中转。在东盟国家，选择地理位置优越的港口进行投资和合作，比如泰国的林查班港、马来西亚的巴生港，提升其处理能力和国际中转功能。在关键物流节点附近建设或升级物流园区，提供一站式服务，包括仓储、分拣、包装、报关、金融等，形成供应链集成解决方案，提高物流效率，降低企业成本。在智能物流系统方面，可以利用物联网、大数据等技术，构建智能物流信息平台，实现实时货物追踪、智能调度和数据分析，提升物流管理的智能化水平。

从政府角度来看，可以从以下两个方面着手进行：第一，制定基础设施发展规划，政府应制定长期、中期和短期的基础设施发展规划，明确建设目标、优先级和时序安排，此外规划应综合考虑国家发展战略、区域平衡、人口增长、城镇化进程等因素，以此提高项目可行性和科学性。除制定基础设施发展规划外，政府还应该建立健全项目审批、监管和评估机制，确保项目质量和效益。第二，加大财政投入，政府应提高基础设施建设的财政投入，确保资金充足，如果某些省份财政状况欠佳，也可以鼓励社会资本参与基础设施建设，形成多元化的投资格局。

2. 投资能源与资源

投资于沿线国家（地区）的能源资源开发项目，如石油、天然气、矿产资源，确保供应链的安全和能源供应的多元化。例如，在中东、中亚、非洲等能源资源丰富的国家（地区），参与石油、天然气田的勘探与开发，同时关注可再生能源项目，如太阳能、风能电站的建设，推动能源供应结构的多元化。与澳大利亚、巴西、南非等矿产资源大国合作，投资铁矿、铜矿、锂矿等关键矿产资源的开采与加工，确保供应链稳定，并支持国内新兴产业的发展需求。除此之外，需要为能源和资源项目配套建设必要的交通、电力、水利等基础设施，确保资源的顺利开采和运输。

3. 投资制造业与产业园区

企业对外投资选址与定位很重要，选择具有成本优势、市场潜力和政策支持的国家（地区），如马来西亚、泰国、印度尼西亚等，建设专业化的产业园区，专注于电子、汽车、生物医药等高附加值制造业。鼓励入园企业形成上下游产业链条，通过集群效应降低生产成本，提升整体竞争力。同时，推动技术创新和产业升级，引入智能制造和绿色生产技术。根据产业发展的需要和市场需求，优化产业布局和空间结构。通过合理规划产业园区、经济开发区等载体，引导产业集聚发展，同时加强区域合作与协同发展，推动形成优势互补、联动发展的区域产业格局。相关部门争取当地政府在土地使用、税收优惠、人才引进等方面的政策支持，提供一站式政务服务，简化企业入驻流程。

4. 投资数字经济与高科技

投资数据中心、宽带网络、5G基站等数字基础设施，为数字经济的发展奠定基础。在人工智能、大数据、云计算等领域，通过设立研发中心、孵化器和科技园区，吸引国内外创新资源，推动技术创新和成果转化。并且要促进数字技术与传统产业的深度融合，比如智慧农业、智能制造、智慧城市等，提升产业效率和竞争力。针对这些新兴产业和战略性产业，如数字经济、人工智能、生物医药等，应加大培育力度。通过政策引导、资金投入和人才引进等方式推动这些产业快速发展，形成新的经济增长点。

9.2.3 风险管理与安全保障

1. 风险评估与预警

在进行海外投资时，风险评估与预警体系是确保投资安全与成功的关键。企业需要密切跟踪目标国家（地区）的政治局势，包括政府稳定性、外交政策、地缘政治冲突等，评估其对投资项目潜在的影响。通过建立政治风险模型，定期监测政治动态，及时预警可能的政策变动、政权更迭等风险，为决策提供依据。并且深入研究目标市场的经济周期、行业趋势、消费者行为等，利用定量分析和定性分析相结合的方法，评估市场需求变化、竞争格局变动等市场风险。通过建立市场情报系统，持续跟踪市场动态，为项目调整和风险管理提供支持。对目标国家（地区）的法律体系进行深入研究，包括投资法、税务法、劳动法、环保法等，确保投资项目符合所有相关法律法规要求。建立法律风险数据库，定期更新法律法规变化，提供法律咨询服务，确保合规操作。构建基于大数据和人工智能的风险预警系统，集成全球政治、经济、法律信息，利用算法模型自动识别风险信号，提前预警可能的风险事件。建立快速响应机制，一旦触发预警，立即启动应急预案，采取措施降低风险影响。

2. 合规体系建设

构建健全的合规体系同样重要，对外投资企业或部门定期组织合规培训，涵盖国际规则、当地法律法规、行业规范等内容，提高全体员工尤其是海外项目团队的合规意识。利用线上课程、研讨会、案例分享等形式，确保合规知识深入人心。制定详细的合规政策手册和操作程序，明确各项业务活动的合规标准和操作流程。建立合规审查机制，对所有投资项目进行合规性预审，确保从项目策划到执行的每一步都符合要求。同时，要营造"合规至上"的企业文化，从管理层做起，树立合规标杆，鼓励员工主动报告合规问题，建立匿名举报机制，保护举报人权益。通过正向激励和负向约束相结合的方法，使合规成为企业行为准则。

3. 金融风险对冲

利用金融衍生品如远期合约、期权等工具，锁定汇率，对冲现金流的外汇风险。根据汇率波动趋势和项目现金流特点，制定对冲策略，有效管理外汇风险敞口。并结合项目特性，探索多样的融资方式，包括但不限于银行贷款、债券发行、股权融资、国际金融机构贷款等，降低对单一融资渠道的依赖，优化融资成本结构。建立融资风险监控体系，定期评估融资结构的稳定性，监控利率、汇率变动对融资成本的影响，及时调整融资策略，确保资金链安全。

9.2.4　合作与伙伴关系

1. 政府间合作

深化政府间合作是推动中国与西部陆海新通道沿线国家（地区）直接投资的关键一环。政府间通过高层互访、联合委员会等形式，定期举行高级别对话，就投资合作的重大问题进行沟通，为投资保护协定的签订和实施提供高层推动。与沿线国家（地区）签订双边或多边投资保护条约，确保中国投资者的合法权益得到有效保护，降低政治风险，投资保护条约应包括财产安全、知识产权保护、公平竞争等条款。通过政府间谈判，为中国企业争取税收减免、土地使用权优惠、简化行政程序等优惠政策，降低企业投资成本，提升投资吸引力。推动与沿线国家（地区）达成贸易便利化协议，简化通关手续，减少非关税壁垒，提高物流效率，为商品和服务的自由流动创造条件。

2. 企业合作

鼓励中国企业与沿线国家（地区）企业及国际企业进行深度合作，实现优势互补，共同成长。在关键领域和项目中，通过建立合资公司，整合双方的技术、品牌、市场资源，共同开拓市场，分担风险，共享收益；在特定项目中，中国企业可当地企业或国际企业建立合作关系，共享管理经验，协同完成项目，加速市场渗透。与当地企业合作是在对外投资过程中深入获取市场信息和行业数据的有效途径。通过与目标国家（地区）当地的研究机构或咨询公司建立合作关系，可以获得更为及时准确的市场信息，这对于把握市场动态、调整投资策略至关重要。亦可参与沿线国家（地区）基础设施、公共服务等领域的 PPP 项目，政府与私营部门合作，共同承担风险与投资，提升项目运营效率。

3. 金融合作

为了有效支持企业进行海外投资和技术引进，通过完善金融基础设施、鼓励金融业创造多样化的金融服务产品等方式来构建一个全面的支持体系。这一举措不仅能够为企业提供所需的金融资源，还能够降低投资风险，增强企业的国际竞争力。

首先，金融基础设施是支撑整个金融体系正常运行的基础。它包括支付系统、金融市场、金融机构以及相应的监管框架等多个方面。因此，有必要进一步优化和完善这些基础设施，以提高金融服务的效率和质量。例如，通过改进支付系统的便捷性和安全性，可以使跨境交易更加顺畅；通过建立健全的信用评级体系，可以有效降低因信息不对称而产生的风险；通过加强金融监管，可以维护市场的公平竞争环境，保护投资者利益。

其次，鼓励金融机构创造多样化的产品和服务。这包括为海外投资提供量身定制的贷款产品、保险服务、风险管理工具以及投资咨询等。例如，针对中小企业面临的资金短缺问题，可以开发专门的信贷产品，降低融资门槛；对于大型跨国项目，则可以提供结构复杂的融资方案，如银团贷款或项目融资等，以满足其复杂多变的资金需求。

最后，拓宽对外投资融资渠道，降低融资成本和风险。企业在进行对外投资时要加强与国际金融机构和开发银行的联系，拓宽融资渠道，降低融资成本，确保项目资金安全。例如与亚洲开发银行、世界银行等国际金融机构合作，申请优惠贷款、项目贷款，以及技术援助和咨询服务，提升项目的可行性与可持续性。利用国家开发银行、丝路基金等平台，为大型基础设施、产能合作项目提供长期、低息贷款，支持项目的顺利实施。与出口信用保险公司、多边投资担保机构合作，为海外投资提供政治风险、商业风险保险，增加项目抗风险能力。也可以利用创新融资工具，探索绿色债券、熊猫债券等新型融资工具，吸引国际投资者参与，拓宽融资渠道，同时推动绿色金融发展，支持可持续项目。

9.2.5　可持续发展与社会责任

1. 环境保护

确保投资项目符合环保标准，推广绿色低碳技术，参与生态修复和环境保护项目。在项目规划初期，进行环境影响评估（EIA），确保所有投资项目符合国际环保标准及东道国的环保法律法规。评估内容覆盖水资源、空气质量、生物多样性保护等多个维度，对可能产生的环境影响进行预测并提出缓解措施。在项目实施过程中，优先采用节能、减排、资源循环利用等绿色低碳技术。比如，建设绿色建筑，采用太阳能、风能等可再生能源；在工业生产中使用清洁生产技术，减少污染物排放。对因项目建设不可避免造成的生态环境破坏，制订详细的生态修复计划并予以实施。同时，参与或资助当地的生态保护项目，如湿地恢复、森林植被重建等，促进生物多样性的保护。建立项目全生命周期的环境管理体系，实施定期环境监测，及时发现并纠正环境污染问题。公开环境信息，接受社会监督，提升环境管理的透明度和责任感。

2. 社会责任

注重当地社区发展，创造就业机会，提升当地民众生活水平，尊重当地文化和习俗，参与公益事业。企业海外投资的社会责任体现于促进当地经济社会发展，尊重人权，保护劳工权益，以及积极参与社区建设。优先考虑雇用当地劳动力，提供职业培训和技能提升计划，帮助提升当地就业质量和数量，促进经济自给自足和长期发展。企业可通过投资于基础设施建设，如供水、供电、教育、医疗卫生等，改善当地居民的生活条件。通过建立学校、诊所等社会福利设施，提升民众健康水平和教育水平。另外，还需要深入了解并尊重东道国的文化传统和习俗，避免文化冲突，促进文化融合。在项目设计和运营中融入当地文化元素，支持文化保护和传承项目。建立与当地社区的沟通机制，听取社区意见和需求，参与社区公共事务。支持和参与公益项目，如教育援助、灾害救援等，增强企业与社区的互动和信任。遵循国际公认的社会责任标准，如联合国全球契约等，确保运营活动的透明度和道德性。建立有效的投诉和反馈机制，及时响应和解决社区关切，构建和谐的社企关系。

9.2.6 智能化与数字化转型

1. 数字化建设

近年来，随着信息数字技术的迅猛发展，催生出了许多新的业态和模式，数字化投资正在为企业提供更高效精准的生产和市场营销方式，数字革命也成为企业重塑国际生产体系和国际竞争力的关键。在"一带一路"倡议和西部陆海新通道建设的背景下，数字化转型已成为推动投资项目高效运行、提升国际竞争力的关键途径。对于我国企业来说，首先，应加快推进数字技术和实体经济深度融合，利用数字技术来实现信息、技术和产能等的精准配置与高效对接，积极推进数字化转型升级，全方位改造传统产业，帮助企业自身逐渐完成从传统企业到数字化企业的转型，努力打造出国际竞争新优势。其次，相较于我国东部地区，数字化转型对西部地区企业对外直接投资的积极影响更大，我国西部地区企业发展水平相对落后，数字化基建水平相对于我国东部地区存在较大差异，因此更应注重提高西部地区数字化基建水平，助推我国西部地区企业与西部陆海新通道沿线国家（地区）的数字化合作，进一步提升我国整体企业的数字化水平。

利用云计算技术构建项目管理云平台，实现数据的集中存储、处理和分析。通过云端的资源共享，项目团队可以随时随地访问数据，提高协作效率，减少物理硬件投资，灵活应对业务规模的变化。在进行海外项目时，整合项目运行过程中的大量数据，如物流轨迹、交易记录、市场动态等，运用大数据分析技术，进行趋势预测、风险预警、成本优化等。大数据洞察帮助企业精准决策，提升投资项目的成功率和回报率。在基础设施建设和运营管理中，引入物联网技术，部署智能传感器和监控设备，实时监测设备状态和环境参数，实现远程监控和预防性维护，降低故障率，延长资产寿命。通过构建数字化供应链平台，实现供应商管理、采购、库存、物流等环节的透明化和自动化。运用区块链技术确保交易的透明性和不可篡改性，减少中间环节，提高供应链的整体响应速度和灵活性。还可以利用 AI 算法进行数据分析和模式识别，优化资源配置，预测市场需求变化，辅助决策者快速作出科学判断。在客户服务、风险控制、项目规划等方面，AI 的应用可以大幅提升工作效率和精确度。

2. 信息平台建设

为了进一步提升西部陆海新通道的运行效率和透明度，构建统一的信息服务平台至关重要。平台集成各物流节点的数据，包括港口、铁路、公路、仓储等，提供实时货物追踪、物流路线优化、运输能力匹配等功能，减少物流延误，提高物流效率。建立国际贸易信息库，汇集海关、检验检疫、贸易政策、市场行情等信息，为企业提供一站式的贸易信息服务，促进贸易便利化，降低交易成本。同时进行金融服务对接，整合银行、保险、融资等金融服务资源，为企业提供在线融资申请、信用评估、保险购买等服务，简化融资流程，降低融资门槛，保障资金安全。收集整理沿线国家（地区）的法律法规、投资政策、税收规定等，为企业提供快速查询和解读服务，帮助企业更好地遵守当地规则，减少法律风险。通过数据分析模块，对海量数据进行深度挖掘，生成直观的图表和报告，帮助管理者和决策者把握市场趋势，为政府决策和企业战略规划提供数据支持。数字化建设和信息平台的构建都是提升西部陆海新通道项目管理和运营效能的核心举措，不仅能够促进信息的高效流通，提高决策质量，还能够通过技术赋能，推动沿线国家（地区）的经济一体化进程，实现共赢发展。

9.2.7　监测与评估

1. 定期评估

首先，要对经济绩效进行定期评估，包括经济、社会、环境等多维度评价，及时调整投资策略。重点关注项目的财务健康状况，包括但不限于投资回报率、成本效益分析、现金流状况、资产收益率等关键指标。通过对这些数据的定期分析，评估项目是否达到预期的盈利目标，及时发现并解决潜在的财务问题，确保国有资产的保值增值。其次，对于社会效益，企业需要定期考察投资项目对当地社会福祉的影响，比如就业机会的创造、居民收入的提升、基础设施的改善、教育资源的普及、医疗服务的提升等。通过问卷调查、社区访谈、第三方评估等方式，收集利益相关方的反馈，确保投资活动能够促进当地社会的和谐发展，增强民众的获得感和幸福感。最后，需要定期对环境影响进行评估，环境维度的评估关注投资项目对自然环境的影响，包括节能减排、生物多样性保护、污染控制等方面。通过实施绿色投资策略，采用环境友好型技术，减少碳足迹，确保投资项目与全球气候变化目标相协调，推动生态文明建设。为了确保投资效果评估的公正性和准确性，企业通常会邀请独立的第三方评估机构进行客观评估。这些机构拥有丰富的评估经验和专业的评估团队，能够运用科学的方法和工具对项目进行全面深入的评估。它们的评估结果不仅具有高度的可信度和说服力，还能为企业提供宝贵的反馈和建议，帮助企业在未来的投资活动中更加精准地把握市场机遇和风险。

2. 反馈与改进

每当一个投资项目结束或达到某个重要阶段后，企业都应当及时进行经验的总结和教训的反思。这不仅有助于巩固和提升企业在投资管理方面的能力，还能为未来的投资项目提供宝贵的参考和借鉴。在总结投资过程中的经验教训时，企业应深入分析项目的每一个环节，包括项目策划、资金筹措、执行管理以及投资效果等各个方面。建立项目反馈机制，收集各方意见，持续优化投资路径和管理机制，确保投资活动的持续性和有效性。建立一个开放、透明的项目反馈机制，是持续优化投资路径和管理机制的关键。这包括但不限于定期召开项目评审会议，邀请政府、企业、社区代表及第三方机构参与，就项目进展、遇到的问题及解决方案进行讨论；设立专门的投诉与建议渠道，鼓励所有利益相关方提出宝贵意见；利用大数据和人工智能技术，实时监测项目数据，实现快速响应与调整。通过持续地改进，企业可以确保投资活动更加精准、高效，从而实现投资回报的最大化。在追求经济效益的同时，企业必须高度重视环境保护和社会责任。

本书提出的实施路径体现了从战略规划到具体执行，再到效果评估的完整循环。建立循环式的投资管理模式，能够及时发现并解决问题，不断优化投资策略和流程，为企业对外投资和高质量建设西部陆海新通道提供有益的参考。

9.3　结　　语

西部陆海新通道建设作为我国新时代重要发展战略，相关省份正在积极研究和快速建设之中，需要研究的内容非常宽广和迫切，本书旨在对我国对西部陆海新通道沿线国家（地区）对外直接投资的影响机制和实施路径进行研究，限于时滞性、数据的可得性和能力水平，还存在诸多的不足，还需持续跟进研究和不断完善丰富，并对西部陆海新通道建设进行更广领域的研究探索。

参 考 文 献

[1] 安孟. 对外直接投资能否提升区域创新效率 [J]. 中国科技论坛, 2022 (2): 141 - 150.

[2] 曹跃群, 赵世宽, 张晗. 异质性研发投入如何影响区域经济增长——条件、空间效应与机制分析 [J]. 管理评论, 2023 (11): 62 - 74 + 101.

[3] 陈保林, 齐亚伟. 对外直接投资逆向技术溢出效应对企业创新的影响——基于省级面板数据的实证分析 [J]. 江西社会科学, 2021 (12): 58 - 65.

[4] 陈菲琼, 虞旭丹. 企业对外直接投资对自主创新的反馈机制研究: 以万向集团 OFDI 为例 [J]. 财贸经济, 2009 (3): 101 - 106 + 137.

[5] 陈菲琼, 钟芳芳, 陈珧. 中国对外直接投资与技术创新研究 [J]. 浙江大学学报 (人文社会科学版), 2013 (4): 170 - 181.

[6] 陈昊, 吴雯. 中国 OFDI 国别差异与母国技术进步 [J]. 科学学研究, 2016 (1): 49 - 56.

[7] 陈特特, 卢潇潇, 许露元, 唐红祥. 西部陆海新通道与产业升级研究 [J]. 社会科学家, 2023 (6): 89 - 97.

[8] 陈曦. 一带一路战略下多种中欧贸易运输通道比较研究 [J]. 物流工程与管理, 2018 (8): 7 - 11.

[9] 陈岩, 马利灵, 钟昌标. 中国对非洲投资决定因素: 整合资源与制度视角的经验分析 [J]. 世界经济, 2012 (10): 91 - 112.

[10] 陈治, 张少华. 数字经济、空间溢出与区域创新能力提升——基于中国 274 座城市数据的异质性研究 [J]. 管理学刊, 2023 (1): 84 - 101.

[11] 仇娟东, 李勃昕, 安纪钊. 中国企业对 "一带一路" 沿线的投资效应评估 [J]. 经济与管理研究, 2023 (6): 38 - 56.

[12] 楚明钦, 丁平. 中间品、资本品进口的研发溢出效应 [J]. 世界

经济研究，2013（4）：60 – 65 + 89.

[13] 褚吉瑞．研发投入、纵向社会资本对企业创新的影响研究 [J].
商业经济研究，2023（10）：176 – 180.

[14] 丁秀飞，毕蕾，仲鑫．中国对外直接投资与制造业全球价值链升级的双向影响关系研究 [J]．宏观经济研究，2021（12）：69 – 82.

[15] 东艳．南南型区域经济一体化能否促进 FDI 流入？——中国—东盟自由贸易区引资效应分析 [J]．南开经济研究，2006（6）：70 – 88.

[16] 董艳，张大永，蔡栋梁．走进非洲——中国对非洲投资决定因素的实证研究 [J]．经济学（季刊），2011（2）：675 – 690.

[17] 方慧，宋玉洁．中国对"一带一路"沿线直接投资会降低企业经营风险吗 [J]．现代经济探讨，2021（3）：67 – 78.

[18] 方旖旎．互联网企业对外直接投资的路径与风险研究 [J]．湖湘论坛，2018（1）：141 – 148.

[19] 冯德连，白一宏．长江经济带对外直接投资的逆向技术溢出效应与区域创新能力 [J]．安徽大学学报（哲学社会科学版），2021（1）：115 – 123.

[20] 冯华，韩小红．外商直接投资对中国工业创新绩效的影响研究——基于三个中介效应的分析 [J]．经济与管理研究，2020（7）：18 – 30.

[21] 高潇博，王璐雯，孔群喜．OFDI 逆向技术溢出是否存在"门槛条件"——基于区域及行业的视角 [J]．国际商务（对外经济贸易大学学报），2018（6）：61 – 74 + 126.

[22] 古柳，宋婕．"一带一路"背景下中国对外直接投资的价值链构建效应 [J]．国际经贸探索，2020（11）：99 – 114.

[23] 韩沈超．地方政府效率对 OFDI 的影响研究 [D]．杭州：浙江大学，2017.

[24] 韩沈超，徐姗．税收政策、产业结构升级与对外直接投资——基于税收结构异质性的母国驱动力探析 [J]．西部论坛，2019（6）：60 – 72.

[25] 韩先锋，惠宁，宋文飞．OFDI 逆向创新溢出效应提升的新视角——基于环境规制的实证检验 [J]．国际贸易问题，2018（4）：103 – 116.

[26] 韩玉军，王丽．中国 OFDI 逆向技术溢出效应的影响因素研究——基于国别面板数据的非线性门槛技术回归 [J]．经济理论与经济管理，2015（6）：94 – 105.

[27] 何骏. 中国企业对外直接投资的动力研究——从内、外部动力源视角的解释 [J]. 财经理论与实践，2008 (4)：41-44.

[28] 侯文平，苏锦红. 中国对外直接投资区位选择影响因素研究 [J]. 商业研究，2018 (1)：79-86.

[29] 胡海情. 中国投资东盟的驱动机制探析 [J]. 创新，2012 (6)：67-71+127.

[30] 胡震."一带一路"背景下物流经济发展研究 [J]. 经济研究导刊，2020 (12)：27-28.

[31] 黄梦琳，李富有. 对外投资政策、逆向技术溢出与技术依赖对创新绩效的影响效应 [J]. 经济问题探索，2024 (5)：149-167.

[32] 冀相豹. 制度差异、累积优势效应与中国 OFDI 的区位分布 [J]. 世界经济研究，2014 (1)：73-80+89.

[33] 蒋冠宏，蒋殿春，蒋昕桐. 中国技术研发型外向 FDI 的"生产率效应"——来自工业企业的证据 [J]. 管理世界，2013 (9)：44-54.

[34] 蒋冠宏，蒋殿春. 中国对外投资的区位选择：基于投资引力模型的面板数据检验 [J]. 世界经济，2012，35 (9)：21-40.

[35] 金成国，李达耀，黄伟新. 进口贸易技术溢出对高技术产业技术创新的影响——基于 PVAR 模型的检验 [J]. 企业经济，2021 (12)：135-143.

[36] 金靖宸. 中国制造业对外直接投资与东道国经济增长的关系——基于"一带一路"沿线国家的经验分析 [J]. 财经问题研究，2021 (4)：108-115.

[37] 靳巧花，严太华. 国际技术溢出与区域创新能力——基于知识产权保护视角的实证分析 [J]. 国际贸易问题，2017 (3)：14-25.

[38] 李婵娟，吕优，钟雨欣. 长江经济带数字普惠金融发展的区域差异、动态演进与收敛性考察 [J]. 统计与决策，2022 (20)：132-138.

[39] 李富昌，郭睿，胡晓辉. 泛亚大通道建设对区域经济合作的作用机理剖析 [J]. 对外经贸，2016 (10)：56-58.

[40] 李海莲，胡恩佳，李采玥."一带一路"沿线国家口岸便利化水平对中国出口贸易的影响 [J]. 东北亚经济研究，2020 (3)：17-28.

[41] 李辉. 经济增长与对外投资大国地位的形成 [J]. 经济研究，2007 (2)：38-47.

[42] 李磊, 郑昭阳. 议中国对外直接投资是否为资源寻求型 [J]. 国际贸易问题, 2012 (2): 146-157.

[43] 李梅, 柳士昌. 对外直接投资逆向技术溢出的地区差异和门槛效应——基于中国省际面板数据的门槛回归分析 [J]. 管理世界, 2012 (1): 21-32+66.

[44] 李末芝, 张兰霞, 柯小霞. OFDI 逆向技术溢出对区域创新绩效的影响研究 [J]. 技术经济与管理研究, 2022 (12): 123-128.

[45] 李万青. 面向东盟的西南物流通道建设研究 [J]. 江苏商论, 2009 (9): 58-60.

[46] 李雪欣. 中国企业对外直接投资动因新解 [J]. 中国流通经济, 2002 (6): 42-45.

[47] 李亚. 中国企业实施"走出去"战略的路径选择 [J]. 企业活力, 2006 (7): 4-5.

[48] 李艳秋. OFDI 逆向技术溢出对高技术产业自主创新的影响 [J]. 商场现代化, 2023 (4): 129-131.

[49] 李泳. 中国企业对外直接投资成效研究 [J]. 管理世界, 2009 (9): 34-43.

[50] 梁文化. 中国 OFDI 逆向技术溢出对自主创新的影响研究 [D]. 北京: 首都经济贸易大学, 2017.

[51] 林澜, 武力超, 余泳泽. 外商直接投资赋能企业绿色技术创新: 产业关联与知识流动 [J]. 商业经济与管理, 2023 (5): 61-78

[52] 林谧. 中国大陆对外直接投资与跨国企业发展状况的实证分析: 1990—2002 年 [J]. 中共福建省委党校学报, 2004 (8): 59-62.

[53] 刘宏, 张蕾. 中国 ODI 逆向技术溢出对全要素生产率的影响程度研究 [J]. 财贸经济, 2012 (1): 95-100.

[54] 刘明霞, 王学军. 中国对外直接投资的逆向技术溢出效应研究 [J]. 世界经济研究, 2009 (9): 57-62+88-89.

[55] 刘鹏振, 董会忠, 张力元. OFDI 能提升技术创新效率吗?——基于环境规制强度差异视角 [J]. 华东经济管理, 2022 (11): 54-63.

[56] 刘乾, 钟昌标, 黄远浙. 对外直接投资与中国工业绿色全要素生产率——基于环境规制与吸收能力视角分析 [J]. 生态经济, 2022 (3): 79-85.

[57] 刘青，陶攀，洪俊杰. 中国海外并购的动因研究——基于广延边际与集约边际的视角 [J]. 经济研究，2017 (1)：28 - 43.

[58] 刘伟全. 中国 OFDI 母国技术进步效应研究——基于技术创新活动的投入产出视角 [J]. 中国科技论坛，2010 (3)：96 - 101.

[59] 刘阳春. 中国企业对外直接投资动因理论与实证研究 [J]. 中山大学学报（社会科学版），2008 (3)：177 - 184 + 209 - 210.

[60] 刘英基. 制度质量、知识资本与工业绿色生产效率提升 [J]. 科技进步与对策，2018 (11)：77 - 83.

[61] 刘宇，沈坤荣. 以高质量对外直接投资促进中国企业攀升全球价值链 [J]. 求是学刊，2022 (2)：67 - 77.

[62] 刘志东，惠诗濛，荆中博. "一带一路"倡议下省际对外直接投资能提升技术创新效率吗？——基于中国全球投资追踪数据的实证检验 [J]. 管理评论，2024 (11)：1 - 14.

[63] 马锦伟. 中国民营企业对外投资动因分析——以海尔集团为例 [J]. 企业改革与管理，2019 (22)：26 - 27 + 38.

[64] 马子红，常嘉佳. 西部陆海新通道建设下我国西南沿边地区开放路径选择 [J]. 经济与社会发展，2022 (4)：25 - 31.

[65] 孟醒. 企业对外投资如何响应"一带一路"倡议：闻风而动还是谋定而后动？[J]. 世界经济研究，2021 (5)：69 - 82 + 135.

[66] 聂飞. 中国对外直接投资推动了制造业服务化吗？——基于国际产能合作视角的实证研究 [J]. 世界经济研究，2020 (8)：86 - 100 + 137.

[67] 欧阳艳艳，郑慧欣. 中国对外直接投资逆向技术溢出的境内地区差异性分析 [J]. 国际商务（对外经济贸易大学学报），2013 (1)：85 - 94.

[68] 裴长洪，樊瑛. 中国企业对外直接投资的国家特定优势 [J]. 中国工业经济，2010 (7)：45 - 54.

[69] 彭继增，邓千千. 金融集聚、OFDI 逆向技术溢出与产业结构升级 [J]. 武汉金融，2020 (2)：50 - 57 + 76.

[70] 朴英爱，于鸿. 对外直接投资逆向技术溢出对中国产业结构升级的影响 [J]. 税务与经济，2023 (1)：62 - 70.

[71] 朴英爱，于鸿，周鑫红. 中国对外直接投资逆向技术溢出效应及其影响因素——基于吸收能力视角的研究 [J]. 经济经纬，2022 (5)：45 - 55.

[72] 乔慧超，沙文兵．中国对东盟直接投资决定因素的实证研究——基于东盟十国的 Panel Data 检验 [J]．广西财经学院学报，2012（3）：1-6．

[73] 秦放鸣，张宇．OFDI 逆向技术溢出、金融集聚与区域创新——基于空间计量和门槛回归的双重检验 [J]．工业技术经济，2020（1）：50-59．

[74] 邱立成，杨德彬．中国企业 OFDI 的区位选择——国有企业和民营企业的比较分析 [J]．国际贸易问题，2015（6）：139-147．

[75] 冉启英，任思雨，吴海涛．OFDI 逆向技术溢出、制度质量与区域创新能力——基于两步差分 GMM 门槛面板模型的实证分析 [J]．科技进步与对策，2019（7）：40-47．

[76] 冉启英，张晋宁．多渠道国际技术溢出对区域创新能力的影响研究——基于制度环境视角 [J]．工业技术经济，2020（5）：74-82．

[77] 茹玉骢．技术寻求型对外直接投资及其对母国经济的影响 [J]．经济评论，2004（2）：109-112+123．

[78] 茹玉骢，刘明霞，刘林青．人力资本、技术差距与 OFDI 逆向技术溢出效应 [J]．中国地质大学学报（社会科学版），2011（5）：59-64+77．

[79] 茹运青，孙本芝．我国 OFDI 不同进入方式的逆向技术溢出分析——基于技术创新投入产出视角的实证检验 [J]．科技进步与对策，2012（10）：16-20．

[80] 申秀清．中国企业对外直接投资路径选择 [J]．经济论坛，2010（12）：28-30．

[81] 沈能，赵增耀．空间异质性假定下 OFDI 逆向技术溢出的门槛效应 [J]．科研管理，2013（12）：1-7．

[82] 沈映春，方玉竹，周睿．双向 FDI 溢出对中国区域技术创新的影响——兼论吸收能力的调节效应和门槛效应 [J]．科技与经济，2023（3）：16-20．

[83] 宋勇超．中国对外直接投资的逆向技术溢出效应研究——理论模型与实证检验 [J]．经济经纬，2015（3）：60-65．

[84] 宋跃刚，杜江．制度变迁、OFDI 逆向技术溢出与区域技术创新 [J]．世界经济研究，2015（9）：60-73+128．

[85] 苏汝劫，李玲．制造业对外直接投资的逆向技术溢出效应——基于技术差距的影响分析 [J]．宏观经济研究，2021（7）：66-78+126．

[86] 孙传旺，张文悦．对外直接投资与企业绿色转型——基于中国企业微观数据的经验研究 [J]．中国人口·资源与环境，2022（9）：79－91．

[87] 孙海波，刘忠璐．OFDI 逆向技术溢出促进中国工业绿色转型了吗——来自中国省级面板数据的经验证据 [J]．国际贸易问题，2019（3）：161－174．

[88] 唐华臣，刘立清，陈仲凯．西部陆海新通道建设背景下广西平陆运河流域产业发展路径分析 [J]．区域金融研究，2022（5）：72－78．

[89] 唐梦洁，金鑫．"一带一路"战略下国际物流通道建设问题研究 [J]．内蒙古科技与经济，2016（7）：3－4＋8．

[90] 陶爱萍，盛蔚．技术势差、OFDI 逆向技术溢出与中国制造业高端化 [J]．国际商务（对外经济贸易大学学报），2018（3）：85－98．

[91] 陶涛，麻志明．中国企业对外直接投资的动因分析 [J]．改革与战略，2009，25（2）：152－155．

[92] 田晖，谢虎，肖琛，宋清．我国对外直接投资与东道国产业结构升级——基于"一带一路"倡议的调节效应 [J]．中南大学学报（社会科学版），2021，27（6）：105－118．

[93] 田园，李振洪，任毅．西部陆海新通道经济联系空间格局及演化特征研究 [J]．重庆工商大学学报（社会科学版）2023（1）：1－16．

[94] 屠年松，龚凯翔．"引进来""走出去"的技术溢出对制造业价值链的效应研究——基于研发能力和产业集聚的门限回归检验 [J]．暨南学报（哲学社会科学版），2022（7）：64－79．

[95] 汪丽娟，吴福象，蒋欣娟．国际技术势差、对外直接投资逆向技术溢出与本土企业技术进步 [J]．科技进步与对策，2022（20）：41－51．

[96] 王方方，扶涛．中国对外直接投资动力机制框架构建——企业异质性条件下三元边际拓展 [J]．经济问题探索，2013（5）：45－51．

[97] 王钢．民营企业对外直接投资路径及区位选择研究——以哈杉鞋业为例 [J]．世界地理研究，2009（4）：37－43．

[98] 王桂军，卢潇潇．"一带一路"倡议与中国企业升级 [J]．中国工业经济，2019（3）：43－61．

[99] 王涵煜，樊艳翔．中国企业对外直接投资的动因及策略分析——以华为公司为例 [J]．商场现代化，2020（14）：64－66．

[100] 王雷，桂成权．OFDI 逆向技术溢出对地区技术创新的影响——基

于基础吸收能力的调节作用 [J]. 南京审计学院学报, 2015 (5): 28 - 36.

[101] 王丽, 韩玉军. OFDI 逆向技术溢出与母国产业结构优化之间的关系研究 [J]. 国际商务 (对外经济贸易大学学报), 2017 (5): 53 - 64

[102] 王姝宁. 数字贸易时代中国企业对外直接投资的战略选择与路径探析 [J]. 商讯, 2023 (23): 77 - 80.

[103] 王恕立, 向姣姣. 对外直接投资逆向技术溢出与全要素生产率: 基于不同投资动机的经验分析 [J]. 国际贸易问题, 2014 (9): 109 - 119.

[104] 王晓颖, 周婉冰. 东道国制度质量、超主权投资制度与中国对东盟直接投资 [J]. 亚太经济, 2018 (2): 103 - 113 + 152.

[105] 王雪芳, 高亚峰. 中国企业对外直接投资区位选择研究 [J]. 中国商贸, 2011 (12): 216 - 217.

[106] 王雪莉, 安同信. 对外直接投资逆向技术溢出对中国技术创新的影响研究——基于长江经济带的门槛面板模型分析 [J]. 金融发展研究, 2021 (3): 30 - 36.

[107] 王一川. 中国企业对外直接投资的动因及对策探讨 [J]. 投资与合作, 2020 (6): 61 - 64.

[108] 王一军, 刘帆. 深度融入共建"一带一路"更好助力西部大开发 [J]. 中国发展观察, 2024 (6): 49 - 57.

[109] 王永钦, 杜巨澜, 王凯. 中国对外直接投资区位选择的决定因素: 制度、税负和资源禀赋 [J]. 经济研究, 2014, 49 (12): 126 - 142.

[110] 吴瑞兵. 制度距离、OFDI 逆向技术溢出与母国技术进步 [J]. 统计与决策, 2019 (9): 136 - 140.

[111] 吴先明, 黄春桃. 中国企业对外直接投资的动因: 逆向投资与顺向投资的比较研究 [J]. 中国工业经济, 2016 (1): 99 - 113.

[112] 吴先明. 中国企业对发达国家的逆向投资: 创造性资产的分析视角 [J]. 经济理论与经济管理, 2007 (9): 52 - 57.

[113] 冼国明, 杨锐. 技术累积、竞争策略与发展中国家对外直接投资 [J]. 经济研究, 1998 (11): 57 - 64.

[114] 谢冬梅, 杨义, 贾宪洲. 中国企业对外直接投资模式选择路径分析——基于文化差异、交易成本和投资动因的综合模型 [J]. 技术经济, 2016 (2): 94 - 101.

[115] 谢巧燕，王昱崴.金融发展对区域创新能力提升的影响机制研究 [J].经济经纬，2022（3）：138-149.

[116] 邢孝兵，徐洁香，王阳.进口贸易的技术创新效应：抑制还是促进 [J].国际贸易问题，2018（6）：11-26.

[117] 徐紫嫣，夏杰长，姚战琪.人力资本对服务消费水平的提升效应——基于城乡居民服务消费差距视角 [J].经济与管理研究，2024（6）：19-37.

[118] 薛求知，朱吉庆.中国对外直接投资发展阶段的实证研究 [J].世界经济研究，2007（2）：36-40+88.

[119] 薛云建，周开拓，谢钰敏.中国企业技术寻求型对外直接投资的发展路径研究 [J].企业研究，2013（9）：57-59.

[120] 严涣，吴凡，邓琦，熊思思，戴莉.中国对东盟直接投资逆向技术溢出效应的影响因素研究 [J].商业经济，2024（7）：93-95.

[121] 杨超，庄芮，常远.基于异质性投资动因的中国OFDI母国贸易效应分析——以投资东盟和欧盟为例 [J].国际经济合作，2022（2）：39-49.

[122] 杨朝均，张广欣，毕克新.对外直接投资对工业企业绿色创新路径演化的影响研究 [J].软科学，2019（7）：63-69+93.

[123] 杨栋旭，周菲.对外直接投资与中国产业结构升级——基于产能转移与技术进步双重视角的研究 [J].经济问题探索，2020（10）：124-134.

[124] 杨娇辉，王伟，谭娜.破解中国对外直接投资区位分布的"制度风险偏好"之谜 [J].世界经济，2016，39（11）：3-27.

[125] 杨丽华.高质量共建"一带一路"背景下中国对外直接投资动因与区位选择 [J].广西社会科学，2024（1）：146-155.

[126] 杨连星，牟彦丞，张迪.对外直接投资如何影响企业收益？[J].世界经济研究，2021（1）：104-116+136.

[127] 杨世迪，刘亚军.中国对外直接投资能否提升区域绿色创新效率——基于知识产权保护视角 [J].国际经贸探索，2021（2）：83-98.

[128] 杨世明，黄婧涵.对外直接投资能否提升中国持续创新能力 [J].国际商务（对外经济贸易大学学报），2021（6）：85-101.

[129] 杨祥章，郑永年."一带一路"框架下的国际陆海贸易新通道建设初探 [J].南洋问题研究，2019（1）：11-21.

[130] 衣长军，李赛，张吉鹏.制度环境、吸收能力与新兴经济体OFDI

逆向技术溢出效应——基于中国省际面板数据的门槛检验 [J]. 财经研究, 2015 (11): 4 – 19.

[131] 尹东东, 张建清. 我国对外直接投资逆向技术溢出效应研究——基于吸收能力视角的实证分析 [J]. 国际贸易问题, 2016 (1): 109 – 120.

[132] 尹华, 朱绿乐. 企业技术寻求型 FDI 实现机理分析与中国企业的实践 [J]. 中南大学学报 (社会科学版), 2008 (3): 307 – 311 +318.

[133] 尹建华, 周鑫悦. 中国对外直接投资逆向技术溢出效应经验研究——基于技术差距门槛视角 [J]. 科研管理, 2014 (3): 131 – 139.

[134] 尤宏兵, 黄鸳涵, 温珺. 不同投资动机下政治风险对中国在东盟直接投资的影响 [J]. 商业研究, 2017 (12): 90 – 98.

[135] 余海燕, 沈桂龙. 对外直接投资对全球价值链位置的影响分析 [J]. 亚太经济, 2020 (5): 96 – 104 +151.

[136] 余珮, 陈漪澜. 双边税收协定能否为中国 OFDI 企业的生存提供保障——基于条款异质性的深层次透视 [J]. 国际商务 (对外经济贸易大学学报), 2023 (3): 80 – 100.

[137] 袁波. 关于"南向通道"合作与中国西部开放发展的思考 [J]. 东南亚纵横, 2018 (2): 6 – 8.

[138] 袁伟彦. 西部陆海新通道建设效应: 内涵、方法与研究框架 [J]. 广西师范大学学报 (哲学社会科学版), 2019 (6): 63 – 73.

[139] 曾杰. 对外直接投资与技术创新的门槛效应 [J]. 技术经济与管理研究, 2021 (8): 3 – 8.

[140] 张宏, 李拯非. OFDI 逆向技术溢出、制度创新与中国经济高质量发展——基于 30 省际面板数据的空间效应分析 [J]. 山东大学学报 (哲学社会科学版), 2022 (3): 115 – 127.

[141] 张纪凤. 制度因素、资源寻求与中国对外直接投资的区位选择 [J]. 工业技术经济, 2013, 32 (9): 56 – 62.

[142] 张纪凤. 中国对外直接投资动力机制的实证研究——基于"战略三角"的分析框架 [J]. 财经论丛, 2015 (3): 3 – 9.

[143] 张纪凤. 中国对外直接投资动力机制探讨 [J]. 现代经济探讨, 2014 (11): 58 – 62.

[144] 张建, 王博. 对外直接投资、市场分割与经济增长质量 [J]. 国

际贸易问题, 2022 (4): 56 – 72.

[145] 张娟, 刘钻石. 中国对非洲直接投资与资源寻求战略 [J]. 世界经济研究, 2012 (3): 75 – 80 + 89.

[146] 张军, 金煜. 中国的金融深化和生产率关系的再检测: 1987—2001 [J]. 经济研究, 2005 (11): 34 – 45.

[147] 张可. 经济聚集与区域创新的交互影响与空间溢出 [J]. 金融研究, 2019 (5): 96 – 114.

[148] 张可云, 王洋志, 孙鹏, 张颖. 西部地区南北经济分化的演化过程、成因与影响因素 [J]. 经济学家, 2021 (3): 52 – 62.

[149] 张为付. 中国企业对外直接投资的区位选择和路径安排 [J]. 国际贸易问题, 2006 (7): 105 – 110.

[150] 张秀峰, 胡贝贝, 陈伟, 张树静. FDI 数量、质量与国家高新区创新绩效 [J]. 科研管理, 2023 (5): 54 – 61.

[151] 张译丹, 陈丹蕾, 苏小军, 唐秋生. 不确定环境下中新南向物流通道运输成本现状评价与发展对策研究 [J]. 智能城市, 2018 (4): 8 – 10.

[152] 张元钊, 庄犖. 中国对外投资对发展中国家的减贫效应: 作用机理与实证检验 [J]. 福建论坛 (人文社会科学版), 2022 (4): 66 – 77.

[153] 张紫璇. 西部陆海新通道沿线省市经济开放对经济增长的实证研究 [D]. 钦州: 北部湾大学, 2023.

[154] 章志华, 李雨佳, 孙林. OFDI 逆向技术溢出、知识产权保护与省域自主创新 [J]. 南京财经大学学报, 2021 (1): 98 – 108.

[155] 赵春明, 陈开军. 对外直接投资如何促进贸易高质量发展 [J]. 开放导报, 2020 (2): 51 – 58.

[156] 赵培阳, 吴海燕, 鲁志国, 孟霏. 粤港澳大湾区 FDI 与区域创新能力的空间特征分析——基于空间相关性和空间异质性的实证研究 [J]. 经济问题探索, 2022 (3): 139 – 157.

[157] 赵爽, 范思琦. FDI 技术溢出对我国区域产业发展的影响作用分析 [J]. 科技创新与生产力, 2017 (4): 18 – 20.

[158] 赵伟, 古广东, 何元庆. 外向 FDI 与中国技术进步: 机理分析与尝试性实证 [J]. 管理世界, 2006 (7): 53 – 60.

[159] 周经, 黄凯. OFDI 逆向技术溢出提升了区域创新能力吗?——基于

空间杜宾模型的实证研究 [J]. 世界经济与政治论坛, 2020 (2): 108 - 130.

[160] 周颖. 中国企业对外直接投资的成效现状以及优化路径 [J]. 企业技术开发, 2016 (26): 75 - 78.

[161] 朱陈松, 张晓花, 朱昌平, 等. 对外直接投资逆向技术溢出与企业研发强度: 基于门槛效应的研究 [J]. 科技进步与对策, 2015 (15): 75 - 80.

[162] 朱洁西, 李俊江. 高质量发展阶段中国对外直接投资的创新效应研究——基于逆向技术溢出的视角 [J]. 科技管理研究, 2022 (7): 53 - 60.

[163] 朱洁西, 李俊江. 中国 OFDI 逆向技术溢出、区域创新绩效与经济高质量发展——基于省级面板数据的联立方程分析 [J]. 云南财经大学学报, 2022 (2): 1 - 23.

[164] 朱丽萌, 韩雨. "资源掠夺" 还是市场与效率驱动? ——中国对非直接投资动因研究 [J]. 河南师范大学学报 (哲学社会科学版), 2023, 50 (3): 76 - 81.

[165] 朱玮玮. 中国区域性对外直接投资的驱动因素: 经济或制度 [J]. 湖北经济学院学报, 2017 (1), 48 - 54 + 72.

[166] Bitzer J, Kerekes M. Does Foreign Direct Investment Transfer Technology Across Borders? New Evidence [J]. Economics Letters, 2008 (3): 355 - 358.

[167] Borensztein E, De Gregorio J, Lee J W. How does Foreign Direct Investment Affect Economic Growth? [J]. Journal of International Economics, 1998, 45 (1): 115 - 135.

[168] Buckley P J, Clegg L J, Cross A R, et al. The Determinants of Chinese Outward Foreign Direct Investment [M]. International Business Strategy. Routledge, 2015 (27): 574 - 600.

[169] Coe D T, Helpman E, Hoffmaister A W. North-South R&D Spillovers [J]. The Economic Journal, 1997, 107 (440): 134 - 149.

[170] Coe D T, Helpman E. International R&D Spillovers [J]. European Economic Review, 1995 (5): 859 - 887.

[171] Delgado-Verde M, Martin-de Castro G, Amores-Salvado J. Intellectual Capital and Radical Innovation: Exploring the Quadratic Effects in Technology—based Manufacturing Firms [J]. Technovation, 2016, 54: 35 - 47.

[172] Dunning J H. Explaining the International Direct In-vestment Position

of Countries: Toward a Dynamic and Development Approach [J]. Review of World Economics, 1981 (1): 30 – 64.

[173] Dunning J H. Multinational Enterprises and the Global Economy [M]. Wokingham: Addison Wesley, 1994 (23): 67 – 68.

[174] Eric Maskin, Jean Tirole. A Theory of Dynamic Oligopoly, II: Overview and Quantity Competition with Large Fixed Costs [J]. Econometric, 1988 (5): 549 – 569.

[175] Evgeny Vinokurov, Tsukarev T. The Belt and Road Initiative and the Transit Countries: An Economic Assessment of Land Transport Corridors [J]. Area Development and Policy, 2018, 3 (3): 93 – 113.

[176] Fardella E, Prodi G. The Belt and Road Initiative Impact on Europe: An Italian Perspective [J]. China & World Economy, 2017, 25 (5): 125 – 138.

[177] Grossman Gene M, Helpman E. Innovation and Growth in the Global Economy [J]. Journal of Womens Health, 1991, 40 (2): 231 – 232.

[178] Grossman G M, Helpman E. Trade, Knowledge Spillovers, and Growth [J]. European Economic Review, 1991, 35 (2/3): 517 – 526.

[179] Han Liu. Evaluation of Logistics Competitiveness of Node Cities along the New Land-Sea Corridor in Western China—Based on Factor Analysis and Cluster Analysis [J]. International Journal of Frontiers in Sociology, 2023, 5 (3): 27 – 33.

[180] Hansen B E. Sample Splitting and Threshold Estimation [J]. Econometrica, 2000 (5): 575 – 603.

[181] Kefei You, Offiong Helen Solomon. China's Outward Foreign Direct Investment and Domestic Investment: An Industrial Level Analysis [J]. China Economic Review, 2015, 34 (3): 249 – 260.

[182] Keller W. Do Trade Patterns and Technology Flows Affect Productivity Growth [J]. World Bank Economic Review, 2000 (14): 17 – 47.

[183] Keller W. International Technology Diffusion [J]. Journal of Economic Literature, 2004, 42 (3): 752 – 782.

[184] Kesternich I, Schnitzer M. Who is Afraid of Political Risk? Multinational Firms and Their Choice of Capital Structure [J]. Journal of International Economics,

2010, 82 (2): 208 –218.

[185] Kogut B, Chang S J. Technological Capabilities and Japanese Foreign Direct Investment in the United States [J]. The Review of Economics and Statistics, 1991, 73 (3): 401 –413.

[186] Kolstad I, Wiig A. What Determines Chinese Outward FDI? [J]. Journal of World Business, 2012, 47 (1): 26 –34.

[187] Lichtenberg F, Potterie B V P D L. International R&D Spillovers: a Comment [J]. European Economic Review, 1998 (8): 1483 –1491.

[188] Lichtenberg F, Potterie B V P D L. International R&D Spillovers: A Reexamination [R]. Cambridge: NBER Working Paper 5668, 1996.

[189] Love J H. Technology Sourcing Versus Technology Exploitation: An Analysis of US Foreign Direct Investment Flows [J]. Applied Economics, 2003, 35 (15): 1667 –1678.

[190] Luo Y, Tung R L. International Expansion of Emerging Market Enterprises: A Springboard Perspective [J]. Journal of International Business Studies, 2007, 38 (4): 481 –498.

[191] Mathews J A. Dragon Multinationals: New players in 21st Century Globalization [J]. Asia Pacific Journal of Management, 2006, 23 (1): 5 –27.

[192] Moralles H F, Moreno R. FDI Productivity Spillovers and Absorptive Capacity in Brazilian Firms A Threshold Regression Analysis [J]. International Review of Economics & Finance, 2020 (7): 257 –272.

[193] Peng M W, Wang D Y L, Jiang Y. An Institution-based View of International Business Strategy: A Focus on Emerging Economies [J]. Journal of International Business Studies, 2008, 39 (5): 920 –936.

[194] Potterie B V P D L, Lichtenberg F. Does Foreign Direct Investment Transfer Technology Across Borders? [J]. Review of Economics and Statistics, 2001 (3): 490 –497.

[195] Teece D J. Foreign Investment and Technological Development in Silicon [J]. California Management Review, 1992, 34 (2): 88.

[196] Tong H. On a Threshold Model [A]. Chen C H, Pattern Recognition and Signal Processing, 1978 (7): 575 –586.

［197］ Vernon R. International Investment and International Trade in the Product Cycle ［J］. Quarterly Journal of Economics, 1966 (5): 190 – 207.

［198］ Wei He. The Impact of OFDI Reverse Technology Spillover on Regional Innovation Capabilities—A Spatial Analysis Based on Provincial Panel Data ［J］. Finance Research Letters, 2023 (12): 104652.

［199］ Xu T, Zhao Z. What Determines the Intra-industrial Technology Spillovers of Foreign Direct Investment? ［J］. Economics Letters, 2012, 116 (3): 562 – 564.

［200］ Ye Y, Zhao S. The Effect of Outward FDI on Capabilities of Sustained Innovation: Evidence from China ［J］. Sustainability, 2023 (5): 4196.

［201］ Zhang Ting, Qiu Yuanhong, Ding Rui, Du Yiming Zhang. Coupling Coordination and Influencing Factors of Urban Spatial Accessibility and Economic Spatial Pattern in the New Western Land-Sea Corridor ［J］. Environ Sci Pollut Res 30, 2023, 30 (3): 54511 – 54535.

后　记

本书得以顺利出版，要感谢陈子心、李书琪、李凯怡、张子燕等研究生在本书写作中收集整理资料、内容编排、校对等方面作出的工作及提出的宝贵建议；感谢四川外国语大学国际金融与贸易学院及林川院长对于本书出版的支持与鼓励；感谢经济科学出版社在出版中给予的支持。在你们的无私帮助下，本书终得出版，不胜感激。

笔　者

2024 年 11 月